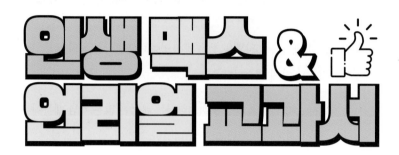

인생 맥스 & 언리얼 교과서

BM (주)도서출판 성안당

박현상

게임, XR, 메타버스 등 산업의 변화와 확장이 날이 갈수록 빠르게 진행되고 있습니다. 다양한 프로그램을 연구, 개발(R&D)하는 과정에서 차이점 위주로 공부하던 방식의 한계를 느끼게 되면서 공통점을 찾는 방식으로 바뀌게 되었습니다. 또한 신기술 위주로 배우던 방식에서 원론을 찾는 방식으로 바뀌면서 오히려 다른 환경에 적응하기 쉬워지는 경험도 하게 됐습니다.

처음 3ds Max와 언리얼 엔진 5를 접하시는 분들은 많은 개념 때문에 혼란스러울 수 있습니다. 앞서 제가 경험했던 다양한 다양한 환경에 쉽게 적응할 수 있도록 원리와 기본 기능 위주로 쉽게 이해할 수 있도록 노력했습니다. 아무쪼록 이 책이 독자 여러분의 앞날에 많은 도움이 되길 바랍니다.

저자 약력

· Bricx3 대표, 테크니컬 아티스트

· 언리얼 공인 강사(Unreal Authorized Instructor)

· 한국전파진흥협회, 정보통신진흥원, 부산정보진흥원 등 다수 기관 및 대학에서 VR/AR/MR 분야 강의

· 스마일게이트, 위메이드 등 게임 개발사에서 10년 실무 개발

· DNA LAB, 마로마브 등 다수 기업 자문

탁광욱

게임 원화가로 일하면서 3ds Max를 처음 접하게 되었습니다. 당시에는 3D 개념과 다양한 도구와 기능, 복잡한 인터페이스들이 어려워 도망갔던 것이 기억납니다. 그렇기 때문에 배우는 과정에서 겪은 어려움, 개념 이해에 대한 어려움을 잘 알고 있습니다. 이러한 경험을 바탕으로 처음 3ds Max를 접하는 분들이 어려움을 극복하며 성장할 수 있도록 도와주고 싶었습니다.

이 책은 3ds Max를 쉽게 배우고 이해할 수 있도록 제가 배우고 이해한 내용들과 콘텐츠를 제작하며 얻은 경험을 바탕으로 내용을 정리하였고, 처음 배우는 사람들과 같은 눈높이에서 이해하기 쉽도록 콘텐츠를 구성하려고 노력했습니다. 또한 리얼타임 콘텐츠를 제작하기 위해 3ds Max와 더불어 리얼타임 엔진인 언리얼 엔진에 필요한 주요 개념과 기술, 리얼타임 콘텐츠 제작에 필요한 다양한 주제, 실제 프로젝트에서 적용 가능한 팁과 노하우도 함께 담았습니다.

이 책이 3ds Max와 언리얼 엔진을 활용해 리얼타임 콘텐츠를 만드는 데 도움이 되고 많은 사람이 3ds Max, 언리얼 엔진 같은 도구를 쉽게 배우고 응용하여 다양한 콘텐츠가 만들어지기를 바랍니다.

저자 약력

· BnT 대표
· 게임하이, 넥슨GT, 네오싸이언 등 게임 개발사에서 10년 실무 개발
· ㈜하우온라인게임스쿨 원화 강사
· 건국대학교 산업디자인 학사

권성혜

디지털 콘텐츠 제작에 있어서 3D 그래픽 기술은 매우 중요한 요소입니다. 3D 콘텐츠 기획자로서 3D 제작 과정을 이해하고 있는 것은 작업 실무에 중요한 역할을 합니다. 그래픽 디자이너와의 소통, 3D 모델러와 애니메이터에게 할당할 업무 분배는 물론 클라이언트의 긴급한 요청 처리까지…. 3D 프로그램의 작동 원리를 이해하고 직접 사용할 줄 안다는 것은 기획자가 업무를 원활하게 처리하는 데 많은 도움이 됩니다.

이 책은 3D 그래픽 제작의 기본 개념을 다루고 있기 때문에 비전공자도 쉽게 이해할 수 있습니다. 따라서 풍부한 학습 자료와 예제를 통해 기본 개념을 머리가 아닌 손으로 체득시켜 나갈 수 있을 것입니다. 또한 책으로는 쉽게 이해되지 않는 부분은 동영상 강의를 통해 학습할 수 있기 때문에 3D 그래픽의 기본 토대를 충실히 쌓아가는 데 큰 도움이 될 것입니다. 이 책이 3D 그래픽에 관한 여러분들의 활동 분야를 넓혀줄 수 있는 인생 교재가 되기를 바랍니다.

저자 약력

- 요망진스튜디오 대표, 실감 콘텐츠 제작 감독
- VR/AR 분야 과학기술정보통신부 장관상 수상
- 한국콘텐츠진흥원 VROUND 최우수상, 박물관, 상업 시설에 다수의 실감형 인터랙티브 콘텐츠 전시 및 설치
- 경기콘텐츠진흥원, 스마트미디어산업진흥협회, 학교·기관 등에서 실감 콘텐츠 분야 강의

이 책을 보는 방법

> **1** **이 책은 이렇게 공부하세요**

이 책에서 집중하는 부분은 바로 '작업의 흐름'입니다. 일반적인 그래픽 책들은 기능 중심의 매뉴얼 같은 형식을 취하고 있습니다. 하지만 이 책은 인터넷에서 찾아볼 수 있는 기본적인 설명보다 실무자의 경험과 노하우를 전달하는 데 집중했습니다.

각 장의 개요에는 해당 주제에 대한 구체적인 사례 또는 이론들을 정리했고 각 절에는 오브젝트를 만드는 과정에서 알아야 할 핵심 기능에 대한 설명과 함께 3D 오브젝트 또는 화면상의 변화를 수록했습니다.

렌더링 과정에서는 차이가 있을 수 있지만, 3D 모델링의 근본적인 목적은 크게 3가지로 정리해 볼 수 있습니다.

❶ 점을 이동한다.

❷ 점을 편집한다(생성, 삭제, 분할, 병합).

❸ 목적에 맞는 형태를 만들기 위해 ❶~❷ 작업을 반복한다.

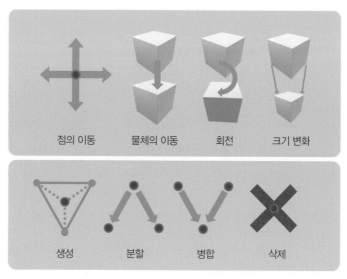

[그림 0.0-1] 3D 모델링의 개념

위 그림에서 점은 점, 선, 면으로 이뤄진 3D 객체에서 가장 작은 단위를 기준으로 한 것입니다. 선을 이동해도 선 양끝의 점을 이동한 것이 되고 이는 면을 다루는 관점에서도 같은 원리이기 때문입니다. 이 책에서 다루는 대부분의 작업은 위에서 이야기한 ❶, ❷번을 좀 더 편리하고 효율적으로 적용하기 위해 세분화한 기능들입니다. 따라서 비슷한 기능을 지닌 특징들을 어떻게 나누거나 합치는지는 이미지를 통해 전달합니다.

3D에서 렌더링이라고 하는 것은 결국 화면상에서 눈으로 보기 좋은 형태로 배치하거나 채색하는 2D에서의 회화와 크게 다르지 않다고 생각합니다. 올바른 재질을 표현하기 위해서 붓을 선택하느냐, 머티리얼 에디터와 텍스처를 선택하느냐의 차이인 것입니다. 최종적으로 디스플레이(이미지 또는 영상)라는 평면상의 이미지로 전달되기 때문에 그 목적은 같다고 할 수 있을 것입니다. 다만 3D는 이미지를 여러 각도에서 제작하는 방식입니다. 따라서 3D 작업자에게는 기술적인 능력뿐만 아니라 회화적인 능력과 조형적인 능력도 요구됩니다.

지면 관계상 다루지 못한 기능도 있지만, 3D 제작의 기본 흐름과 원리를 기억하면 기능을 좀 더 쉽게 파악할 수 있을 것입니다.

2 **예제 파일과 Q&A**

이 책에서 사용하는 예제는 각 파트마다 해당 주제에 대한 폴더를 생성해 '[파트 번호]–[챕터 번호]–[섹션 번호]_파일 이름'으로 Github.com 사이트를 통해 공유됩니다. 일부 배포가 불가한 파일의 경우, 해당 파일을 다운로드할 수 있는 사이트에 대한 안내를 제공합니다.

- 깃허브 주소: https://github.com/araxrlab/maxunreal

위 웹사이트에 접속한 후 우측 상단의 [Download] 버튼을 클릭하면 파일을 다운로드할 수 있습니다.

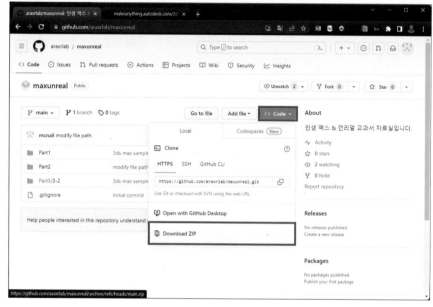

[그림 0.0-2] 깃허브 다운로드 화면

이 책을 읽다가 잘못된 내용이나 오타 등을 발견하면
인생 교과서 시리즈 저자 카페에 글을 남겨 주시기
바랍니다.

카페주소: https://cafe.naver.com/unrealunity

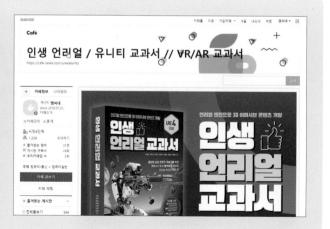

Chapter 1

리얼타임 모델링

Chapter 2

폴리곤
모델링 기법
(LowPoly 모델링)

Chapter 3

하이 폴리곤 모델링

Chapter 4
언리얼 엔진 5
건축 시각화

개발 사례

인터랙티브 아트(Interactive Art)

인터랙티브 아트는 관객과의 상호 작용을 통해 실시간으로 완성되는 작품의 형태입니다. 작품의 주제 대신 사람들을 배치함으로써 관객은 삶 속에서 예술의 가치를 깨닫는 기회를 제공합니다.

버추얼 콘서트 – Bastille

밴드 'Bastille'는 가상현실을 핵심 콘셉트로 하는 'The Give Me The Future Experience' 앨범 공연을 위해 메타버스와 실제 공연을 진행했습니다. 전 세계 관객들은 실시간으로 상호 작용하며 환상적인 공연을 즐겼습니다.

Precision OS – VR 의료 시뮬레이션

프리시전 OS(Precision OS)는 가상현실 교육 솔루션으로, 보다 빠르고 철저하며 하게 훈련하며 수술 시 발생할 수 있 모든 상황에 대비해 외과 전공의를 훈련 키고 있습니다.

출처: https://installationartwork.
weebly.com/blog

출처: https://www.unrealengine.com/ko/
spotlights/into-the-innerverse-inside-bastille-
s-first-virtual-concert

출처: https://www.unrealengine.com

출처: http:

- **메이브(MAVE)**

는 메타버스엔터테인먼트에서
이돌로, 음악을 통해 현실과
어 주는 역할과 K-POP과
아우르고자 하는 포부를

리얼타임 모델링

Chapter 1에서는 리얼타임 엔진이 메타버스 열풍과 함께 대두되는 이유를 알아보고 실시간 콘텐츠를 제작하는 과정을 대략적으로 짚어 보겠습니다. 또한 대표적인 리얼타임 엔진인 언리얼에 대한 소개와 함께 언리얼 엔진의 설치, 콘텐츠 개발 구성과 기본적인 조작 방법 등에 대해 알아보겠습니다.

1.1 리얼타임 모델링 시작하기

1.1 리얼타임 모델링 시작하기

1.1-1 리얼타임 모델링 이해하기

이 책에서 다루는 리얼타임 렌더링에서 가장 중요한 부분은 '모델링(Modeling)'과 '렌더링 (Rendering)'입니다. 이 밖에 텍스처링(Texturing) 최적화, 기능 개발 등과 같은 요소도 있지만, 모델 링과 렌더링에 집중하는 이유와 전체적인 모델링의 기초를 다지기 위해서 어디에 집중해야 하는지를 알아보겠습니다.

> **✕ 학습 목표**
>
> 리얼타임 엔진을 활용한 모델링 방법과 산업에 대한 이해도를 높이고 싶다.
>
> **✕ 순서**
>
> ❶ 리얼타임 렌더링 이해하기
> ❷ 3ds Max를 설치하고 주요한 설정하기
> ❸ 3ds Max의 기본 조작 방법 알기

→ 모델링을 위한 선택, 3ds Max 2024

3ds Max는 오토데스크(Autodesk) 사에서 만든 프로그램으로, 마야, 시네마 4D 등과 함께 대표적 인 3D 모델링 툴 중 하나입니다. 3ds Max는 3D Studio로 시작해 캐드의 도면 데이터를 입체적으 로 표현하기 위한 프로그램으로 발전했습니다. 이러한 배경 아래 건축, 인테리어, 제품 디자인 등

에서 보다 좋은 비주얼을 얻기 위해 3ds Max를 사용하게 됐습니다.

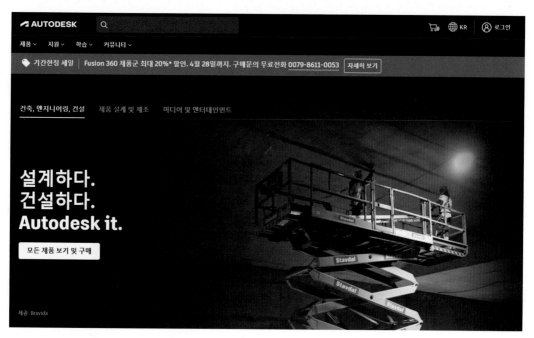

[그림 1.1-1] Autodesk 사의 3ds Max 홈페이지

　게임 산업은 언리얼 엔진과 같은 리얼타임 엔진(Realtime Engine 또는 Game Engine)을 다른 산업 들보다 먼저 도입했습니다. 게임 산업 초기에는 회사 또는 프로젝트마다 서로 다른 3D 프로그램을 사용했습니다. 인테리어와 설계 분야에서 이직했던 작업자들이 3ds Max를 다뤘고 애니메이션 업무 에서 영상 기반의 '마야(Maya)'라는 툴이 다른 프로그램에 비해 가볍고 빠른 작업이 가능해지면서 게임 분야에서 상대적으로 3ds Max가 더 많이 활용됐습니다. 반면, 해외에서는 마야를 리얼타임 엔진에 더 많이 활용하고 있습니다.

영상, 전시와 같은 비게임 분야에서도 리얼타임 엔진의 활용도가 계속 늘어나고 있습니다. 이에 따라 리얼타임 엔진의 경험이 풍부한 게임 개발자들과 실무자들이 비게임분야에서도 활동을 많이 하고 있습니다. 해외에서도 리얼타임 엔진 분야와 게임 콘텐츠 분야에 3ds Max를 사용하는 유저들이 많습니다.

　게임 분야에서는 마야를 도입하려는 시도가 있고 무료 소프트웨어인 블랜더(Blender)를 도입하려는 움직임도 있지만, 현재까지 국내에는 3ds Max를 기반으로 한 자료들이 훨씬 더 풍부하기 때문에 시작하는 입장에서는 3ds Max를 선택하는 것이 좋을 것입니다. 현재 리얼타임 엔진을 적극적으로 도입하고 있는 영화 분야에서는 본인들이 원래 사용하던 마야를 베이스로 한 경우가 더 많지만, 건축이나 게임과 같은 분야에서는 3ds Max를 사용하는 비율이 훨씬 높습니다. 리얼타임 엔진을 활용하는 국내 업체 중 3ds Max 유저가 약 70%를 차지하고 있습니다.

[그림 1.1-2] 3ds Max와 마야(MAYA)의 로고

→ 렌더링을 위한 선택, 언리얼 엔진 5

렌더링은 화면을 그린다는 의미를 지니고 있습니다. 이는 3D, 2D 등의 오브젝트를 각종 다양한 라이트를 더해 카메라 기능을 통해 사람이 볼 수 있는 형태로 표현한다는 의미입니다. 렌더링은 크게 리얼타임(Realtime)렌더링과 오프라인(Offline) 렌더링으로 나눌 수 있습니다.

이 책은 다른 모델링 책들과 달리, 오프라인 렌더링이 아닌 리얼타임 렌더링 프로그램으로 '언리얼 엔진 5'를 선택했습니다. 과거 언리얼 엔진은 '게임 엔진'이라고 불렸지만, 현재는 '리얼타임 엔진'이라고 불립니다. 리얼타임 렌더링을 사용하기 위한 프로그램을 보통 '리얼타임 엔진'이라고 부릅니다. 엔진이라는 말은 보통 자동차에서 많이 사용하죠. 엔진은 자동차를 움직이는 핵심 부품으로, 바퀴를 굴려 자동차를 움직이게 하듯이 어떤 제품 또는 콘텐츠를 작동하게 하는 핵심적인 역할을 합니다.

[그림 1.1-3] 언리얼 홈페이지(https://www.unrealengine.com/ko)

오프라인 렌더링은 영화, 광고 이미지 등과 같이 우리가 평소 볼 수 있는 영상이나 이미지들로 만들어 주는 프로그램을 말합니다. 이런 종류의 콘텐츠는 리얼타임 렌더링에 비해 시간과 자원의 제약이 적기 때문에 비교적 많이 사용됩니다. 심지어 한 장면을 제작할 때 하나의 컴퓨터만을 사용하는 것이 아니라 여러 대의 컴퓨터를 동시에 사용해 좋은 결과물을 얻어 낼 수 있습니다.

[그림 1.1-4] 게임 건축 영상 분야의 언리얼 엔진

리얼타임은 게임이나 VR(가상현실, Virtual Reality), AR(증강현실, Argument Reality), 메타버스(Metaverse)와 같은 장르에서 필수적으로 사용됩니다. 리얼타임 렌더링은 게임 제작을 위해 발전했고 이러한 게임 콘텐츠는 유저의 반응에 빠르게 반응해야만 하는 특징이 있습니다.

적이 쏘는 총알을 피해야 하는 비행기 슈팅 게임을 생각해 볼까요? 총알이 날아오는 것을 보고 유저가 마우스 오른쪽 버튼을 눌러 피하려고 하면 비행기는 오른쪽으로 움직이는 모습을 보여 줘야 합니다. 만약, 이것이 순간적으로 매끄럽게 이뤄지지 않으면 유저는 콘텐츠를 떠날 것입니다. 이런 상호 작용은 게임에서 필수적이고 지금의 리얼타임 엔진은 영화와 같은 시각적인 완성도를 보여 주고 있기 때문에 비록 게임 분야에서의 발전하긴 하지만, 이제는 비게임 분야에서도 광범위하게 활용되고 있습니다. 이러한 리얼타임 렌더링에서 가장 앞선 기술력을 자랑하는 것이 에픽(Epic) 사의 '언리얼 5'입니다.

➔ 리얼타임 모델링의 작업 흐름

좋은 결과물을 얻어 내기 위한 과정은 리얼타임 렌더링도 오프라인 렌더링과 큰 차이가 없습니다. 3D에서 눈에 보이기 위해서는 3D 메시(mesh)와 머티리얼(Material)이 필수적입니다. 3ds Max에서는 메시와 머티리얼에 사용하게 될 텍스처(Texture, 2D 이미지)와 같은 데이터를 제작할 수 있

습니다. 언리얼 엔진에서는 앞서 제작한 데이터를 종합해 머티리얼과 라이팅(Lighting, 조명 설정), 3D 객체들을 배치하는 과정을 거쳐 최종 작업물을 만들어 냅니다.
이후 각 과정별로 세부적인 작업의 흐름을 따로 설명하겠습니다.

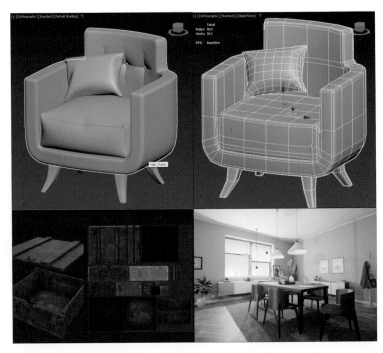

[그림 1.1-5] 작업 과정

1.1-2 3ds Max 2024 설치

→ 3ds Max 2024 체험판 설치하기

1 오토데스크 사의 홈페이지(https://Autodesk.co.kr)에 접속합니다. 상단의 메뉴 중 [제품 – 3ds Max]를 선택합니다.

[그림 1.1–6] Autodesk 사의 홈페이지

2 [무료 체험판 다운로드] 버튼을 클릭합니다.

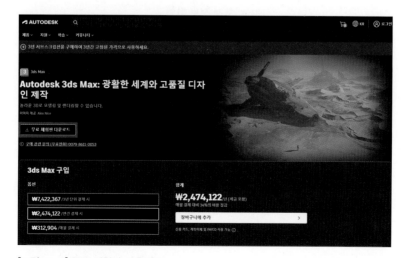

[그림 1.1–7] 무료 체험판 다운로드

3 계정이 있다면 로그인 후 진행하고, 없다면 계정을 생성
한 후 로그인하여 진행합니다.

[그림 1.1-8] 로그인

4 핸드폰 번호를 인증합니다.

[그림 1.1-9] 핸드폰 인증

5 고객 정보를 입력합니다.

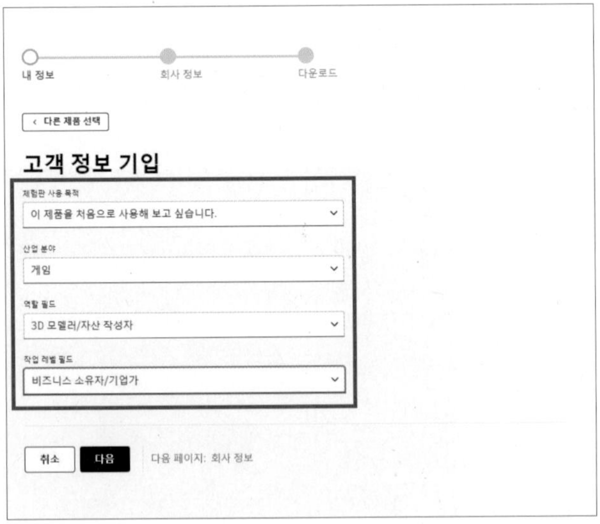

[그림 1.1-10] 고객 정보 입력

6 회사 이름과 우편번호를 입력합니다. 만약 회사가 없다면 임의로 적으면 됩니다.

체험판은 가장 최신의 3ds Max만 제공합니다. 3ds Max는 윈도우 버전만 제공되기 때문에 맥OS 유저나 리눅스 유저는 사용하기 어렵습니다. 언어는 실무에서 많이 사용하는 [English]를 선택하면 됩니다. 설치가 완료된 후에도 언어를 바꿀 수 있습니다.

[그림 1.1-11] 다운로드

7 설치가 완료된 후 여러 가지 언어 중에서 선택해 실행할 수 있으므로 크게 신경 쓸 필요는 없습니다.

[그림 1.1-12] 설치할 위치 선택

→ 3ds Max 2024 인디 버전 설치하기

3ds Max의 가격은 학생 또는 개인이 사용하기에 부담스럽습니다. 오토데스크 사에서도 이러한 점을 고려해 기능에는 큰 차이가 없지만, 비교적 저렴하게 구매할 수 있는 인디 버전을 별도로 판매하고 있습니다.

1 인디 유저 홈페이지(https://make anything.autodesk.com/3dsmax–indie–korea)에 접속한 후 [한국]을 선택합니다.

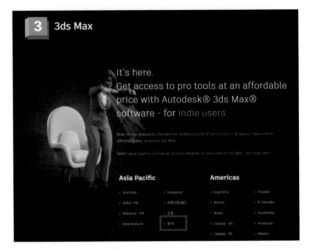

[그림 1.1–13] 인디 유저 홈페이지

2 [자격이 있습니다] 버튼을 클릭합니다. 연간 매출이 10만 달러(미국 달러 기준, 약 1억 3,000만 원 내외)를 넘는다면, 설사 개인이라도 오토데스크 사 홈페이지(autodesk.co.kr)를 통해 구매해야 합니다. 또한 프리랜서라 하더라도 참여하는 프로젝트를 운영하는 회사의 규모에 따라 인디 버전을 사용하지 못할 수도 있습니다.

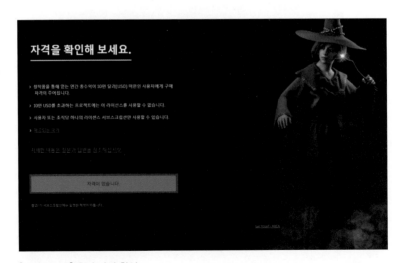

[그림 1.1–14] 유저 자격 확인

3 [지금 인디 유저용 3ds Max를 구입하세요] 버튼을 클릭한 후 구매 절차를 따라 하면 됩니다. 구매 시 오토데스크 사에 가입한 메일을 기입하면 오토데스크 계정에 인디 버전이 자동으로 추가됩니다.

[그림 1.1-15] 3ds Max 구입하기

구매를 완료했다면 오토데스크 사의 홈페이지에 로그인한 후 우측 상단의 [제품 및 서비스-모든 제품 및 서비스]를 클릭해 3ds Max를 다운로드합니다. 설치 파일을 다운로드한 후의 과정은 체험 판과 동일합니다. 구매한 경우라면 과거 버전으로도 다운로드할 수 있습니다. 3ds Max는 상위 버전에서 작업한 파일을 열 수 없고 하위 버전에 대한 호환만 지원합니다.

[그림 1.1-16] 구입 후 버전 선택

Tip

학생/교사를 위한 아카데미 버전

학생과 교사를 위한 교육용 버전의 오토데스크 전 제품군 (3ds Max 포함)을 1년 동안 무료로 사용할 수 있습니다. 다음 웹사이트 주소를 통해 가입할 수 있습니다.

https://www.autodesk.co.kr/education/home

[그림 1.1-17] 오토데스크 교육용 웹사이트

학교의 도메인(예: 아이디@대학명.ac.kr)과 같은 메일 주소로 가입해야 합니다. 기존에 오토데스크에 가입되지 않은 메일이여야 합니다.

3ds Max의 경우, 파일 저장 및 내보내기 시 교육용이라는 팝업이 나타나며, 기능상의 제약은 없습니다.

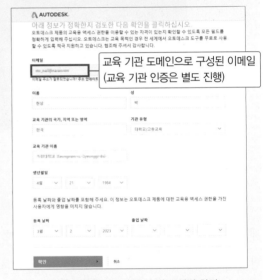

교육 기관 도메인으로 구성된 이메일 (교육 기관 인증은 별도 진행)

[그림 1.1-18] 교육용으로 가입 시 정보 입력 화면

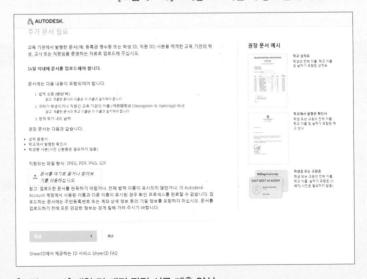

[그림 1.1-19] 재학 및 재직 관련 서류 제출 양식

26   1 · 리얼타임 모델링

3ds Max 모델링의 작업 흐름

모델링 작업은 크게 4단계로 나눕니다.

❶ 3ds Max에서 폴리곤 모델링이라는 작업으로 시작됩니다.

❷ 모델링의 디테일을 보완하기 위한 텍스처(Texture, 2D 이미지)를 3D에 입히기 위한 UV 작업 등의 단계를 거칩니다. 3D 폴리곤을 조각 내어 평면에 펼치는 과정입니다.

❸ 포토샵, 서브스탠스, 페인터와 같은 툴을 이용해 텍스처를 제작합니다(이 책에서는 다루지 않습니다).

❹ 리얼타임 엔진에 데이터를 전달하기 전에 3D 모델과 2D 텍스처를 연결하고 정리합니다.

[그림 1.1-20] 폴리곤 모델링의 제작 흐름

리얼타임 엔진에서는 머티리얼, 애니메이션 등과 같이 데이터를 정리하고 콘텐츠를 제작하거나 설정하는 작업들이 효율적으로 이뤄집니다. 작업의 흐름은 모델링이 한 번에 끝나고 UV 펼치기 작업이 시작되는 것이 아니라 모델링 작업을 지속적으로 수행해 형태를 다듬고 UV로 데이터를 펼치고 3D 데이터를 다시 다듬는 과정을 지속적으로 반복합니다. 작업이 끝난 후 3D 데이터를 최종 리얼타임 엔진에 내보내기 위한 익스포트(Export) 과정을 거칩니다.

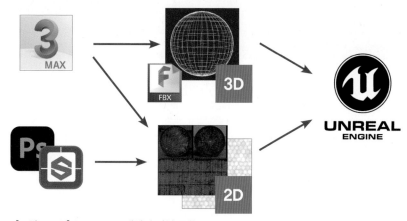

[그림 1.1-21] 3ds Max 모델링의 작업 흐름

이렇게 전달되는 데이터를 기반으로 라이팅 및 기타 설정들을 추가하면 콘텐츠를 효율적으로 제공할 수 있습니다. 각종 설정을 마치면 프로그래머가 이러한 데이터를 활용해 인터랙티브한 콘텐츠를 만들게 됩니다.

 ## 3ds Max 2024 인터페이스 및 초기 설정

➡️ 3ds Max 2024 인터페이스

3ds Max를 실행해 보겠습니다. 인터페이스는 크게 다음과 같이 구분할 수 있습니다.

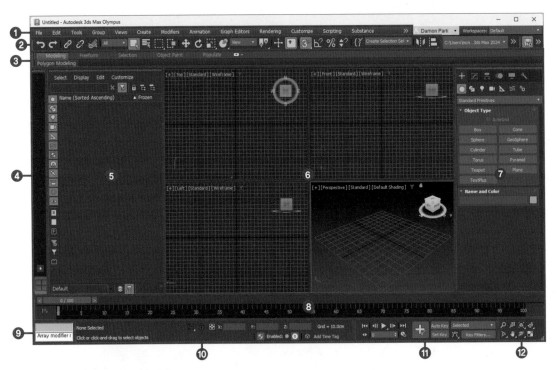

[그림 1.1-22] 3ds Max 인터페이스

❶ **메뉴(Menu):** 일반적인 프로그램에서도 볼 수 있는 가장 기본적인 메뉴 항목입니다.

❷ **메인 툴 바(Main Toolbar):** 핵심적인 기능을 담당하는 기능들의 아이콘 모음입니다.

우측 하단의 작은 세모가 있는 아이콘을 계속 클릭하고 있으면 추가로 선택할 수 있는 아이콘이 나타납니다.

❸ **리본 툴**(Ribbon Tool): Edit Poly 기능을 사용할 때 활성화되는 툴 바입니다. [modelling], [confirm] 등과 같은 다양한 편의 기능이 포함돼 있습니다. 우측 상단의 토글 버튼으로 여닫을 수 있습니다.

[그림 1.1-23] 리본 툴

❹ **레이아웃**: 뷰포트 창의 배치를 바꿀 수 있습니다.

❺ **신 익스플로러**(Scene Explorer): 3D 공간상에 있는 오브젝트들의 목록, 레이어 등을 관리할 수 있습니다.

❻ **뷰포트**(Viewport): 3D 객체를 보여 주는 기능입니다.

❼ **커맨드 패널**(Command Panel): 오브젝트의 생성, 변경, 계층, 보기 등 오브젝트와 관련된 기능들의 집합입니다.

❽ **타임라인**(Timeline): 애니메이션 정보(키)를 시간(프레임) 단위로 제어하는 기능입니다.

❾ **Max 리스너**(Max Listener): 맥스 스크립트와 같이 기능을 커맨드 형태로 실행하기 위한 창입니다.

❿ **기능 모음**: 스테이터스 라인(Status Line), 프롬프트(Prompt), 좌표 표시(Coordinate Display) 등과 같이 다양한 기능이 모여 있지만, X, Y, Z로 표시된 좌표 표시 기능 외에는 잘 사용하지 않습니다.

⓫ **애니메이션 및 타임 컨트롤**(Animation and Time Control): 8번 타임라인 플레이어와 키 추가, 삭제 등 애니메이션과 관련된 설정을 다루는 기능들의 모음입니다.

⓬ **뷰포트 내비게이션 컨트롤**(Viewport Navigation Control): 뷰포트를 제어하기 위한 기능들의 모음입니다.

3ds Max에서 사용 빈도가 가장 높은 커맨드 패널에 대해 알아보겠습니다. 각 패널의 역할은 다음과 같습니다. 해당 기능을 선택하면 파란색으로 활성화됩니다. 특히, 사용 빈도가 높은 패널은 [Create]와 [Modifier]입니다.

❶ **[Create]**: 다양한 종류의 3D 객체를 생성할 수 있는 패널입니다. 모델링과 관련된 패널은 다음과 같습니다.

  Ⓐ **[Geometry]**: 3D 도형을 생성합니다. 다양한 옵션이 있지만, 이 책에서는 [Standard]와 [Compound] 항목에 대한 기능만 일부 다룹니다.

  Ⓑ **[Shape]**: 스플라인(선) 형태의 객체를 생성합니다.

❷ **[Modifier]**: [Create] 패널에서 생성된 오브젝트에 다양한 기능을 추가해 편집하기 위한 패널입니다. 3ds Max 2024에서는 적용하고 싶은 기능을 검색할 수 있는 기능이 개선됐습니다.

❸ **[Hirerachy]**: 피봇(3D 객체의 기준점)에 대한 설정, Ik 등 다양한 객체의 계층(부모, 자식 관계)을 설정할 수 있는 패널입니다.

❹ **[Motion]:** 애니메이션과 관련된 키 프레임 추가 및 삭제, 파라미터, 컨트롤러 등을 제어할 수 있는 패널입니다.

❺ **[Display]:** 뷰포트의 오브젝트 보기, 숨기기 등 뷰포트 전반에 대한 설정을 다루는 패널입니다.

❻ **[Utility]:** 특수 기능(매크로 또는 오브젝트 단위로 적용되는 기능)을 모아 놓은 패널입니다.

[그림 1.1-24] 커맨드 패널

➔ 3ds Max를 사용하기 위한 필수 설정 - Units Setting

3D 공간에서는 1칸이라는 단위를 '유닛(Unit)'이라고 부릅니다. 유닛 세팅은 서로 다른 3D 프로그램 또는 다른 작업자들과의 환경을 맞추기 위한 매우 중요한 설정입니다. 이 책에서는 3ds Max에서 작업한 파일을 언리얼 엔진으로 보낼 때 서로 다른 길이 단위를 사용하면 문제가 발생합니다. 예를 들어 내가 100cm로 작업한 것이 다른 사람의 화면에서 100inch(254cm)로 보일 수도 있습니다. 언리얼 엔진에서는 1유닛을 1cm로 고정해 사용합니다. 3ds Max도 이와 같이 설정하면 크기나 위치에 문제가 생기지 않습니다. 참고로 오프라인 렌더링을 사용하는 건축, 인테리어의 경우, 1유닛을 1mm에 적용해 사용합니다.

메뉴 바의 [Config-Units Setup]을 클릭한 후 [Display Unit Scale]을 오른쪽과 같이 설정합니다.

[그림 1.1-25] 유닛 세팅

- **[Metric]: Centimeters**

[System Unit Setup]을 클릭해 1유닛을 1cm에 맞게 설정합니다.

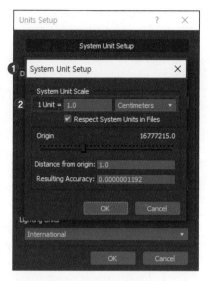

[그림 1.1-26] 시스템 유닛 세팅

➜ 파일을 관리하기 위한 프로젝트 설정

프로젝트는 파일이 생성 및 저장될 때 생기는 기본 경로입니다. 메뉴의 [File – Project – Create Default]를 클릭해 C:/나 다른 드라이브의 루트로 설정하면 폴더들이 지정한 폴더 내에 자동으로 설정됩니다. 프로젝트마다 프로젝트 폴더를 따로 관리하면 편리합니다.

[그림 1.1-27] 프로젝트 설정

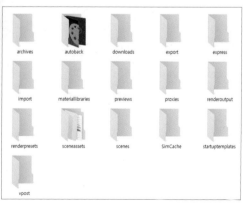

[그림 1.1-28] 프로젝트 자동 생성 폴더

핵심적인 폴더는 다음과 같습니다.

- **Autoback:** 작업 내용이 자동으로 저장되는 폴더입니다. 메뉴의 [Preference Settings-File 탭-Autobackup 항목]에서 저장되는 시간의 주기와 파일의 개수를 정할 수 있습니다.

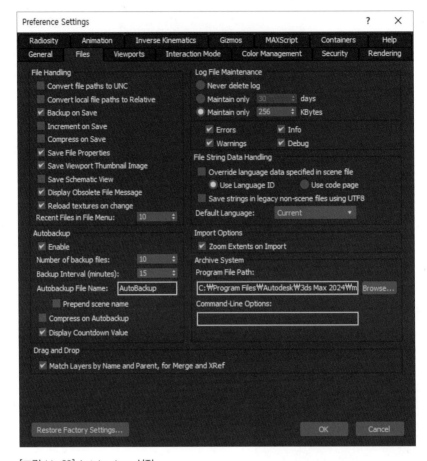

[그림 1.1-29] Autobackup 설정

- **export 폴더:** 메뉴의 [File-Export]를 통해 다른 파일 양식(FBX, OBJ 등)으로 저장하는 파일들이 저장되는 기본 폴더입니다.
- **sceneassets/images 폴더:** 이미지 파일을 저장하거나 불러오기 위한 기본 경로입니다.
- **scenes 폴더:** 3ds Max 확장자(.max) 파일이 저장되는 기본 경로입니다.

3ds Max 2024 조작

➜ 좋은 모델링을 위한 필수 기능-뷰포트 제어

뷰포트는 3D 데이터를 보여 주는 영역으로, 3D 공간에서 어떻게 보이느냐는 매우 중요합니다. 따라서 뷰포트를 조작하는 것은 3D 툴의 매우 중요한 기능입니다. 모든 3D 툴은 사용자가 하늘을 날아다니는 것처럼 자유롭게 뷰포트를 돌아다닐 수 있는 기능을 제공합니다. 3ds Max에서 마우스 휠 버튼을 클릭하면 팬(Pan) 기능을 사용해 위, 아래 또는 좌우로 움직일 수 있습니다. 가장 기본적인 조작 방법은 Pan, Orbit, Zoom 세 가지로 정리할 수 있습니다. 각 기능이나 단축키를 이용한 화면의 변화에 집중하면 됩니다. 원하는 뷰포트의 아무런 위치나 클릭하면 활성화된 뷰포트가 되고 노란색 테두리로 표시됩니다.

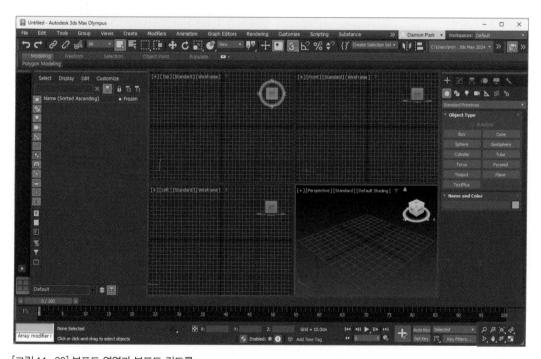

[그림 1.1-30] 뷰포트 영역과 뷰포트 컨트롤

뷰포트 제어를 실습하기 위해 우측 컨트롤 패널의 [Teapot]를 선택해 우측 하단의 [perspective] 뷰포트로 드래그합니다.

- **Pan(이동)** : MMB* 드래그
- **Orbit(회전)** : [Alt] + MMB 드래그
  현재 뷰포트의 방향은 우측 상단의 뷰 큐브(View Cube)를 통해 알 수 있습니다.
- **Zoom(확대/축소)** : [Ctrl] + [Alt] + MMB 드래그

모델링을 위한 2가지 보기 모드를 제공합니다.

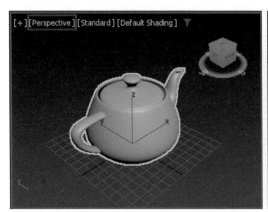 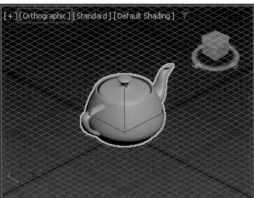

[그림 1.1-31] [perspective]와 [orthographic] 모드

- **Perspective(원근 투영):** 카메라나 눈으로 보듯이 평행한 선들이 소실점으로 모이는 보기 모드입니다. 오브젝트가 입체적으로 보이는 상황이고 수평선들이 한 점에서 만나는 형태로 이뤄져 있습니다. 입체감을 느낄 수 있지만, 형태의 왜곡이 발생합니다.
- **Orthographic(직교 투영):** 수평선들이 소실점으로 모이지 않고 수평한 상태 그대로 보기 모드입니다. 오브젝트 외형의 왜곡이 없기 때문에 정확한 형태를 파악하고자 할 때 사용합니다. 하지만 거리감이 없는 것이 단점입니다. Top, Front, Left 등 정방향의 뷰포트 설정 모두 기본값은 Orthographic입니다.

---

* MMB: Middle Mouse Button, 중간 버튼 클릭 또는 휠 클릭

작업의 보조하기 위한 목적으로 쓰이는 보기 모드는 다음과 같습니다.

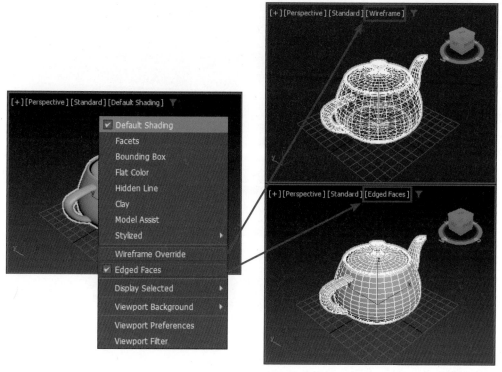

[그림 1.1-32] 셰이딩 모드 변경

- **[Default Shading]**: 표면의 명암을 보여 줄 수 있는 기본 보기 모드입니다.
- **[Wireframe]**(단축키: F3): 3D 객체의 구조(와이어프레임)만 보는 모드입니다.
- **[Edge Faces]**(단축키: F4): [Default Shading]에 와이어 프레임을 겹쳐 볼 수 있는 모드입니다. [Wireframe] 모드보다 사용 빈도가 높습니다.

뷰포트는 기본적으로 4개로 분할돼 있지만, 뷰포트 레이아웃은 단축키를 이용해 변경할 수 있습니다.

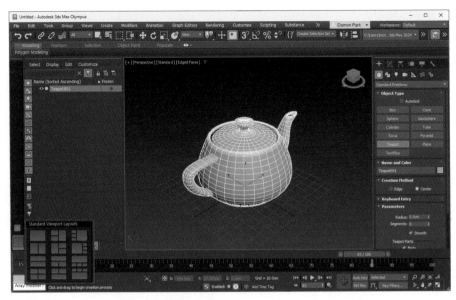

[그림 1.1-33] 뷰포트 레이아웃과 맥시마이즈 뷰포트

- **[Maximize Viewport Toggle]**(단축키: Ctrl + W): 노란색 테두리가 있는 활성화된 뷰포트를 확대합니다.

➜ 3D 공간의 필수 지식: 좌표 XYZ와 월드 영점

월드 영점(World Zero)은 3D 공간상에서의 기준을 의미합니다. 수학 시간에 X, Y축을 이용해 그래프를 그릴 때의 영점을 생각하면 됩니다. 현실 공간에서 나의 위치를 찾을 때는 범위를 넓은 공간에서 좁은 공간으로 줄여 나갑니다.

우편물을 보내기 위한 주소가 좋은 예시입니다. '대한민국 서울특별시 ○○구 ○○길 ○○○건물 ××호'와 같은 식이죠. 이는 국경, 행정 구역, 건물과 같이 범위(3D에서는 '볼륨'이라고 합니다)가 정해져 있기 때문입니다.

다만, 3ds Max와 언리얼 엔진에서는 X, Y, Z축의 방향을 다르게 설정해 사용합니다.

[표 1.1-1] 3ds Max와 언리얼 엔진의 XYZ 방향

	X축(+, −)	Y축(+, −)	Z축(+, −)
3ds Max	우, 좌	후, 전	상, 하
언리얼 엔진	전, 후	우, 좌	상, 하

뷰포트에서 방향을 쉽게 알 수 있도록 뷰포트 좌측 아래의 X, Y, Z축 정보와 우측 상단의 뷰 큐브를 통해 안내해 줍니다.

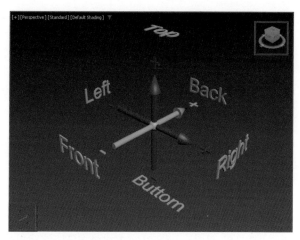

[그림 1.1-34] 3D 공간 좌표

이러한 3개의 축은 각 프로그램마다 앞뒤 좌우를 의미하는 바가 다르지만, 기본적으로 3개의 축을 사용한다는 공통점이 있습니다. 3D 공간은 범위라는 것이 없기 때문에 절대적인 기준점을 두고 기준점의 이름을 '월드 영점'이라고 표현합니다. 위치를 나타내는 X, Y, Z의 값이 모두 0인 위치입니다.

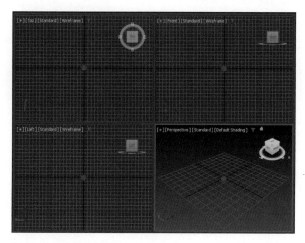

[그림 1.1-35] 월드 영점

물론 기술적으로 완벽한 설명은 아닙니다. 3D 그래픽은 삼각함수, 벡터, 행렬과 같이 수학을 통해 3D 화면을 구현하고 있습니다. 하지만 그래픽 아티스트가 알아야 하는 개념적인 설명으로는 충분하다고 생각합니다.

→ 반드시 외워야 할 단축키: W (이동), E (회전), R (크기)

3D 오브젝트를 원하는 대로 편집하거나 배치하는 데 반드시 필요한 기능이 이동(Move), 회전(Rotate), 크기(Scale) 모드입니다. 3ds Max, 언리얼 엔진뿐 아니라 거의 모든 3D 프로그램들은 이러한 기능을 가진 단축키로 W, E, R을 사용하고 있습니다.

여러분이 선택한 오브젝트에는 해당 모드를 조작할 수 있는 아이콘 같은 것이 보이는데, 이를 '기즈모(Gizmo)'라고 합니다. 기즈모의 형태는 사용하는 툴마다 바뀔 수 있지만, 기본은 이동, 회전, 크기를 조절할 수 있는 형태로 돼 있고 이는 각각의 3D 툴마다 비슷한 형태를 갖고 있습니다. 기즈모는 피봇 포인트를 기준으로 표시됩니다.

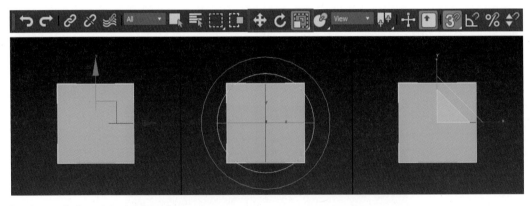

[그림 1.1-36] 이동, 회전, 크기 모드 기즈모

● W: 이동(Move) ✛

화살표 기즈모를 클릭해 원하는 축으로 이동합니다. 마우스 커서를 이동하기 원하는 방향의 기즈모의 축(X, Y Z) 위에 올려놓으면 노란색으로 활성화되는데, 이때 클릭, 드래그하면 이동할 수 있습니다.

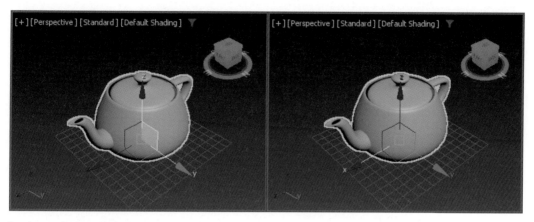

[그림 1.1-37] 기즈모 활성화

● E: 회전(Rotate) ↻

원형의 기즈모를 클릭하면 축 방향으로 회전합니다. 원의 안쪽을 클릭하면 자유 회전, 바깥쪽의 흰색 선을 클릭하면 화면을 기준으로 회전합니다.

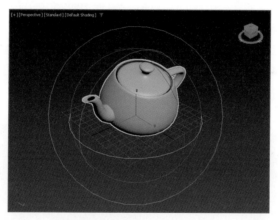

[그림 1.1-38] 회전 기즈모

● R: 크기(Scale)

끝이 큐브 모양인 기즈모입니다. 사용 방법은 이동할 때와 같지만, R을 누를 때마다 3가지 크기 조절 방식이 순서대로 바뀝니다. 왼쪽부터 첫 번째 유니폼(Uniform)은 모든 축이 같게 수정되며, 두 번째 난-유니폼(Non-Uniform)은 각각의 축을 움직입니다. 세 번째 스쿼시(Squash)는 늘어나는 축을 제외한 나머지 축에 비례해서 축소됩니다(예 X축을 늘리면 Y, Z축은 축소).

1

1.1

2

2.1
2.2
2.3

3

3.1
3.2

4

4.1
4.2

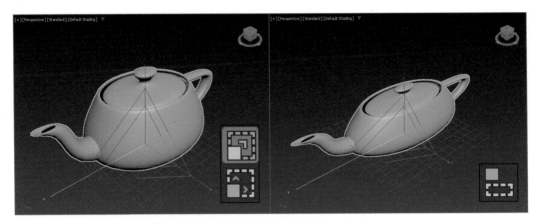

[그림 1.1-39] 스케일 툴의 다른 적용 효과

모든 모드에서는 원하는 방향(X, Y, Z)을 클릭해 사용합니다. 이는 3ds Max나 언리얼 엔진 모두 공통된 사항으로, 2개 축을 한 번에 선택해 움직일 수도 있습니다.

Tip

좌표계 설정에 따른 기즈모 표시

기즈모는 설정된 좌표에 정렬돼 표시됩니다. 이러한 좌표의 기본값은 View이며, 월드(World), 지역(Local), 워킹 피봇(Working Pivot) 등 다양한 방식으로 표현됩니다.

기본 좌표계인 View 좌표계일 때, 원근 투영(Perspective)에서는 X, Y, Z 축이 모두 표시됩니다.

직교 투영(Orthographic)일 때, 뷰포트가 정방향(Front, Left 등)인 좌표축은 X, Y축으로만 표시됩니다.

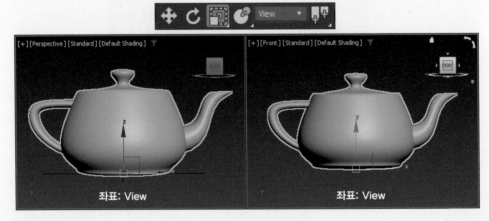

[그림 1.1-40] Perspective와 Orthographic에서 View 좌표계 표시

오브젝트가 회전돼 있는 상태 또는 월드, 로컬 좌표계에 따라 기즈모가 다르게 표시됩니다.

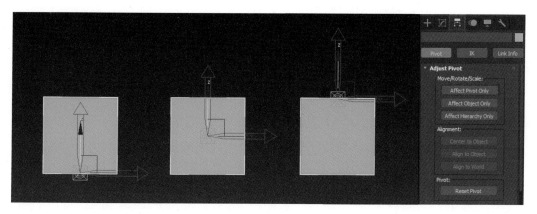

[그림 1.1-41] 좌표계에 따라 다르게 표시되는 기즈모

1

1.1

2

2.1

2.2

2.3

3

3.1

3.2

4

4.1

4.2

➡️ 오브젝트의 기준, 피봇 포인트

3D 객체들은 각자의 기준점을 갖고 있습니다. 이러한 기준점을 '피봇 포인트(Pivot Point)' 또는 '오리진(Origin)'이라고 합니다. 3ds Max와 같은 언리얼 엔진에서는 피봇 포인트를 줄여 '피봇'이라고도 하기 때문에 이 책에서도 여러분들이 화면에서 일반적으로 보이는 용어인 '피봇'으로 통일합니다.

[그림 1.1-42] 오브젝트마다 다른 피봇 포인트의 위치

피봇은 [Hirearachy] 패널의 [Adjust Pivot] 항목에 있는 [Affect Pivot Only] 버튼을 활성화해 수정합니다. 기즈모에 화살표 한 겹이 더 생기면서 피봇에 대한 수정이라는 것을 시각화해 줍니다.

수정이 완료되면 다시 버튼을 클릭해 비활성화해야 합니다.

→ 일정하게 움직이는 스냅

기본 조작 상태에서는 정확한 수치로 이동하기 위해 [Edit – Transform Type – in]을 이용하거나 중앙 하단의 좌표 표시 창에 입력합니다.

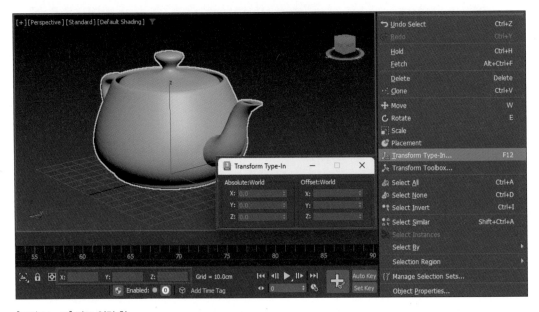

[그림 1.1-43] 좌표 입력 창

매번 타이핑으로 입력하면 불편하기 때문에 일정한 간격이나 다른 오브젝트의 버텍스, 에지, 폴리곤을 대상으로 밀착시키는 등 다양한 움직임을 제어할 수 있는 스냅(Snap) 기능을 이용하는 것이 편리합니다. 스냅은 이동, 회전, 크기 모드 우측에 자석 이미지가 포함된 아이콘의 모음입니다. 스냅과 관련된 3가지 아이콘 중 어느 아이콘에서나 RMB*을 클릭하면, [Grid and Snap Settings] 창이 나타납니다. [Snap] 탭에는 이동 시 어느 요소(버텍스, 에지, 폴리곤, 요소의 중앙, 피봇 등)에 맞춰 이동할 것인지를 설정하는 체크 박스가 있는데, 이는 상황에 따라 체크 표시와 해제를 하면서 사용합니다.

---

* RMB: Right Mouse Button

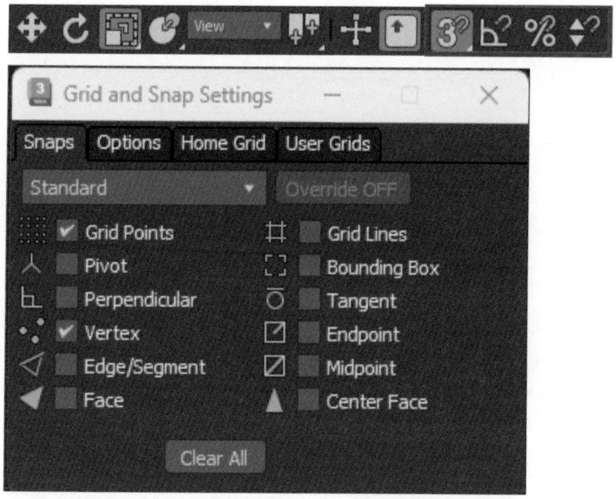

[그림 1.1-44] 메인 툴 바상의 위치와 스냅 설정 창

스냅 기능이 활성화되면 1개, 2개 축을 선택할 수 없을 때가 있습니다. [Options] 탭의 [Translation-Enable Axis Constraints]에 체크 표시를 해 두면 원하는 축에만 효과를 줄 수 있습니다. 이 밖에도 회전 스냅(Angle Snap)이 활성화됐을 때 몇 도(degree)씩 끊어서 회전할 것인지, 크기 스냅 (Scale Snap)이 활성화됐을 때 몇 %씩 크기를 바꿀 것인지도 설정할 수 있습니다.

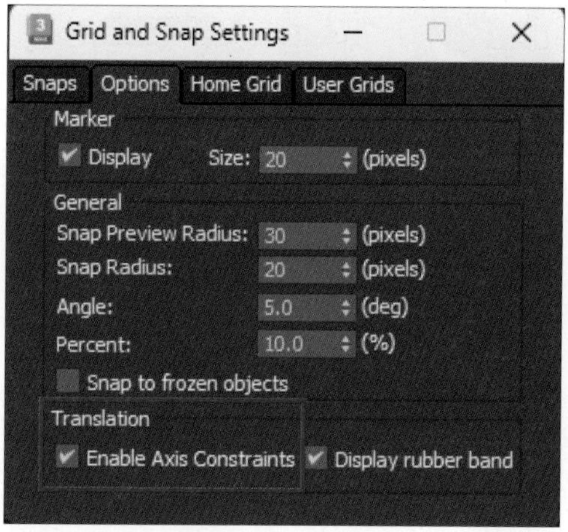

[그림 1.1-45] 스냅 옵션 창

지금까지 3ds Max와 언리얼 엔진을 사용하기 전에 알아 둬야 할 개념에 대해 학습했습니다. 다음 장부터는 설치와 기본 조작 방법을 병행하면서 3ds Max를 즐겨 보겠습니다.

개발 사례

모뉴먼트 벨리(Monument Valley)

Ustwo Games가 개발하고 배급한 인디 퍼즐 게임입니다. 착시 효과를 이용한 게임으로, 도착 지점까지 안전하게 퍼즐을 풀어서 도착하면 되는 퍼즐 게임입니다.

제페토(Zepeto)

네이버 Z가 개발한 대표적인 메타버스 플랫폼으로, 전 세계적으로 2억 명이 넘는 이용자를 보유하고 있는 플랫폼입니다. 이용자들은 친구들과 만나고, 게임을 하고, 쇼핑을 하는 등 다양한 활동을 할 수 있습니다.

페리도트(Peridot)

〈포켓몬 고〉를 만든 Niantic에서 만든 증강현실(AR) 게임 콘텐츠로, 귀여운 외모의 캐릭터와 상호작용하면서 돌보고, 기르고, 번식시키는 게임입니다.

스(IKEA Place)
발한 스마트폰 증강현실(AR)
를 가상으로 집에 설치하는
스입니다. 구매하려는 가구
 보면서 가구가 우리집에
 확인해 볼 수 있습니다.

폴리곤 모델링 기법
(LowPoly 모델링)

3D 모델링에는 다양한 기법이 있습니다. 그중에서 이 책에서 다루고 있는
것은 '폴리곤(Polygon) 모델링'이라는 기법으로, 오브젝트를 이루는 요소인
폴리곤을 이용해 모델링하는 방식입니다.

Chapter 2에서는 메시를 효율적으로 디자인하고 제작하기 위해 3ds Max의
기초 문법에 해당하는 모델링 기법을 알아봅니다. 가장 먼저 기본 셰이프
(Shape)를 바탕으로 박스(Box)에서부터 실린더(Cylinder), 콘(Cone), 스피
어(Sphere)에 이르기까지 기본 도형들을 이용한 모델링을 진행하고 각각
UV 작업까지 진행합니다. 이는 인터랙티브(Interactive)한 3D 콘텐츠의 데
이터 제작에 익숙해지는 과정이 될 것입니다.

ikea–

2.1 폴리곤 모델링의 기초 기능, 에디터블 폴리

이 책에서 중점적으로 다루게 될 인터랙션 콘텐츠 분야에서는 실시간 환경의 특성상 하드웨어가 소화해낼 수 있는 방식으로 이뤄져야 하기 때문에 3D 리소스를 제작할 때 '폴리곤 모델링'이라는 기법을 많이 사용합니다.

폴리곤은 점(Vertex), 선(Edge), 면(Polygon)으로 이뤄져 있고 이러한 면들이 모여 '메시(Mesh)'라는 덩어리를 이룹니다. 그리고 이 메시는 다시 UV라는 작업을 거쳐 입체의 3D 데이터에 평면인 2D 이미지를 적용하게 되고 최종적으로 언리얼, 유니티와 같은 실시간 엔진에서 렌더링됩니다.

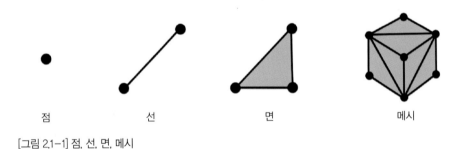

점　　　　　　선　　　　　　면　　　　　　메시

[그림 2.1-1] 점, 선, 면, 메시

처음부터 무에서 유를 창조하기는 어렵습니다. 3D 모델링도 처음 배울 때 아무것도 없는 것부터 시작하기에는 무리가 있습니다. 언어를 배울 때 기초 단어나 문법 등을 배우고 문장 등을 만들어 보고 익숙해지는 과정을 거치듯이 폴리곤 모델링을 배우는 데 가장 기초가 되는 기본 셰이프(Shape)들을 다뤄 보겠습니다. 기본 셰이프 중 가장 간단한 박스(Box)부터 실린더(Cylinder), 콘(Cone), 스피어(Sphere)에 이르기까지 다양한 기본 도형을 이용해 모델링해 보고 이렇게 만들어진 3D 모델링을 각 모델링마다 2D 데이터를 받아 줄 수 있도록 3D 폴리곤을 평면에 펼치는 UV 작업을 진행하겠습니다.

2.1-1 박스 형태 모델링 - 연필꽂이

도형 중에서 가장 기본이 되는 박스(Box)를 이용해 [그림 2.1-2]와 같이 나무 재질의 간단한 연필꽂이를 모델링해 보겠습니다. 복잡하지 않은 연필꽂이 모델링을 통해 모델링을 하는 기본 과정과 3ds Max의 인터페이스를 익혀 보겠습니다.

[그림 2.1-2] 연필꽂이 예시

✖ 학습 목표

박스(Box) 형태를 이용해 연필꽂이를 모델링하고 싶다.

✖ 순서

❶ 박스 생성하기
❷ 폴리곤 모델링을 편집하기 위한 준비하기
❸ 인셋(Inset)을 이용해 홈 자리 만들기
❹ 익스트루드(Extrude)로 홈 파기
❺ 머티리얼 에디터(Material Editor)로 나무 재질 만들고 적용하기
❻ UVW 맵(UVW Map)을 활용해 재질 수정하기

박스 생성

인셋

익스트루드

머티리얼 / UVW Map

[그림 2.1-3] 연필꽂이 구현 순서

➜ 박스 생성하기

가장 기본 도형이 되는 박스를 생성해 보겠습니다.

[그림 2.1-4]와 같이 우측 커맨드 패널 상단의 플러스 모양으로 된 [Create] 탭의 첫 번째 [Geometry] 아이콘을 클릭해 활성화한 후 [Box]를 클릭합니다.

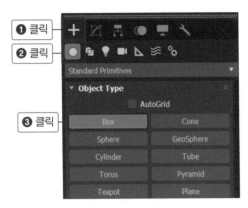

[그림 2.1-4] [Box] 선택

뷰포트에서 마우스 왼쪽 버튼을 클릭한 상태에서 드래그하면 바닥이 사각형 면이 되고 버튼에서 손을 떼면 자동으로 마우스 포인터를 따라 면이 입체가 돼 올라오는 것을 알 수 있습니다. 이때 적당한 위치에 다시 마우스 왼쪽 버튼을 클릭하면 최종 박스 모양이 확정됩니다. 나중에 얼마든지 수정할 수 있기 때문에 박스를 연필꽂이의 비율에 딱 맞게 생성할 필요는 없습니다.

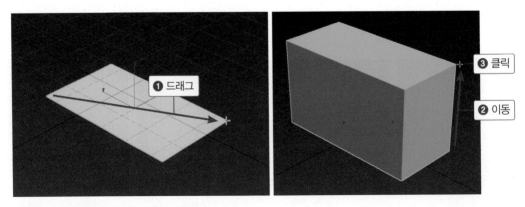

[그림 2.1-5] 뷰포트에 박스를 생성하는 방법

화면 우측 패널 상단에 있는 [Modify] 버튼을 클릭합니다. 클릭하면 [그림 2.1-6]과 같이 아래쪽에는 오브젝트의 이름 (지금은 'Box001'이라고 돼 있습니다), 그 아래에는 [Modifier List]라는 항목이 선택돼 있고 또 아래에는 흰색 테두리로 된 공간에 Box라는 이름의 리스트가 있습니다(만약, Box가 보이지 않으면 오브젝트를 선택하지 않았기 때문이므로 선택 툴로 선택하거나 좌측 레이어에서 오브젝트를 선택하면 다시 나타납니다).

이 공간은 모디파이어 스택(Modifier Stack, 줄여서 '스택')이라고 하는 오브젝트의 편집 기록을 보고 변경할 수 있고 [Modifier List]에서 추가할 수도 있습니다. 스택마다 요구하는 값을 작성하면 바로 아래 스택에 영향을 미치게 되는 방식으로 작동합니다. 3ds Max의 오브젝트 편집은 대부분 스택을 활용하면서 이뤄지기 때문에 학습을 하면서 차츰 알게 될 것입니다.

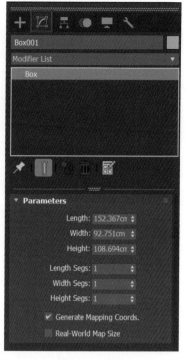

[그림 2.1-6] [Modify] 버튼 클릭

아래쪽 [Parameters] 안에는 [Length], [Width], [Height]라는 항목이 있습니다. 연필꽂이의 크기에 맞게 [Length]에는 '10', [Width]에는 '10', [Height]에는 '15'를 입력합니다. [그림 2.1-7]과 같은 유닛 설정을 통해 cm 단위로 맞췄으므로 가로, 세로, 높이가 각각 10cm, 10cm, 15cm인 박스가 됩니다.

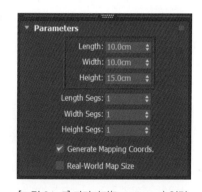

[그림 2.1-7] 파라미터(Parameters) 입력

[이동] 툴을 클릭한 후 화면 하단의 포지션 X, Y, Z 입력란에 '0'을 입력해 오브젝트를 원점에 위치시키고 Z를 눌러 화면에 꽉 차게 맞추겠습니다.

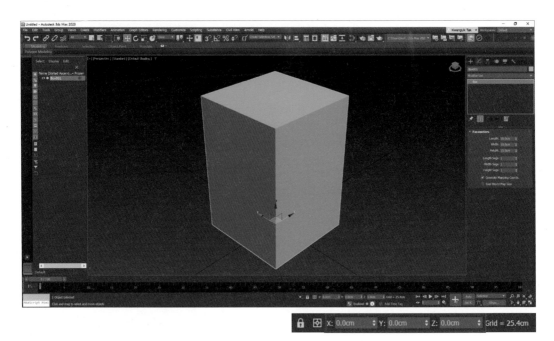

[그림 2.1-8] 원점 이동과 화면 확대

→ 폴리곤 모델링을 편집하기 위한 준비

박스를 생성한 직후에는 기본 도형(Primitive) 상태로 면을 추가하거나 연필을 꽂을 수 있는 구멍을 넣는 등의 편집을 할 수 없습니다. 박스뿐 아니라 콘, 실린더, 스피어 등 우측의 커맨드 패널에서 생성하는 대부분의 도형들을 기본 상태로 생성할 수 있습니다. 생성한 후에는 편집 가능한 상태인 폴리곤(Polygon)으로 만들어야 합니다.

[그림 2.1-9]와 같이 오브젝트를 선택한 상태에서 마우스 오른쪽 버튼을 클릭하면 여러 가지 기능을 수행하는 쿼드 메뉴(Quad Menu)가 나타납니다. 이 쿼드 메뉴 하단의 [Convert To:- Convert to Editable Poly]를 선택합니다.

[그림 2.1-9] 폴리곤 상태로 변환

폴리곤 상태로 변환되면 모디파이어 패널의 내용이 바뀝니다. 모디파이어 스택의 이름이 'Editable Poly'로 바뀌고 많은 파라미터가 펼쳐지게 돼 아래에 있는 설정들이 스크롤해야 할 정도가 됩니다. 뷰포트와 패널 사이의 경계를 조절해 커맨드 패널의 레이아웃을 넓혀 주면 설정들이 두 줄로 구성되면서 보기 편해집니다([그림 2.1-10]).

에디터블 폴리(Editable Poly)로 변환하는 작업은 오브젝트를 바로 폴리곤으로 변환하는 것으로, 모디파이어 스택으로 쌓아 사용하는 기능은 아닙니다. 하지만 스택 중에는 일부 기능이 제한적이기도 하고 이와 비슷한 기능을 하는 [Edit Poly]라는 스택을 쌓아서도 작업할 수 있지만, 이 책에서는 바로 폴리곤으로 변환해 진행합니다.

메시는 점, 선, 면(폴리곤)으로 이뤄져 있다고 했습니다. 3ds Max에서는 메시를 '오브젝트'라고 부릅니다. 모디파이어 스택 창을 보면 'Editable Poly'라는 이름의 오브젝

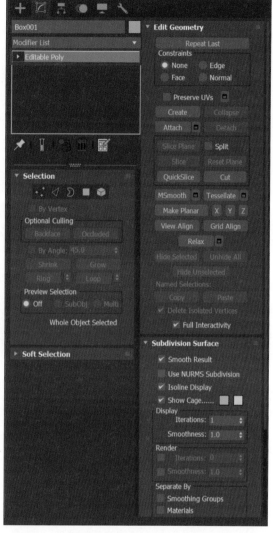

[그림 2.1-10] 에디터블 폴리 상태의 [모디파이어] 패널 레이아웃

트가 선택돼 있는 것을 알 수 있습니다. 오브젝트 앞에 있는 삼각형 표시를 클릭해 보면 [그림 2.1-11]의 ❶과 같이 리스트가 펼쳐지는데, 이를 '서브오브젝트(Sub-Object)'라고 합니다. 서브오브젝트는 스택마다 다르게 구성돼 있습니다.

에디터블 폴리 오브젝트는 '점'인 버텍스(Vertex), '선'인 에지(Edge), '가장자리'인 보더(Border), '면'인 폴리곤(Polygon), '개체'인 엘리먼트(Element)의 총 5가지 서브오브젝트로 구성돼 있습니다. 이 서브오브젝트를 선택해 편집하는 것이 폴리곤 모델링의 핵심입니다. 선택할 때는 스택 내부의

서브오브젝트를 클릭하거나 [그림 2.1-11]의 ❷와 같이 아래쪽 셀렉션(Selection) 항목에 배치돼 있는 점, 선, 면 같은 아이콘을 클릭합니다. 서브오브젝트는 단축키로도 선택할 수 있습니다. 스택의 배치 순서대로 키보드 자판의 ①, ②, ③, ④, ⑤로 돼 있습니다(키보드 우측 키패드의 숫자 키가 아닙니다).

그럼 연필꽂이의 형태로 수정하면서 알아보겠습니다.

[그림 2.1-11] 서브오브젝트 선택

➡ 인셋을 이용해 홈 자리 만들기

이제 연필을 꽂을 수 있는 홈을 만들어 보겠습니다. 우선 오브젝트의 와이어프레임 구성이 보여야 작업하기 편리하므로 뷰포트를 에지 페이스(단축키: F4)로 설정합니다.

Tip 모델링의 방향

앞뒤, 좌우의 방향성이 중요한 형태의 모델링도 있을 것입니다. 하지만 일반적으로 기본 도형을 생성하면 어디가 앞인지 구분하기 어렵기 때문에 어디를 기준으로 해야 할지 혼동되는 경우도 생깁니다. 이때는 뷰포트 우측 상단의 뷰 큐브(View Cube)를 확인하면 됩니다. [그림 2.1-12]처럼 뷰큐브의 'Front'를 기준으로 삼아 정면을 보거나 45도 각도로 입체감이 잘 보이도록 설정해 작업하면 쉽습니다.

[그림 2.1-12] 모델링 방향 기준

먼저 윗면을 선택하겠습니다. [그림 2.1-13]과 같이 박스를 선택한 상태에서 서브오브젝트 중 폴리곤을 클릭합니다(단축키: ④). 그리고 편집할 면을 클릭해 선택합니다.

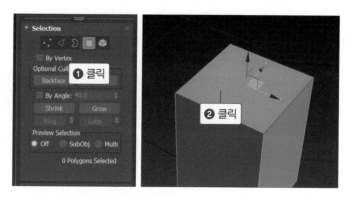

[그림 2.1-13] 폴리곤 선택

윗면 안쪽에 홈이 파질 면을 생성하기 위해 '인셋(Inset)'이라는 기능을 사용하겠습니다.

인셋은 선택한 폴리곤 안에 폴리곤을 추가하는 기능입니다. 선택한 폴리곤의 외곽 에지에서 설정한 간격으로 에지를 생성하는데, 설정에 따라 개별 폴리곤에 독립적으로 생성할 수도 있습니다.

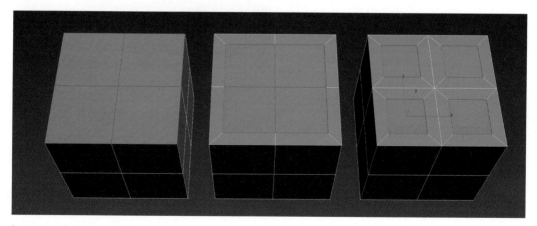

[그림 2.1-14] 인셋 기능 예시

모디파이어 패널의 [Edit Polygons] 항목 중 [그림 2.1-15]와 같이 [Inset] 버튼이 있고 그 옆에 작은 창 모양의 [Setting] 버튼이 붙어 있는 것을 알 수 있습니다. 모디파이어 기능들 중에는 이처럼

2개의 버튼이 존재하는 기능들이 있습니다. 2가지 버튼 모두 같은 기능을 수행하지만, 다음과 같은 차이가 있습니다.

- **버튼 클릭 시:** 마우스 클릭으로 효과 적용, 빠르지만 정확한 수치 제어 불가
- **[Setting] 버튼 클릭 시:** 수치를 입력할 수 있는 창이 팝업돼 정교한 작업 가능

이 책에서는 일정한 모양을 유지하기 위해 기본적으로 [Setting] 버튼을 이용해 기능을 적용합니다.

[그림 2.1-15] 인셋 버튼

[Setting] 버튼을 클릭하면 뷰포트에 작은 메뉴가 나타납니다. [그림 2.1-16] 상단의 검은색 영역을 클릭, 드래그하면 세팅 메뉴를 뷰포트 안에서 자유롭게 이동할 수 있고 그 아래의 영역에는 [수행할 기능 설정]과 [수치 입력], 하단 영역에는 [입력 확정]과 [추가 적용], [취소]버튼이 배치돼 있습니다. 수치를 입력하는 곳에 '1'을 입력한 후 [확인] 버튼을 클릭합니다. 안쪽에 면이 생기는 것을 알 수 있습니다.

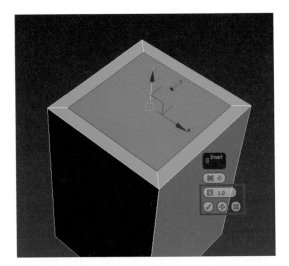

[그림 2.1-16] 세팅 버튼 입력, 면 생성

➡ 익스트루드 기능으로 홈 파기

이번에는 익스트루드(Extruede) 기능으로 생성된 면을 아래로 내려 보겠습니다. 익스트루드 기능은 폴리곤을 수직으로 뽑아 내거나 들어가게 하는 기능입니다. 폴리곤마다 '노멀(Normal)' 또는 '법선'이라 불리는 폴리곤의 수직 방향을 알려 주는 정보를 갖고 있습니다. 익스트루드는 이 노멀 방향을 기준으로 폴리곤이 돌출되도록 편집하기도 하고 들어가도록 편집하기도 합니다. 수직 방향이 다른 여러 개의 폴리곤에 적용할 때는 설정에 따라 다양한 모양을 만들 수 있습니다.

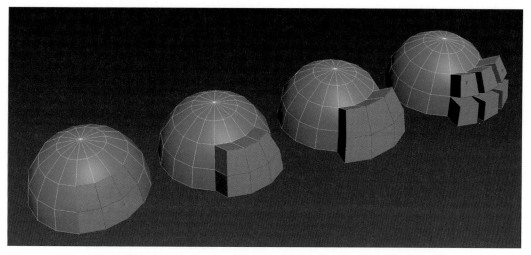

[그림 2.1-17] 익스트루드 기능 예시

[그림 2.1-18]과 같이 모디파이어 패널에서 [Extrude] 버튼의 [Setting] 버튼을 클릭합니다. 설정에 따라 선택한 면의 가운데를 중심으로 [Setting] 메뉴의 수치 입력란에 '-14'를 입력한 후 [입력확정] 버튼을 클릭해 확정합니다(수칫값이 양수이면 폴리곤이 나오고 음수이면 들어갑니다).

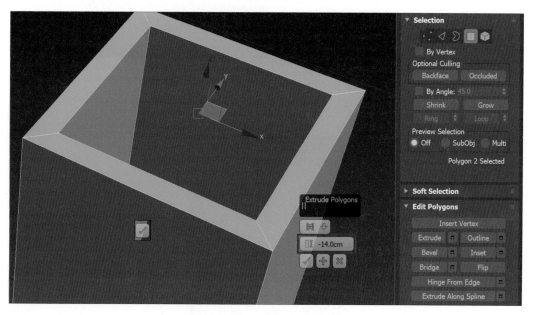

[그림 2.1-18] 익스트루드 기능으로 면 생성하기

보이지 않는 면을 위한 시스루

익스트루드 기능으로 면을 밀어 넣었지만, 옆면에 가려 얼마나 깊이 들어갔는지 가늠하기 어렵습니다. 이때 사용하는 기능이 '시스루(See-through)'입니다. 시스루의 사용 방법은 다음과 같습니다([그림 2.1-19]).

❶ 마우스 오른쪽 버튼 클릭

❷ [쿼드] 메뉴 우측 하단의 [Object Properties] 클릭

❸ [See Through]에 체크 표시(단축키: Alt + X)

❹ [OK] 버튼 클릭

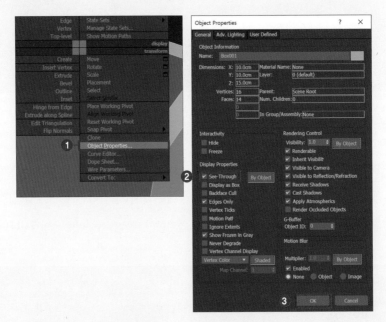

[그림 2.1-19] 시스루 기능 활성화

[그림 2.1-20]처럼 오브젝트가 투명해지면서 보이지 않는 곳을 확인할 수 있게 됩니다.

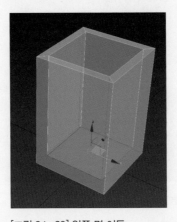

[그림 2.1-20] 안쪽 면 이동

마지막으로 현재 활성화돼 있는 폴리곤 서브오브젝트를 한 번 더 클릭하면(단축키: ④) 편집 모드를 빠져나와 오브젝트 모드로 바뀝니다. 연필꽂이 형태가 완성됐습니다.

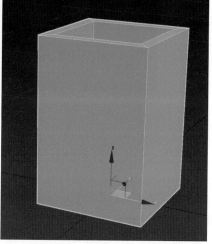

[그림 2.1-21] 연필꽂이 형태 완성

→ 머티리얼 에디터로 나무 재질 만들고 적용하기

연필꽂이는 나무 재질로 이뤄져 있습니다. 나무 재질이 잘 나와 있는 사진을 이용해 표면을 꾸며 보겠습니다. 가장 먼저 나무 재질 텍스처를 준비해야 합니다. Textures.com에서 [그림 2.1-22]와 같이 적당한 텍스처를 다운로드했습니다(Textures.com/Wood/Fine Wood/Closeup Bamboo Cutting Board). 파일명은 알아보기 쉽게 'T_Wood'로 바꾸겠습니다.

[그림 2.1-22] 나무 재질 텍스처
(T_Wood.png)

나무 재질을 표현하기 위해서는 나무 텍스처가 적용된 머티리얼(Material)이 필요합니다. 우선 머티리얼을 생성하고 수정할 수 있는 머티리얼 에디터(Material Editor) 패널을 열겠습니다. 패널을 여는 방법은 다양합니다. [그림 2.1-23]과 같이 화면 상단 메뉴 바에서 [Rendering-Material Editor-Slate Material Editor]를 클릭하는 방법, 상단 메인 툴 바에서 머티리얼 에디터 아이콘을 클릭하는 방법, M을 누르는 방법이 있습니다.

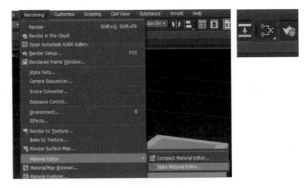

[그림 2.1-23] 머티리얼 에디터 패널을 여는 다양한 방법

머티리얼 에디터의 구성은 [그림 2.1-24]와 같습니다.

❶ **메뉴 바:** 일반적인 프로그램의 저장, 불러오기, 설정 등 그 밖의 각종 기능

❷ **툴 바:** 메뉴 바에서 많이 쓰이는 기능들을 아이콘 형식으로 정렬

❸ **머티리얼/맵 브라우저:** 다양한 머티리얼을 그룹별로 모아 놓은 라이브러리

❹ **뷰 패널:** '노드(Node)'라고 불리는 슬롯을 가진 작은 패널을 선으로 연결하는 방식으로 머티리얼을 수정, 편집

❺ **내비게이션:** 뷰 패널의 노드의 배치를 파악할 수 있는 미니맵

❻ **머티리얼 파라미터 에디터:** 선택한 노드의 각종 설정 값 조정

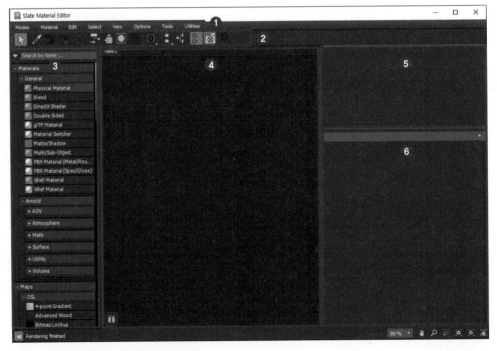

[그림 2.1-24] 머티리얼 에디터의 레이아웃

우선 [그림 2.1-25]와 같이 좌측 머티리얼/맵 브라우저 패널의 상단에 있는 [Physical Material]을 뷰 패널에 드래그 앤 드롭합니다. 그럼 뷰 패널에 머티리얼 노드가 생성된 것을 알 수 있습니다. 뷰 패널은 마우스 휠을 돌리면 화면이 확대, 축소되고, 클릭하고 이동하면 화면이 이동됩니다. 그리고 노드는 뷰 패널 안에서 드래그 앤 드롭으로 자유롭게 이동할 수 있으며 선택한 노드는 머티리얼 파라미터 에디터 패널과 관련된 파라미터 값들을 입력할 수 있도록 관련 정보가 출력됩니다.

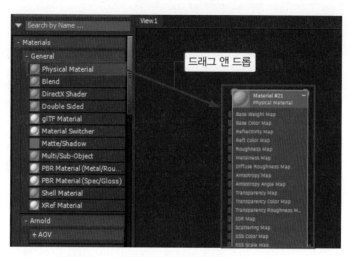

[그림 2.1-25] [Physical Material]을 뷰 패널에 드래그 앤 드롭

이번에는 생성한 머티리얼 노드에 연결시킬 나무 텍스처를 뷰 패널로 가져오겠습니다. [그림 2.1-26]과 같이 사용할 나무 텍스처가 있는 탐색기 폴더에서 머티리얼 에디터의 뷰 패널로 드래그 앤 드롭하면 됩니다. 나무 텍스처가 적용된 노드가 생성된 것을 알 수 있습니다.

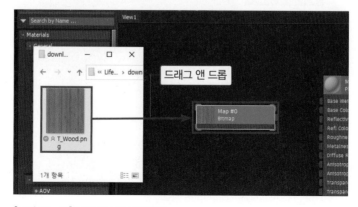

[그림 2.1-26] 나무 텍스처 가져오기

[그림 2.1-27]과 같이 나무 텍스처 노드의 우측 핀에 마우스를 클릭한 상태로 드래그하면 와이어라는 녹색 선이 생깁니다. 이 와이어를 머티리얼 노드의 [Base Color Map] 항목 핀에 드롭해 연결합니다. [Base Color Map]은 재질의 기본 색을 표현하는 항목입니다.

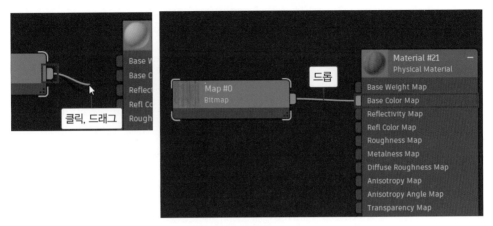

[그림 2.1-27] 나무 텍스처 노드와 머티리얼 노드 와이어 연결

마지막으로 이 설정을 모델링에 적용해야 합니다. [그림 2.1-28]과 같이 머티리얼 노드를 선택하면 머티리얼 에디터 상단의 툴 바에 아이콘이 활성화되는데, 그중 [Assign Material to Selection]을 클릭합니다(메뉴 바의 [Material] 항목에서도 적용할 수 있습니다). 모델링에 나무 이미지가 적용됩니다.

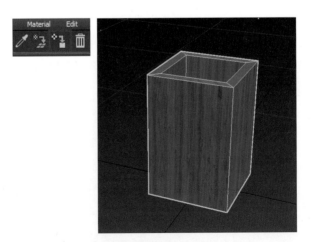

[그림 2.1-28] 모델링에 머티리얼 적용

1

1.1

2

2.1

2.2

2.3

3

3.1

3.2

4

4.1

4.2

→ UVW 맵을 활용해 재질 수정하기

머티리얼 에디터에서 나무 텍스처를 적용하면 완료된 것처럼 보이기는 하지만, 모델링의 상단 면을 보면 [그림 2.1-29]처럼 이미지가 늘어난 것을 알 수 있습니다. 이는 UV를 펴 주지 않았기 때문에 생기는 문제입니다.

3D 모델의 표면에 텍스처를 적용하는 방법을 'UV 매핑 (UV Mapping)'이라고 합니다. 즉, 3D 모델의 각 면에 대해 2D 좌표를 할당하고 이 좌표를 사용해 텍스처 이미지를 매

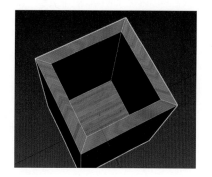

[그림 2.1-29] 모델링 상단의 늘어진 텍스처

핑합니다. 이렇게 하면 텍스처 이미지가 3D 모델의 표면에 정확히 맞게 됩니다. 이때 사용하는 좌표가 U, V, W이고 텍스처는 평면 이미지이므로 UV만 사용해 'UV 좌표'라고도 합니다. UV 매핑은 리얼타임 콘텐츠의 3D 모델링에서 매우 중요한 역할을 합니다. 이를 통해 텍스처 이미지를 사용해 더욱 자연스러운 외관을 만들 수도 있고 UV 매핑을 사용해 다양한 효과를 적용할 수도 있습니다. 예를 들어 3D 모델의 일부 부분에만 텍스처를 적용하거나 동일한 텍스처 이미지를 여러 번 사용해 다양한 패턴을 만들 수도 있고 게임과 같은 가상의 공간에서 비현실적인 표면을 제작하는 데 활용하기도 합니다.

UV 매핑 작업을 보통 'UV를 편다'라고 표현하는데, 일반적으로 모델링 작업이 끝난 후에 진행합니다. 이를 우유팩에 비유하면 우유팩을 디자인하는 것보다 재활용할 때 우유팩을 펼치는 것이 쉽기 때문입니다. 즉, 종이에 박스 도안을 재단해 입체로 만드는 과정보다 입체인 박스를 평면으로 펴는 것이 훨씬 쉽기 때문에 UV 매핑 작업도 텍스처의 UV 좌표를 생각하면서 모델링을 하기보다 모델링을 끝낸 후에 모델링을 펼쳐가면서 UV 매핑을 진행하는 것입니다([그림 2.1-30]).

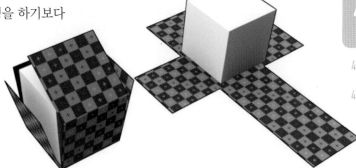

[그림 2.1-30] UV 매핑 개념도(출처: 위키백과(Wikipedia.org))

UV 매핑의 개념을 처음 접하면 생소할 수 있습니다. 이 책은 리얼타임 콘텐츠를 다루고 있기 때문에 후반에는 UV 매핑 작업을 반드시 진행하게 되므로 예제를 차근차근 따라 하면 UV 매핑의 개념도 자연스럽게 이해할 수 있을 것입니다.

연필꽂이 상단부의 늘어진 부분을 모디파이어 스택 중 하나인 UVW 맵(UVW Map)을 활용해 UV를 펴는 작업을 해 보겠습니다. UVW 맵은 [그림 2.1-31]과 같이 주황색 사각형 기즈모에 텍스처를 담고 기즈모의 방향으로 모델링에 직접 투영하는 방법으로 UV를 적용하는 기능입니다. 이 기즈모는 위치, 회전, 스케일도 변경할 수 있고 기즈모를 기준으로 외곽으로 텍스처가 무한이 반복되는 성질인 타일링(Tiling)이 적용돼 있어 배율도 조정할 수 있습니다. 따라서 왜곡과 반복을 활용한 텍스처 투영이 가능합니다.

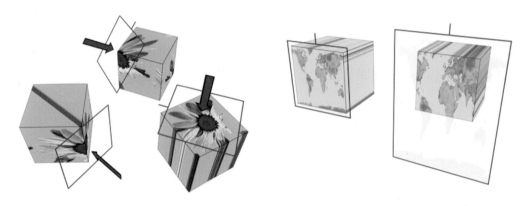

[그림 2.1-31] UVW 맵 적용 개념(출처: Autodesk 3ds Max 가이드 문서)

UVW 맵은 이러한 성질을 이용해 몇 가지 유형의 기즈모를 제공하고 있습니다. [그림 2.1-32]와 같이 플래너, 실린더, 스피어, 박스 등 기본 도형 형태로 된 기즈모들을 모아 두어 모델링 형태에 맞게 간단하게 텍스처를 투영시킬 수 있습니다.

플래너   실린더   스피어   박스

[그림 2.1-32] 기본 도형으로 된 기즈모에 따른 다양한 투영 방식(출처: Autodesk 3ds Max 가이드 문서)

그럼 실제로 사용해 보면서 알아보겠습니다. 모델링을 선택한 상태에서(오브젝트 모드) [그림 2.1-33]과 같은 순서대로 모디파이어 스택에 UVW Map 스택을 추가합니다.

❶ [Modifier List] 클릭
❷ 마우스 휠을 돌려 UVW Map을 찾거나 직접 'UVW Map'을 입력
❸ [UVW Map]을 선택해 추가

[그림 2.1-33] [Modifier List]에서 UVW Map 스택 추가

UVW Map 스택이 선택된 상태라면 스택 박스 하단의 파라미터들도 UV를 수정할 수 있는 파라미터 항목으로 바뀌어 있을 것입니다. 이 중 [그림 2.1-34]와 같이 [Parameters] 항목의 [Mapping:] 중에서 [Box]를 클릭합니다. 모델링 상단의 텍스처가 왜곡 없이 잘 적용된 것을 알 수 있습니다.

[그림 2.1-34] UVW Map 스택 설정

UVW Map 스택

UVW Map 스택의 설정에 따라 텍스처를 다양
하게 표현할 수 있습니다. 기즈모의 기본 도형
마다 설정이 다르지만, 예제에서 박스를 선택
해서 작업을 진행했으므로 박스를 기준으로 설
명하겠습니다.

[그림 2.1-35]와 같이 모델링에 주황색 박스가
생긴 것을 알 수 있습니다. 이 박스를 기준으
로 각 면에 텍스처를 투영한다는 의미가 되고
기준이 되는 주황색 박스는 스택의 서브오브젝
트로 기즈모가 존재하고 있습니다. ❶ 만약 적
용된 텍스처의 크기나 비율이 다르거나 방향
을 수정하고 싶을 때는 기즈모 서브오브젝트를
선택한 상태에서 주황색 박스의 크기나 방향
을 조정하면 됩니다. 그리고 스택 아래에는 박
스의 크기를 조정할 수 있는 항목이 있습니다.
❷ 이곳의 수치를 조정하면 주황색 박스의 크
기가 바뀌는 것을 알 수 있습니다. 여러분이 선
택한 이미지에 맞게 조정하면 됩니다.

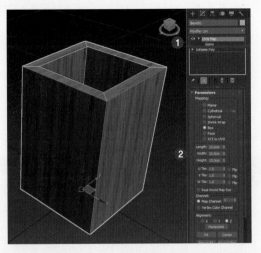

[그림 2.1-35] UVW Map 기즈모 조정

또한 UV는 타일링의 특징을 갖고 있으므로 기
즈모가 표현하려는 면보다 작으면 텍스처가 반
복되면서 패턴처럼 보입니다([그림 2.1-36]). 이
러한 특징이 있기 때문에 기즈모의 위치를 자
유롭게 조정할 수 있지만, 작업의 효율을 위해
과도한 위치 변경은 추천하지 않습니다.

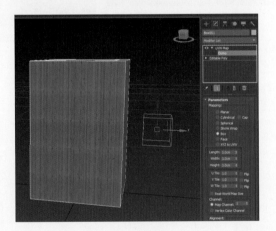

[그림 2.1-36] 반복되는 UV 텍스처

연필꽂이 모델링을 완성했습니다.

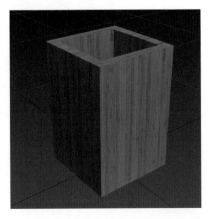

[그림 2.1-37] 연필꽂이 완성

2.1-2 실린더 형태 모델링 – 드럼통

실린더 형태로 시작하는 모델링을 진행해 보겠습니다. [그림 2.1-38]과 같이 드럼통을 만드는 과정을 통해 새로운 기능을 배워 보고 앞서 학습한 내용도 응용해 보겠습니다. 드럼통을 만들 때 실린더 모양의 큰 실루엣을 제작한 후 뚜껑, 측면 주름 등의 디테일을 표현하는 것은 모델링을 진행하는 중요한 순서입니다.

[그림 2.1-38] 드럼통 예시

> **Tip**
>
> **[Reset]과 [New]**
>
> 모델링 작업 후 새로운 모델링을 제작하고 싶을 때는 [File] 메뉴의 [Reset]과 [New] 옵션을 이용합니다. [Reset]과 [New] 옵션은 작업 목적에 따라 선택하면 됩니다.
>
> - **[Reset]:** 작업한 내용이 전부 사라지고 기존에 작업했던 머티리얼, 레이아웃, 각종 설정 등도 모두 3ds Max를 처음 시작했을 때처럼 초기화됩니다.
> - **[New]:** 작업한 내용이 전부 사라지기는 하지만, 기존에 작업했던 머티리얼, 레이아웃, 각종 설정 등은 그대로 유지됩니다.

✕ 학습 목표

실린더(Cylinder) 형태를 이용해 드럼통을 모델링하고 싶다.

✕ 순서

① 실린더 생성하기
② [Inset]과 [Extrude] 기능을 활용해 드럼통 상단 제작하기
③ 측면 제작을 위해 [Connect] 기능으로 에지 생성하기
④ [Chamfer] 기능을 활용해 굴곡 만들기
⑤ 재질 표현을 위해 머티리얼을 만들고 적용하기
⑥ [Unwrap UVW] 스택을 활용해 UV 펴기

| 실린더 생성 | 커넥트와 챔퍼 | 스케일 | Unwrap UVW |

[그림 2.1-39] 드럼통 구현 순서

→ 실린더 생성하기

실린더 도형을 생성하기 위해 [그림 2.1-40]과 같이 [Create] 패널에서 [Cylinder]를 클릭한 후 박스를 생성하듯이 뷰포트에 드래그하고 적당한 높이에서 클릭해 확정합니다. 그리고 모디파이어 패널에서 [Radius]에 '30', [Height]에 '80', [Height Segments]에 '1', [Cap Segments] '2', [Sides]에 '16'을 입력해 드럼통의 비율을 조정합니다. 그리고 [이동] 툴을 이용해 원점에 위치시키고 화면에 꽉 차게 확대(단축키: Z)합니다.

- Radius: 30
- Height: 80
- Height Segments: 1
- Cap Segments: 2
- Sides: 16

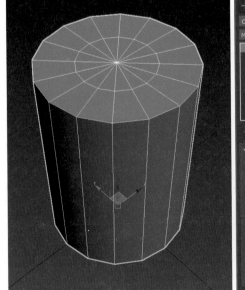 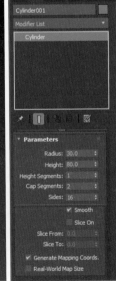

[그림 2.1-40] 실린더 모디파이어 설정

원의 면 개수

폴리곤 모델링에서는 모든 형태를 면으로 표현하기 때문에
원형 또한 면으로 표현됩니다. 원은 면의 개수가 많을수록
정교하게 표현할 수 있지만, 면이 많으면 수정하기 복잡해
지고 실시간 엔진에서 사용하기에는 무겁기 때문에 원 형
태를 잃지 않는 선에서 적당한 면 개수를 사용하는 것이
중요합니다. 3ds Max에서 원형을 생성하면 기본적으로 18개의
면으로 설정돼 있지만, 작업의 편의를 위해서는 4의 배수인
16개로 설정한 후에 시작하는 것을 추천합니다.

그 이유는 뒤에서 배울 예정인 시메트리(Symmetry)와 같은
대칭 기능 때문입니다. [그림 2.1-41]에서 보는 것과 같이
축을 기준으로 대칭 기능이 작동하게 되는데, 축에 버텍스가
위치하면 추가적인 면이 생성되지 않아 편집이 수월해지기
때문입니다.

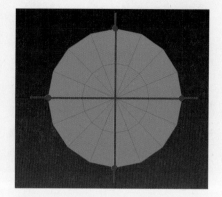

[그림 2.1-41] 원의 면 개수

→ [Inset]과 [Extrude] 기능을 활용해 드럼통 상단 제작하기

드럼통의 윗면부터 진행해 보겠습니다. 윗면의 형태를 살펴보면 전체적으로 살짝 아래로 홈이 파여 있는 형태, 다시 말하면 주위가 돌출된 형태인 것을 볼 수 있고 액체를 담을 수 있도록 구멍이 있으며 뚜껑을 닫을 수 있도록 돌출돼 있는 것을 알 수 있습니다.

먼저 형태를 편집하기 위해 실린더를 에디터블 폴리로 변환합니다. 윗면을 선택하기 위해 폴리곤을 일일이 Ctrl을 눌러 선택할 수도 있지만, 간편하게 셀렉션의 기능을 활용해 선택해 보겠습니다. 순서는 [그림 2.1-42]와 같습니다.

❶ 버텍스 서브오브젝트를 선택한 후 가운데 점 선택
❷ Ctrl을 누른 상태에서 [폴리곤 서브오브젝트] 버튼 클릭 – 선택한 버텍스에 인접한 모든 폴리곤 선택
❸ [Grow] 버튼 한 번 클릭

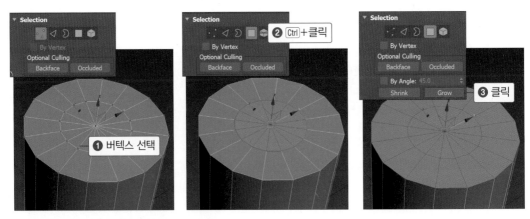

[그림 2.1-42] 서브오브젝트를 이용한 윗면 선택

[그림 2.1-43]과 같이 인셋 세팅 기능에 '1cm', 익스트루드 세팅 기능에 '−1cm'를 입력해 안으로 파인 홈을 만듭니다.

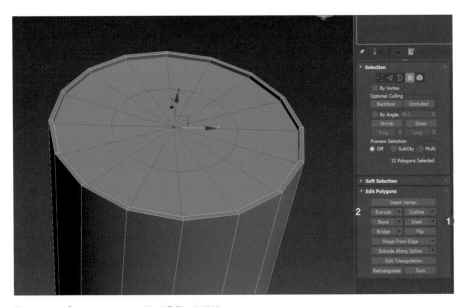

[그림 2.1-43] 인셋, 익스트루드를 이용한 면 생성

이제 뚜껑 부분을 만들어 보겠습니다. 먼저 뚜껑이 올라올 자리를 [그림 2.1-44]와 같은 순서대로 만들어 보겠습니다.

❶ 안쪽 원의 면 선택

❷ [스케일] 툴을 이용해 크기 축소

❸ 이동

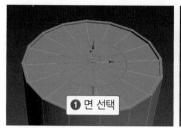 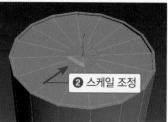 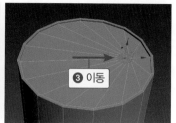

[그림 2.1-44] 뚜껑 자리 생성

이어서 [그림 2.1-45]와 같이 익스트루드로 올라오게 하고 인셋으로 안쪽 면을 생성하겠습니다.

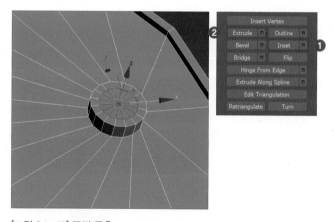

[그림 2.1-45] 뚜껑 돌출

뚜껑의 가장자리 부분을 선택해 약간의 모양을 내 보겠습니다. 순서는 [그림 2.1-46]과 같습니다.

❶ 에지 서브 오브젝트를 선택한 후 뚜껑 가장자리 부분의 에지 하나를 선택

❷ [Loop] 버튼 클릭(또는 더블클릭)

❸ [이동] 툴을 이용해 아래로 이동

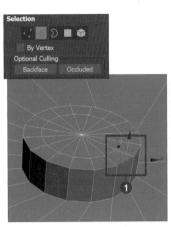
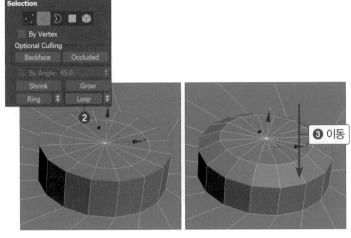

[그림 2.1-46] 뚜껑 가장자리 다듬기

링(Ring)과 루프(Loop)

에지 서브오브젝트 모드에서 에지를 선택할 때는 다음과 같은 2가지 선택 방식이 있습니다.
두 기능의 차이는 다음과 같습니다.

- 링(Ring): 선택한 에지와 평행한 에지를 모두 선택(단축키: Ctrl + 평행한 에지 더블클릭)
- 루프(Loop): 선택한 에지와 인접한 에지를 모두 선택(또는 더블클릭)

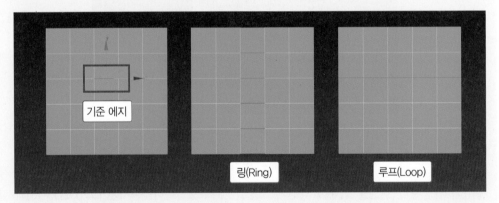

[그림 2.1-47] 링, 루프의 선택 차이

→ 측면을 제작하기 위해 커넥트 기능으로 에지 생성하기

측면의 두 줄로 돌출돼 있는 부분을 제작해 보겠습니다.

[그림 2.1-48] 드럼통 옆면 샘플

이 부분을 만들기 위해 에지 서브오브젝트의 커넥트(Connect) 기능을 사용해 보겠습니다. 커넥트는 두 에지의 사이를 가로지르는 에지를 만드는 기능으로, 설정에 따라 개수와 간격, 위치 등을 조정해 생성할 수 있습니다.

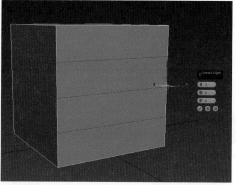

[그림 2.1-49] [Connect] 버튼과 활용 예시

먼저 커넥트 기능을 사용해 기준이 될 수 있는 2개의 에지를 만듭니다.

커넥트 기능을 이용해 2개의 에지를 만드는 순서는 [그림 2.1-50]과 같습니다.

❶ 에지 서브오브젝트 상태에서 긴 선을 하나 선택
❷ 링을 클릭해 평행한 에지들 선택
❸ 커넥트 세팅 버튼 클릭
❹ 첫 번째 란에 '2'를 입력한 후 확인

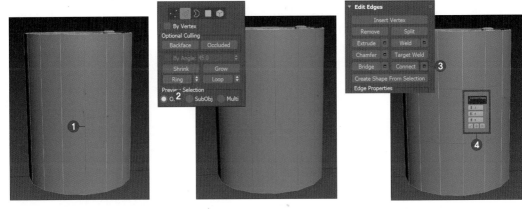

[그림 2.1-50] 커넥트 기능을 이용한 에지 생성

챔퍼 기능을 활용해 굴곡 만들기

이제 이렇게 생성된 에지를 기준으로 돌출된 굴곡을 만들어 보겠습니다. 굴곡을 만들기 위해 챔퍼 (Chamfer) 기능을 사용하겠습니다. 챔퍼는 선택한 에지를 기준으로 평행한 에지들을 생성해 각진 모서리를 부드럽게 또는 평평하게 만드는 기능입니다. 보통 모서리의 각진 부분을 부드럽게 모따기 할 때 많이 사용하는 기능으로, 챔퍼의 설정에 따라 에지의 개수와 모서리의 각도, 에지가 한 점으로 모였을 때 폴리곤 처리 등을 다양하게 표현할 수 있습니다.

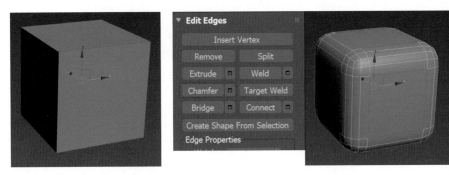

[그림 2.1-51] [Chamfer] 버튼과 예시

챔퍼는 모서리를 처리하기 위한 기능이지만, 평면에서 응용하면 선택한 에지를 중심으로 일정한 간격의 에지를 생성할 수 있습니다. 이 기능을 활용해 [그림 2.1-52]와 같은 순서대로 측면 굴곡에 필요한 선들을 생성해 보겠습니다. 커넥트 기능으로 에지를 생성하면 새로 생긴 에지가 자동으로 선택돼 있습니다. 만약 선택돼 있지 않으면 [Ctrl]을 눌러 복수 선택한 후 루프 기능을 이용해 선택합니다.

① 챔퍼 세팅 버튼 클릭
② '2'를 입력해 거리 조정
③ 양쪽으로 생성할 에지 개수에 '1' 입력
④ [입력 확정] 버튼 클릭

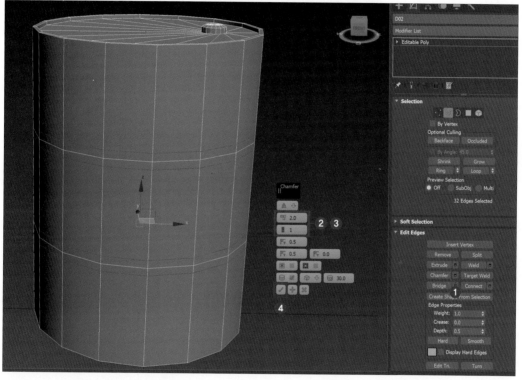

[그림 2.1-52] 챔퍼를 이용한 에지 생성

이제 에지가 생성됐으므로 가운데 에지를 돌출시키겠습니다. 루프를 이용해 가운데 선을 선택한 후 [그림 2.1-53]과 같이 스케일 툴의 X, Y축만 키워 줍니다.

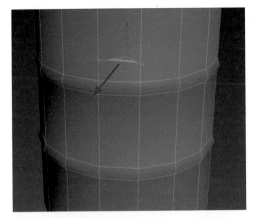

[그림 2.1-53] 스케일 툴을 이용한 가운데 에지 돌출

　이렇게 측면 굴곡도 완성됐습니다. 마지막으로 하단 면을 진행할 차례입니다. 하단 면은 뚜껑이 없는 상단 면이라고 생각해도 되겠죠? 그래서 [그림 2.1-54]와 같은 방법으로 인셋과 익스트루드를 이용해 표현하면 됩니다.

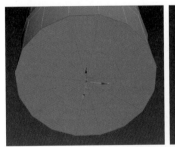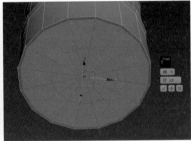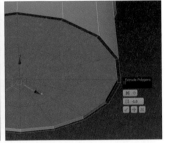

[그림 2.1-54] 인셋과 익스트루드를 이용한 하단 면 제작

　드럼통의 형태가 완성됐습니다.

[그림 2.1-55] 드럼통 형태 완성

→ 재질을 표현하기 위해 머티리얼 만들고 적용하기

드럼통은 윗면과 하단 면, 그리고 측면의 재질이 다르기 때문에 각 면에 맞는 이미지를 textures.com에서 다운로드한 후 포토샵을 이용해 하나의 텍스처로 구성했습니다(포토샵을 이용한 제작 과정은 3ds Max를 주로 다루는 이 책의 의도에 따라 생략합니다). 실습용 텍스처는 이 책에서 제공하는 자료실에서 다운로드할 수 있습니다. 파일 이름은 'T_DrumBarrel.jpg'입니다.

[그림 2.1-56] 드럼통 텍스처(T_DrumBarrel.jpg)

[그림 2.1-57]과 같이 박스에서 진행했던 방식으로 머티리얼 에디터를 이용해 'T_DrumBarrel.jpg' 텍스처를 적용합니다.

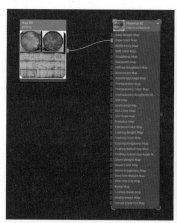

[그림 2.1-57] 드럼통에 텍스처 머티리얼 적용

머티리얼을 적용하면 텍스처가 늘어나거나 원하지 않는 모양으로 나오게 됩니다. UV를 펴 줘야 하는 작업이 필요하죠. 이번에는 새로운 방법으로 UV를 펴 보겠습니다.

➔ Unwrap UVW 스택을 활용해 UV 펴기

앞에서는 UVW Map이라는 스택을 활용해 3ds Max에서 제공하는 기본 도형으로 간편하게 UV를 폈습니다. 하지만 지금처럼 하나의 텍스처에 여러 이미지가 섞여 있거나 모델링이 복잡한 형태라서 간단한 도형으로는 UV 펴기가 어려울 때가 있을 것입니다. 이때 직접 버텍스, 에지, 폴리곤 등을 관리하면 좋은데, 이때 사용하는 것이 Unwrap UVW 스택입니다. 이 Unwrap UVW 스택은 서브오브젝트 단위까지 작업자가 일일이 직접 의도한 대로 UV를 조절할 수 있고 다수의 서브오브젝트를 한꺼번에 관리할 수 있는 다양한 기능들도 갖고 있어서 잘 활용하면 복잡한 UV 작업을 비교적 수월하게 마무리할 수 있습니다. 학습을 진행하면서 조금씩 알아보도록 하고 일단은 Unwrap UVW 스택을 추가하고 사용하는 방법에 대해 알아보겠습니다.

[Modifier List]를 눌러 Unwrap UVW를 검색해 스택을 추가하겠습니다. [그림 2.1-58]과 같이 패널에는 Unwrap UVW의 일반적인 기능들을 제공하고 있습니다. 에디터블 폴리처럼 버텍스, 에지, 폴리곤의 서브오브젝트를 선택할 수 있도록 셀렉트 패널이 구성돼 있고 UVW Map 스택처럼 프로젝션으로 UV를 펼 수 있는 기능도 보입니다.

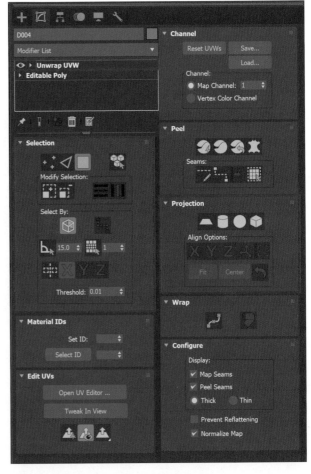

[그림 2.1-58] Unwrap UVW 스택의 패널 구성

특히 [그림 2.1-59]와 같이 [Edit UVs] 항목의 [Open UV Editor]를 클릭하면 [Edit UVWs]라는 새로운 패널이 생성되는데, 이 패널을 통해 UV 작업에 도움이 되는 여러 가지 추가 도구를 활용해 작업하게 됩니다. 즉, 실질적인 UV 작업 공간이라고 할 수 있습니다.

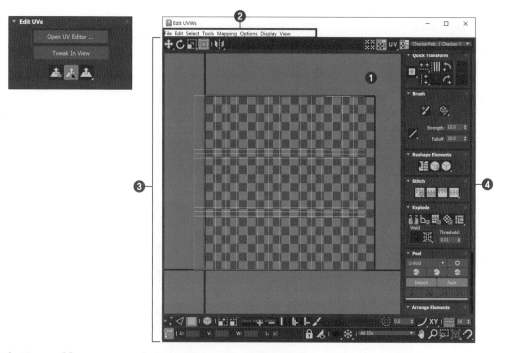

[그림 2.1-59] [Open UV Editor] 버튼과 에디트 UVWs 패널의 레이아웃

에디트 UVWs의 레이아웃 구성은 다음과 같습니다.

❶ **[Edit UVWs] 윈도우:** 폴리곤의 UV 좌표를 표현하는 2D 이미지 공간입니다. 서브오브젝트를 선택하고 직접 움직여 좌표를 편집하는 공간입니다. 나중에 자세히 설명하겠습니다.

❷ **메뉴 바(Menu Bar):** UV 에디터의 다양한 UV 편집 기능을 사용할 수 있고 각종 옵션을 설정할 수도 있습니다.

❸ **툴 바(Tool Bar):** 툴 바는 에디터의 상단에 한 줄, 하단에 두 줄로 이뤄져 있습니다. 서브오브젝트 요소들의 선택과 이동, 변형 그리고 편집에 필요한 보조 기능들이 아이콘 형식으로 배치돼 있습니다.

❹ **롤아웃(Roll Out):** 스크롤을 통해 더 많은 메뉴를 열 수 있고, 텍스처 좌표를 편집하고 정렬하는 등의 기능들이 있습니다.

뷰포트처럼 많이 사용하게 될 [Edit UVWs] 윈도우에 대해 좀 더 알아보겠습니다. [그림 2.1-60]과 같이 이 공간에서 체크 문양의 그리드는 '텍스처', 굵은 실선은 '텍스처의 경계'를 표시하며 흰색과 녹색으로 된 실선은 '모델링 오브젝트'를 의미합니다. 그래서 텍스처를 펼쳐 놓고 모델링 오브젝트 위에 배치하는 개념입니다. 결국 폴리곤이 배치된 좌표에 해당하는 텍스처 이미지가 폴리곤에 출력되는 것입니다.

뷰포트에서 공간을 수평, 수직, 깊이를 'X', 'Y', 'Z'를 이용해 표현하듯이 이 공간의 좌표계는 뷰포트 좌표와 혼동하지 않도록 'U', 'V', 'W'를 이용해 표현합니다. 그래서 'UVW Map', 'Unwrap UVW'라고 부르는 것이죠. 그런데 이 공간은 평면 좌표이므로 W를 생략하고 지칭하기도 합니다. 이것이 바로 'UV 작업', 'UV 에디트'라고 부르는 이유입니다. 이 공간의 좌표 기준은 [그림 2.1-60]에서 보는 것과 같이 수평이 U, 수직이 V, 그래서 텍스처의 왼쪽 아래 모퉁이가 좌표 (0,0), 오른쪽 위 모퉁이가 좌표 (1,1)입니다.

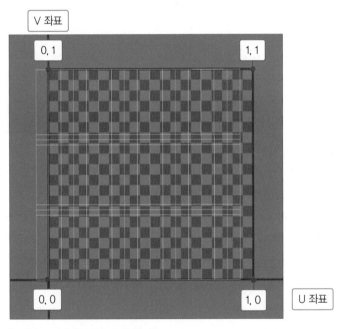

[그림 2.1-60] [Edit UVWs] 윈도우

또한 이 공간은 텍스처가 끊임없이 반복되는 특성을 갖고 있습니다. [그림 2.1-61]과 같이 메뉴바의 [Options-Preferences]를 클릭하면 나타나는 [Unwrap Options] 패널에서 Tiles의 개수를 늘린 후 [Tile Bitmap]을 활성화하면 [Edit UVWs] 윈도우에 반복되는 텍스처를 확인해 알 수 있습니다. 이때 좌표는 2, 3, 4, …로 텍스처를 기준으로 늘어나게 됩니다(반대는 -1, -2, -3, …).

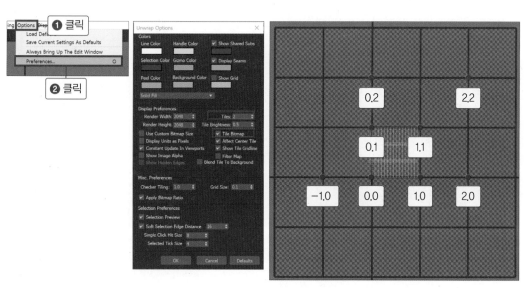

[그림 2.1-61] [Edit UVWs] 윈도우 공간의 텍스처 반복

그럼 직접 다뤄 보면서 자세한 사용법을 알아보겠습니다.

먼저 상단 면을 따로 분리해 펼쳐 보겠습니다. 선택은 에디터블 폴리에서 폴리곤을 선택하는 것과 같습니다. 뚜껑의 가운데에 있는 버텍스를 선택한 후 Ctrl을 누른 상태에서 폴리곤 서브오브젝트를 선택하고 [Grow] 버튼을 클릭해 선택을 확장합니다.

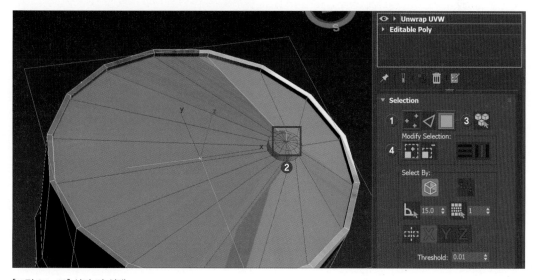

[그림 2.1-62] 상단 면 선택

선택한 폴리곤들을 윗면에서 봤을 때 원형으로 펴지도록 프로젝션(Projection)을 이용해 펼쳐 보겠습니다. 순서는 다음과 같습니다.

❶ 프로젝션 패널의 플래너 맵(Plannar map) 선택

❷ [Fit] 버튼 클릭

❸ [Edit UVWs] 윈도우에서 원형으로 펼쳐진 상단 면 확인

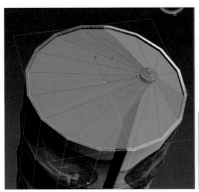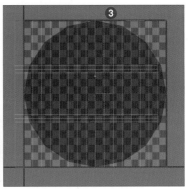

[그림 2.1-63] 프로젝션을 이용해 UV 펼치기

이렇게 겹친 형태라면 다음 작업을 하기 불편하므로 [그림 2.1-64]와 같이 비어 있는 공간으로 이동해 놓겠습니다. 이동할 때는 [Freeform] 모드를 이용합니다. [Freeform] 모드는 이동, 회전, 크기 조절을 한 번에 할 수 있으므로 많이 사용합니다.

[그림 2.1-64] UV 이동

모두 완료되면 프로젝션의 플래너 맵을 다시 클릭해 해제합니다. 프로젝션 기능을 사용한 후 다음 작업을 이어갈 때는 반드시 해제된 상태가 돼야 다른 기능들을 사용할 수 있습니다.

[그림 2.1-65] 플래너 맵을 다시 클릭해 해제

하단 면도 상단 면과 같은 방법으로 폴리곤을 선택한 후 프로젝션을 이용해 펼치고 이동하는 작업을 진행합니다.

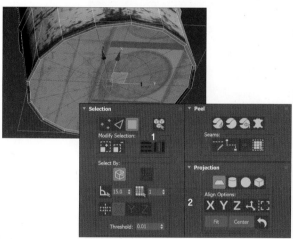
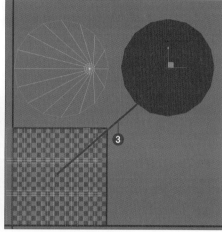

[그림 2.1-66] 하단 면의 UV 전개

이제 측면만 남았습니다. 3D 뷰포트에서 직접 선택할 수도 있지만, 이번에는 측면 폴리곤을 선택하기 위해 [Edit UVWs] 윈도우에서 선택해 보겠습니다. 이미 상단 면과 하단 면을 펼쳐 텍스처 외곽에 분리해 둔 상태이므로 상단 면과 하단 면을 제외한 나머지를 드래그해 선택하면 자연스럽게 측면 폴리곤이 모두 선택됩니다.

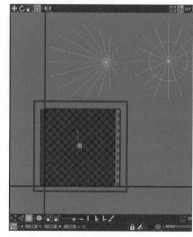

[그림 2.1-67] 측면 폴리곤 선택

측면은 휴지심과 비슷하다고 할 수 있습니다. 그래서 이번에도 원통형인 [Cylindrical map]을 사용해 보겠습니다.

❶ [Cylindrical map] 클릭

❷ [Fit] 버튼 클릭

[그림 2.1-68] [Cylindrical map] 클릭 후 [Fit] 버튼 클릭

3D 뷰포트에 노란색 원통 기즈모가 생기고 [Fit] 버튼을 클릭하면 드럼통에 맞게 밀착되는 것도 알 수 있습니다. [Edit UVWs] 윈도우에서도 직사각형으로 잘 펴질 수 있겠지만, 그렇지 않은 경우도 있습니다. [그림 2.1-69]와 같이 원통 기즈모를 회전하면 녹색 에지가 이동하면서 깔끔한 모양을 찾게 됩니다.

[그림 2.1-69]에서 보이는 녹색 에지는 UV 전개를 위해 분리된 에지를 의미합니다. 예를 들어 상자의 UV를 전개하기 위해서는 어쩔 수 없이 모서리 부분을 자를 수밖에 없게 됩니다. 모델링의 관점에서는 붙어 있지만, UV 맵의 관점에서는 분리돼 있는 상황이 되는 것입니다. 그래서 이렇게 UV상 분리돼 있는 에지를 녹색으로 표시하고 이름을 '심(Seam)'이라고 부릅니다. 그리고 심을 기준으로 나뉜 하나의 덩어리를 '엘리먼트(Element)'라고 부릅니다. 이

[그림 2.1-69] 기즈모 회전으로 심 이동

심은 UV 전개를 위해 반드시 필요하지만, 심을 기준으로 펼치다 보니 심이 존재하는 부분은 텍스처가 대부분 부자연스러울 수밖에 없습니다. 따라서 심은 되도록 노출이 덜한 곳으로 설정합니다. 지금 같은 경우에는 드럼통의 뒷면(Back)에 두는 것이 좋습니다.

측면 UV 전개도 모두 끝난 것처럼 보이지만, [Edit UVWs] 윈도우를 보면 [그림 2.1-70]과 같이 상단, 하단에 녹색선, 안쪽에 심이 위치하는 것을 알 수 있습니다.

[그림 2.1-70] [Edit UVWs] 윈도우에서 측면 엘리먼트의 상단과 하단의 심 위치

심은 전개도를 위해 분리된 에지이므로 전개가 제대로 됐다면 심이 엘리먼트의 외곽에 위치하는 것이 당연합니다(상단과 하단의 UV 전개를 보면 외곽이 녹색 심으로 돼 있는 것을 알 수 있습니다). 지금은 [그림 2.1-71]과 같이 모델링이 말려 있는 형태에서 측면에 원통형 프로젝션을 사용했기 때문에 겹친 상태로 밀착된 상황입니다.

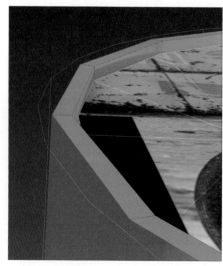
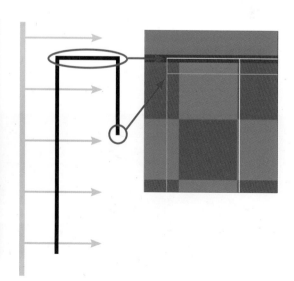

[그림 2.1-71] 겹친 UV

겹친 UV를 올바르게 펼쳐 주기 위해 프로젝션의 맵을 해제합니다. 먼저 [Edit UVWs] 윈도우에서 녹색 심을 선택해 이동합니다.

❶ 에지 서브오브젝트 선택

❷ [Edit UVWs] 윈도우에서 심을 더블클릭

❸ 위로 이동

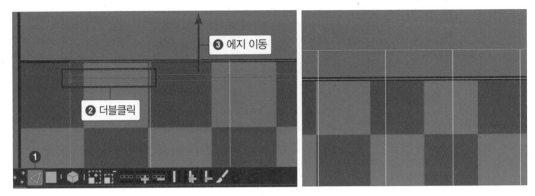

[그림 2.1-72] 심 선택, 이동

상단 면의 바깥쪽과 안쪽 에지가 겹쳐 있는 부분도 안쪽 꺾인 에지를 선택해 이동하겠습니다. 이 에지는 UV상에서는 겹쳐 있기 때문에 [Edit UVWs] 윈도우에서 선택하는 것보다 3D 뷰포트에서 선택하는 것이 편리합니다.

❶ 3D 뷰포트에서 에지 선택

❷ [Edit UVWs] 윈도우에서 위로 이동

[그림 2.1-73] 겹친 에지 수정

이렇게 [UV 에디터] 창과 [3d 뷰포트] 창을 넘나들면서 선택과 수정을 진행하는 것이 지금은 복잡하게 느껴질 수도 있지만, 이 과정은 UV 작업에서 반드시 거쳐야 하는 단계이기 때문에 최대한 다양한 많은 작업을 통해 익숙해져야 합니다.

하단 면도 겹쳐 있으므로 위와 똑같이 진행합니다.

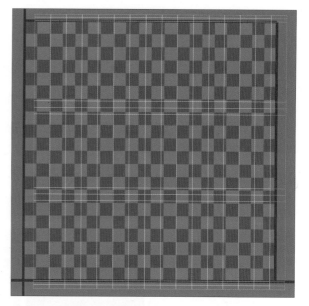

[그림 2.1-74] 하단 면의 심, 겹친 에지 수정 후 최종 측면 UV 전개

펼쳐진 UV 엘리먼트들을 텍스처에 맞춰 재배치하겠습니다. 먼저 텍스처가 바닥에 보이게 설정하면 배치하기 편리하겠죠? [Edit UVWs] 윈도우 우측 상단에 있는 [CheckerPattern]이 선택된 상태에서 드롭다운 버튼을 클릭한 후 리스트 중 [Map #0(T_DrumBarrel.jpg)] 항목을 선택하면 [그림 2.1-75]와 같이 바탕의 텍스처 부분에 머티리얼에서 적용한 이미지가 보입니다(머티리얼 에디터에 텍스처가 등록돼 있지 않으면 리스트에 텍스처 항목이 없을 수 있습니다).

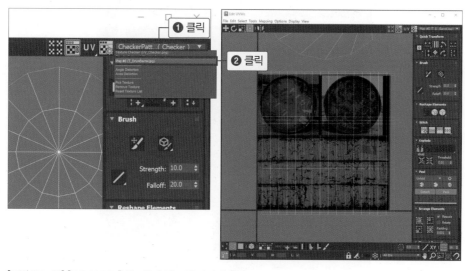

[그림 2.1-75] [Edit UVWs] 윈도우에 텍스처 이미지 출력

이제 엘리먼트별로 선택한 후 [Freeform] 모드를 이용해 텍스처 이미지에 맞게 위치시키면 됩니다. 엘리먼트를 쉽게 선택하기 위해 [그림 2.1-76]과 같이 [Edit UVWs] 윈도우 하단에 있는 [Select by Element UV Toggle] 버튼을 활성화한 후 선택합니다. 그런 다음 [Freeform] 모드를 이용하면 선택된 엘리먼트의 기즈모 박스 포인트 위치에 따라 마우스 커서가 변하는데, 이때 모서리를 클릭하면 크기를 조정할 수 있고, 외곽 가운데 포인트를 클릭하면 회전할 수 있으며, 안쪽 공간에 마우스 커서를 올려놓으면 이동할 수 있습니다.

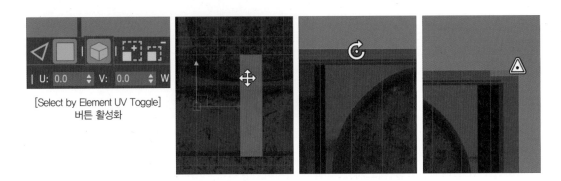

[Select by Element UV Toggle] 버튼 활성화

[Freeform] 모드: 이동

[Freeform] 모드: 회전

[Freeform] 모드: 크기

[그림 2.1-76] [Select by Element UV Toggle] 버튼과 [Freeform] 모드의 활용 아이콘

[Freeform] 모드의 기능을 활용해 각 엘리먼트를 이미지에 맞게 정렬합니다.

[그림 2.1-77] 텍스처에 맞게 엘리먼트 UV 재배치

간단하게 프로젝션을 이용해 텍스처 이미지에 맞춰 직접 UV를 배치해 봤습니다. [Unwrap UVW] 스택은 이 밖에도 UV를 전개할 수 있는 다양한 방법이 존재합니다. 실린더를 활용한 드럼통 제작은 여기서 마치겠습니다.

[그림 2.1-78] 드럼통 제작 완료

콘 형태 모델링 - 트래픽 콘

이번에는 콘(Cone) 형태로 시작하는 모델링을 해 보겠습니다. [그림 2.1-79]와 같이 트래픽 콘의 제작을 통해 모델링을 하기 위한 또 다른 기능을 알아보겠습니다.

[그림 2.1-79] 트래픽 콘(Traffic Cone) 예시

✕ 학습 목표

콘(Cone) 형태를 이용해 트래픽 콘을 모델링하고 싶다.

✕ 순서

❶ 콘 생성하기
❷ 상단 제작하기
❸ 하단 지지대 제작하기
❹ 2가지 머티리얼을 적용하기 위한 Material ID 세팅하기
❺ 재질을 적용하기 위해 UV 펼치기
❻ 머티리얼 적용하기

콘 생성

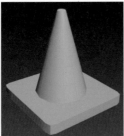
모델링 제작

UV 펼침

머티리얼 ID / 멀티서브
오브젝트를 활용해 재질 적용

[그림 2.1-80] 트래픽 콘 구현 순서

→ 콘 생성하기

[Create-Geometry-Cone]을 클릭해 콘(Cone)을 생성합니다. 콘을 생성하는 절차는 실린더와 비슷하지만, 마지막 상단 면을 다시 한번 마우스 클릭으로 정해 준다는 차이가 있습니다. 나중에 [Modifier] 패널을 통해 [그림 2.1-81]과 같이 수치를 입력해 재조정하고 원점에 위치시킵니다.

① **Radius 1**: 20cm   ② **Radius 2**: 3cm

③ **Height**: 60cm   ④ **Height Segments**: 5

⑤ **Cap Segments**: 2   ⑥ **Sides**: 12

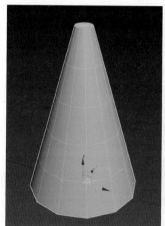 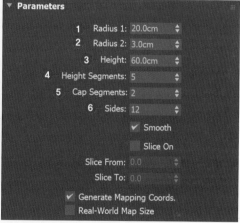

[그림 2.1-81] 콘 생성

→ 상단 제작하기

트래픽 콘의 상단부터 진행해 보겠습니다. 상단은 구멍이 뚫려 있고 가장자리는 굴곡이 진 것을 알 수 있습니다. 트래픽 콘은 여러 개를 겹치기 위해 위아래가 뚫려 있는 구조로 이뤄져 있습니다. 이대로 만들 수도 있지만, 실시간 콘텐츠에서는 효율적인 계산을 위해 보이지 않는 부분을 과감히 생략하기도 합니다.

지금은 안쪽 형태가 중요하지 않으므로 윗면은 살짝 파인 형태, 하단 면은 막힌 구조로 제작하겠습니다.

먼저 [Editable Poly]로 변환한 후 버텍스 서브오브젝트를 선택하고 가운데에 있는 버텍스를 선택해 아래로 살짝 이동합니다.

[그림 2.1-82] 상단 가운데 홈 제작

이번에는 가장자리의 각진 부분에 굴곡을 주겠습니다. 에지 서브오브젝트를 선택한 후 더블클릭해 가장자리의 에지를 모두 선택합니다.

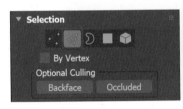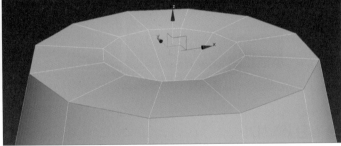

[그림 2.1-83] 상단 가장자리 에지 선택

[Chamfer]를 이용하면 되겠죠? [Chamfer]의 세팅 버튼을 클릭해 수치를 입력합니다. 생성될 에지 사이의 간격에 '0.5cm', 생성할 에지의 개수에 '0'을 입력합니다. 생성할 면의 개수가 많을수록 곡선이 돼 부드럽기는 하지만, 아주 작은 형태에 많은 면을 이용해 만드는 것은 실시간 엔진에서 활용하는 데 비효율적이기 때문에 되도록 최소한의 면을 이용해 최대의 효과를 거두는 것이 중요합니다.

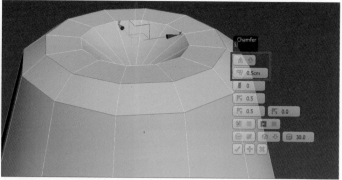

[그림 2.1-84] 가장자리 챔퍼 설정

→ 하단 지지대 제작하기

하단의 지지대를 제작해 보겠습니다. 샘플 이미지를 보면 원뿔 아래에 박스가 붙어 있는 것처럼 보입니다. 보이는 대로 박스를 붙여 수정해도 되고 앞에서 배운 [Extrude] 기능을 활용해 면을 뽑아 낸 후 다시 정리하는 방법으로 형태를 만들어도 됩니다. 이 밖에도 많은 방법이 있지만, 정답은 없습니다. 작업자가 만들기 편리한 것이 제일 좋은 방법이기 때문에 다양한 방법을 접해 보고 본인에게 맞는 방법을 찾으면 됩니다.

이 책의 목적은 기능을 배우는 것이므로 되도록 새로운 방법으로 모양을 만들어 볼 계획입니다. 가장 먼저 하단 면을 모두 선택한 후 Delete 를 눌러 삭제합니다.

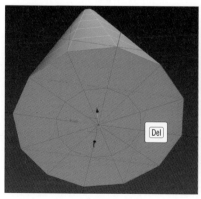 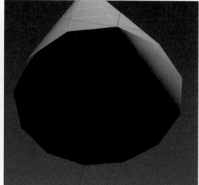

[그림 2.1-85] 콘의 하단 면 삭제

보더 서브오브젝트를 클릭(단축키: ③)한 후 방금 지운 부분의 가장자리를 눌러 선택합니다.

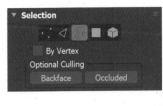 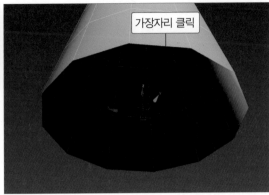

[그림 2.1-86] 가장자리 에지 선택

Tip

솔리드(Solid)**와 오픈 에지**(Open Edge)

지금까지는 폴리곤들이 감싸고 있는 온전한 형태를 이루고 있었는데, 이를 '솔리드(Solid)'라고 합니다. 하지만 지금은 에지와 에지 사이에 폴리곤이 연결돼 있지 않은 상태이므로 '열려 있다'라는 의미로 '오픈 에지(Open Edge)'라고 합니다. 이런 오픈 에지들은 확장이 가능하므로 여러 가지 형태로 변형할 수 있습니다.

[그림 2.1-87] 솔리드와 오픈 에지

보더 서브오브젝트는 연결된 오픈 에지를 모두 선택할 수 있으므로 기능을 한 번에 추가하기에 편리합니다.

에지를 선택한 상태에서 스케일 모드(단축키: ®)로 변환한 후 Shift를 누른 상태에서 X와 Y 방향으로만 커지도록 기즈모의 바닥면을 클릭하고 이동하면 마치 폴리곤의 [Extrude] 기능처럼 선택한 에지는 그대로 있고 그 자리에서 폴리곤으로 연결된 또 다른 에지가 생성되는 것을 알 수 있습니다.

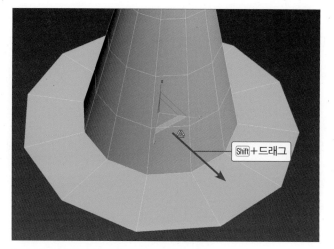

[그림 2.1-88] 선택한 에지로부터 폴리곤 생성

  에지를 선택한 후 Shift를 누른 상태에서 이동, 회전, 크기를 조작하면 새로 에지가 생성되면서 조작됩니다. 이는 새로운 면이 필요할 때 많이 활용하는 기능으로, 이번에는 콘을 중심으로 균등하게 평평한 면을 생성해야 하기 때문에 스케일 모드로 한 방향으로만 커지도록 조작했습니다. 그러다 보니 생성된 면이 원형 모양이 됐습니다. 예시 이미지는 사각형이므로 생성된 면을 사각형으로 만들어야 합니다.

  우선 셀렉션을 버텍스 서브오브젝트로(단축키: 1)로 전환합니다. [그림 2.1-89]와 같이 1번 버텍스를 2번 버텍스와 동일 라인에 맞추는 작업으로 사각 변을 만들기 위해 [Snap] 기능을 사용하겠습니다.

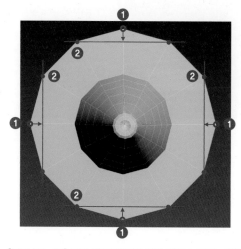

[그림 2.1-89] 사각 변을 만들기 위한 버텍스 정리 계획

이제 스냅이 켜진 상태에서 버텍스를 선택한 후 다른 버텍스로 이동하면(노란색 선) 마치 자석처럼 버텍스가 자동으로 겹쳐지는 것(녹색 선)을 알 수 있습니다. 이를 잘 이용하면 버텍스를 겹치지 않고 같은 라인에 정확히 배치할 수 있습니다.

좌측 면을 Y축으로 평평하게 만들어 보겠습니다. 버텍스 서브오브젝트 상태에서 순서는 다음과 같습니다.

❶ 스냅을 활성화(단축키: Ⓢ)
❷ 이동할 버택스 선택
❸ 기즈모의 X축 화살표를 클릭한 상태로 이동
❹ 클릭한 상태로 마우스 커서를 상단 버텍스로 이동
❺ 자석처럼 X축으로만 상단 버텍스가 있는 거리만큼 이동하면 마우스에서 손 떼기

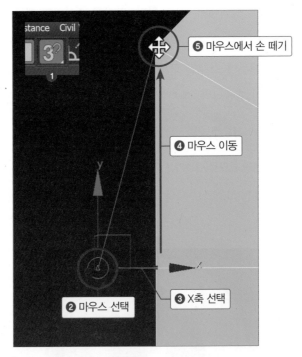

[그림 2.1-90] 버텍스 스냅 이동

이런 식의 스냅 이동은 많이 사용하므로 익숙해지는 것이 좋습니다. 이와 같은 방법으로 나머지 방향들도 평평하게 맞춰 줍니다.

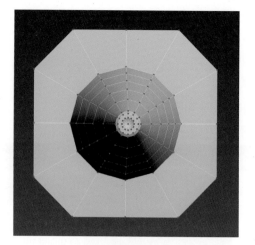

[그림 2.1-91] 스냅 이동을 이용한 사각 변 편집

이제 사각형의 모서리 부분도 각지게 표현하기 위해 [그림 2.1-92]와 같이 각 버텍스들을 좌우 측 변에 맞춰 스냅 이동해야 합니다. 순서는 다음과 같습니다.

❶ 버텍스 선택

❷ 스냅이 켜져 있는 상태에서 기즈모의 X축 화살표 클릭

❸ 마우스 커서를 좌측 변에 있는 버텍스로 이동

❹ 버텍스가 자동 정렬되면 마우스에서 손 떼기

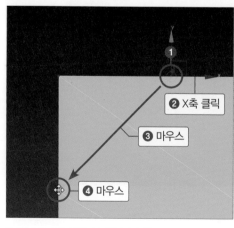
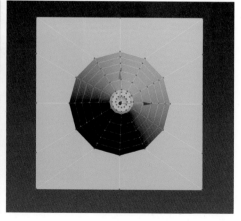

[그림 2.1-92] 모서리 버텍스 정리

이제 원형이었던 지지대 형태가 사각형이 됐으므로 [그림 2.1-93]과 같이 두께를 만들어 줍니다.

❶ 보더 서브오브젝트 선택

❷ 사각형 외곽 오픈 에지 선택

❸ Shift를 누른 상태로 아래(Z축)로 이동

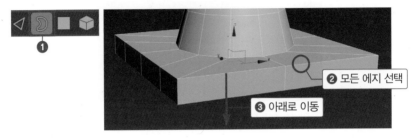

[그림 2.1-93] 지지대의 두께 생성

마지막으로 뚫린 바닥면에 폴리곤을 생성해 솔리드 형태로 만들어 주겠습니다. [그림 2.1-94]와 같이 보더 서브오브젝트의 [Edit Borders] 항목에는 [Cap] 버튼이 있습니다. [Cap] 버튼을 클릭하면 비어 있던 곳에 폴리곤이 생성되는 것을 확인할 수 있습니다.

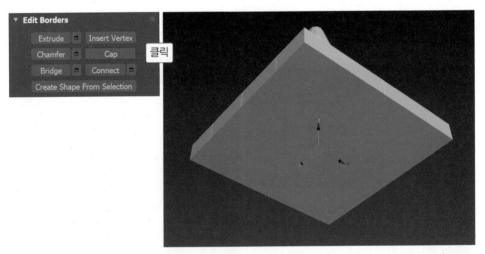

[그림 2.1-94] [Cap] 버튼으로 바닥 폴리곤 생성

이 기능은 뚫려 있는 오픈 에지에 폴리곤을 생성해 솔리드 형태로 만들어 주는 역할을 합니다. 다만, 추가 에지를 생성하지 않고 다각형인 상태로 폴리곤을 생성하기 때문에 추가 작업을 위해서는

에지를 추가해야 합니다.

버텍스 서브오브젝트(단축키: ①)로 변환한 후 [그림 2.1-95]와 같은 순서대로 에지를 생성합니다.

❶ 두 에지 선택(Ctrl)

❷ [Edit Vertices] 항목의 [Connect] 버튼 클릭

❸ 다른 에지 생성

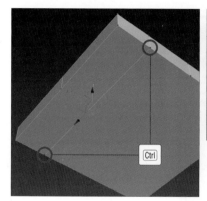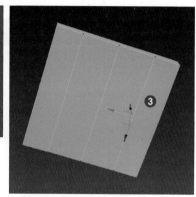

[그림 2.1-95] 바닥 에지 생성 1

Tip

버텍스 서브오브젝트의 [Connect]

버텍스 서브오브젝트의 [Connect] 기능은 버텍스와 버텍스 사이의 최단 거리로 이어 주는 에지를 생성합니다. 이 기능은 당연히 2개 이상의 버텍스를 선택해야 하고 [그림 2.1-96]과 같이 에지를 생성할 때 두 버텍스 사이에 에지가 있다면 가로지르는 에지를 생성할 수 없습니다.

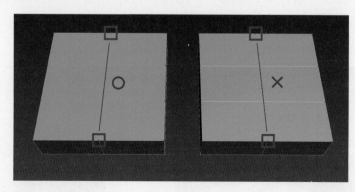

[그림 2.1-96] 버텍스 커넥트 생성 시 유의점

버텍스 커넥트는 가로지르는 에지를 생성할 수 없으므로 에지 서브오브젝트의 커넥트를 활용해야 합니다. 순서는 [그림 2.1-97]과 같습니다.

❶ 에지 서브오브젝트로 변환

❷ 에지 선택 후 커넥트로 에지 생성

❸ 버텍스 서브오브젝트로 변환

❹ 버텍스 선택 후 커넥트로 에지 생성

❺ 반대 방향도 생성

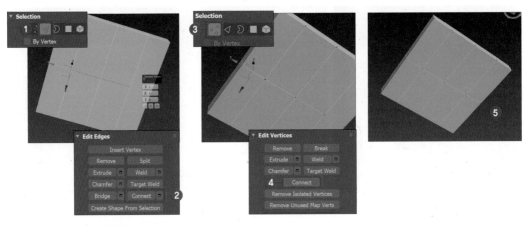

[그림 2.1-97] 바닥 에지 생성 2

바닥도 정리됐으므로 이번에는 지지대 모서리 부분을 상단 가장자리처럼 [Chamfer]로 모따기해 부드럽게 만들어 보겠습니다.

에지 서브오브젝트로 변환한 후 모서리의 에지들을 모두 선택하고 [Chamfer]의 [Setting] 버튼을 클릭한 다음 [그림 2.1-98]과 같은 설정으로 모따기를 합니다.

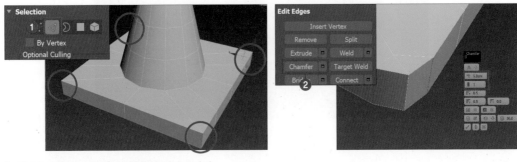

[그림 2.1-98] [Chamfer]를 이용한 모서리 모따기

모따기한 후에 살펴보면 [그림 2.1-99]와 같이 에지가 생성된 것을 알 수 있습니다. 이런 불필요한 에지들은 지워 주는 것이 좋은데, 폴리곤은 삼각형(Tri)이나 사각형(Quad)으로 정리되는 것이 좋고 오각형 이상의 다각형 형태는 되도록 피하는 모델링의 원리가 존재하므로 이렇게 불필요하게 생성된 에지들은 다각형 도형을 만들게 돼 불편한 상황들을 만들게 됩니다.

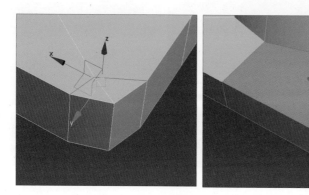

[그림 2.1-99] 불필요한 에지와 다각형 폴리곤

이런 면들을 정리해 보겠습니다. 이번에 사용하게 되는 기능이 '타깃 웰드(Target Weld)'입니다. 타깃 웰드는 2개의 버텍스를 합칠 때 사용하는 기능으로, 이 기능을 사용하면 버텍스에 연결한 불필요한 에지도 함께 정리할 수 있습니다. 사용 방법은 [그림 2.1-100]과 같습니다.

❶ 버텍스 서브오브젝트 변환
❷ [Target Weld] 버튼 활성화
❸ 정리할 버텍스 클릭
❹ 목표 버텍스 클릭

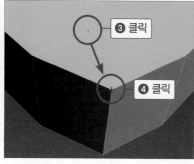
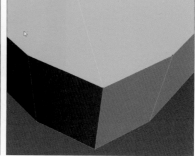

[그림 2.1-100] [Target Weld] 사용 방법

이렇게 타깃 웰드로 버텍스를 합쳐도 인접해 있는 폴리곤은 여전히 다각형(오각형)입니다. [그림 2.1-101]과 같이 버텍스 서브오브젝트의 커넥트를 이용해 에지를 생성하면 삼각형과 사각형으로 나뉘게 됩니다.

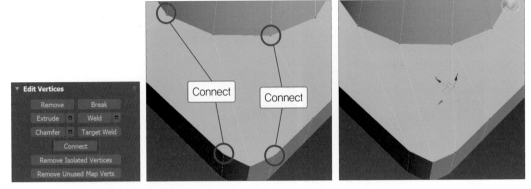

[그림 2.1-101] 버텍스 서브오브젝트의 커넥트 기능을 이용해 면 분할

다른 모서리들도 이와 똑같이 적용해 정리합니다.

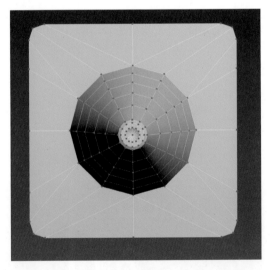

[그림 2.1-102] 나머지 모서리 정리

바닥면에도 다각형이 존재합니다. [Connect]를 이용해 가운데를 가로지르는 에지를 생성하면 사각형으로 면 분할됩니다. 이렇게 네 모서리를 정리합니다.

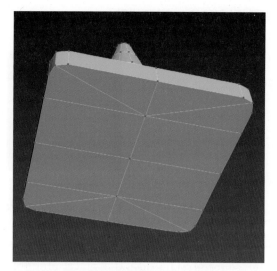

[그림 2.1-103] 바닥면 모서리 정리

기본 모델링이 끝났습니다.

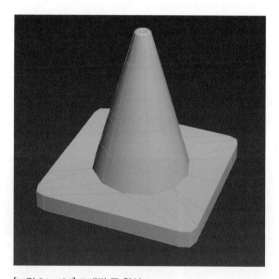

[그림 2.1-104] 트래픽 콘 완성

→ 2가지 머티리얼을 적용하기 위한 Material ID 세팅

이 책은 [그림 2.1-105]와 같이 트래픽 콘에 적용할 2가지 텍스처 파일을 제공하고 있습니다 (T_plastic_pattern_D, T_Tiles_Color_D). 이 2가지 텍스처를 동시에 적용하기 위한 기본적인 세팅을 진행해 보겠습니다.

T_plastic_pattern_D.jpg

T_Tiles_Color_D.jpg

[그림 2.1-105] 트래픽 콘에 적용할 텍스처 파일

2가지 텍스처를 적용한다는 것은 2가지 머티리얼을 적용한다는 것과 같습니다. 폴리곤은 한 번에 1개의 머티리얼을 표현할 수밖에 없습니다. 따라서 폴리곤과 머티리얼에 각각 번호를 부여해 부여된 번호와 일치한 머티리얼이 출력되도록 하는 방법을 많이 사용합니다. 여기에서 폴리곤과 머티리얼이 매칭할 수 있는 번호를 부여하는 기능이 [Material ID]입니다. 이 기능을 통해 특정 폴리곤은 빨간색 플라스틱 재질, 다른 폴리곤은 흰색 플라스틱 재질을 표현할 수 있도록 할 것입니다.

먼저 [그림 2.1-106]과 같은 방법으로 모든 폴리곤의 [Material ID]를 1번으로 설정합니다.

❶ 폴리곤 서브오브젝트로 변환
❷ 전체 선택(마우스 드래그 또는 Ctrl + A)
❸ 우측 모디파이어-Polygon:Materal IDs-Set ID: 1

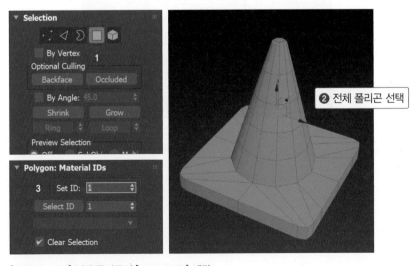

[그림 2.1-106] 전체 폴리곤의 [Material ID] 세팅

그런 다음 [그림 2.1-107]과 동일한 방법으로 흰색 띠가 들어갈 폴리곤을 선택해 머티리얼 ID를
2번으로 설정합니다.

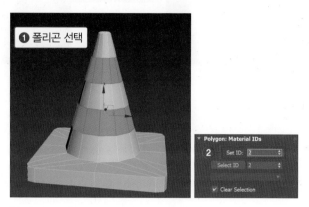

[그림 2.1-107] 흰색 텍스처가 적용될 폴리곤의 머티리얼 ID 세팅

→ 재질을 적용하기 위해 UV 펼치기

UV를 펴 주기 위해 [Editable Poly]의 서브오브젝트 모드
를 해제한 후 [Unwrap UVW] 스택을 추가합니다.

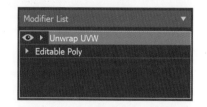

[그림 2.1-108] [Unwrap UVW] 스택 추가

콘 부분과 지지대 부분을 나눠 콘 부분을 실린더 모양의 프로젝션으로 활용하면 조금 수월
할 것 같습니다. 이를 위해서는 콘과 지지대가 만나는 부분의 UV를 나누는 작업을 해야 합니다.
[Unwrap UVW] 스택에서 [Edit UVWs] 윈도우를 연(Open UV Editor) 후 [그림 2.1-109]와 같은
순서대로 설정합니다.

❶ 에지 서브오브젝트로 변환
❷ 3D 뷰포트에서 나눌 부분(에지)을 선택
❸ [Edit UVWs]의 우측 패널의 [Explode-Break] 버튼 클릭
❹ 3D 뷰포트에서 선택한 부분이 분홍색으로 변경

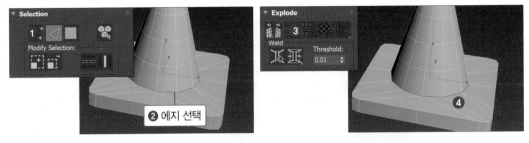

[그림 2.1-109] 콘과 지지대의 UV 분리

콘 부분을 먼저 펼치겠습니다.

[그림 2.1-110]과 같이 폴리곤 서브오브젝트로 전환한 후 [Select By] 항목의 [Ignore BackFacing]을 비활성화한 상태에서 3D 뷰포트의 콘 부분을 선택합니다.

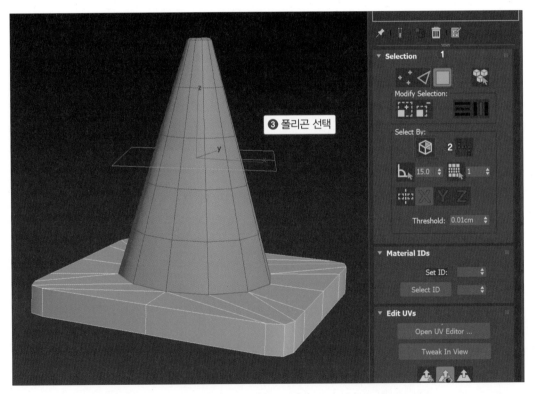

[그림 2.1-110] 콘 폴리곤 선택

Ignore BackFacing

[Editable Poly]에서 수정할 때 원하는 오브젝트를 선택하기 위해 드래그하면 가려져 있는 뒷부분도 함께 선택됩니다. 하지만 [Unwrap UVW]는 뷰포트를 기준으로 드래그해 선택하면 [그림 2.1-111]과 같이 보이는 부분만 선택됩니다.

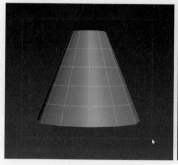
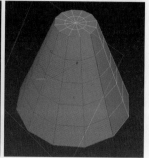

| 뷰포트에서 드래그 | [Editable Poly] | [Unwrap UVW] |

[그림 2.1-111] [Editable Poly]와 [Unwrap UV]의 폴리곤 선택 차이

가려진 뒷면을 '백페이싱(Backfacing)'이라고 하는데 이 백페이싱의 설정에 따라 결과가 달라집니다. [Unwrap UVW]는 [Editable Poly]와 달리, 뒷면을 선택할 수 없게 세팅돼 있는데, 모디파이어의 [Selection-Select By:] 항목에서 [Ingnore Backfacing] 버튼을 클릭해 비활성화하면 뒤쪽까지 모두 선택됩니다.

[그림 2.1-112] [Unwrap UVW] [Ignore BackFacing]

선택한 콘 부분을 [그림 2.1-113]과 같이 [Cylindrical map] 프로젝션으로 펼치고 실린더 기즈모를 회전해 심을 뒤쪽으로 이동합니다. 그리고 다시 [Cylindrical map]을 비활성화합니다.

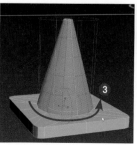

[그림 2.1-113] 실린드리컬 맵 프로젝션 적용

측면은 프로젝션으로 펼쳐졌지만, 상단 면은 [그림 2.1-114]처럼 제대로 펴지지 않은 것을 알 수 있습니다.

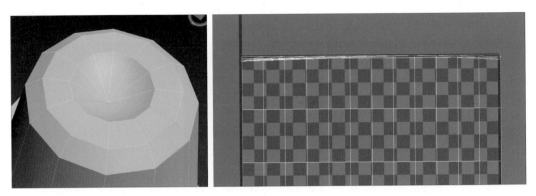

[그림 2.1-114] 펴지지 않은 콘 상단 부분 UV

상단 면을 제대로 펼치기 위해 버텍스 서브오브젝트로 전환한 후 [그림 2.1-115]처럼 가운데에 있는 버텍스를 선택하고 [Edit UVWs] 윈도우의 브레이크를 실행합니다. 버텍스를 중심으로 녹색 심이 생기면서 나뉜 것을 알 수 있습니다.

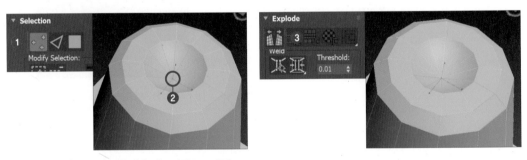

[그림 2.1-115] 상단 면 가운데에 있는 버텍스 브레이크

이제 [Edit UVWs] 윈도우에서 편집해야 합니다. 쪼개진 버텍스를 이동하는데, [Move] 모드이면 버텍스의 위치 파악이 어려워 불편하지만 [Freeform] 모드를 이용하면 이동하기 편리합니다.

위치를 위로 살짝 올리면 [그림 2.1-116]과 같이 균일하지 않은 상태인 것을 알 수 있습니다.

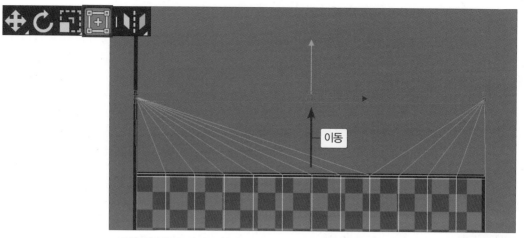

[그림 2.1-116] 불규칙한 상태의 UV

이 균일하지 않은 버텍스들을 균일하게 펼칠 수 있도록 [Relax] 기능을 사용해 보겠습니다. [Relax]는 텍스처 맵의 왜곡을 제거하거나 최소화하기 위해 선택된 텍스처 좌표의 간격을 파라메트릭 방식으로 수정하는 기능으로, 폴리곤마다 일일이 조절할 필요 없이 적당한 규칙을 설정하면 그에 따라 자동으로 균일하게 펼쳐 주는 기능을 말합니다.

[Relax] 기능은 [Edit UVWs] 윈도우 우측 패널의 [Reshpe Elements] 항목에서 사용합니다. 서브오브젝트에 따라 활성화 목록이 달라지며 번개 표시가 있는 것은 '간편 실행', 우측 버튼은 '커스텀 실행'입니다. 커스텀 실행은 버튼을 계속 누르고 있으면 나타나는 [릴렉스 설정] 버튼을 클릭하면 [Relax Tool]이라는 독립된 패널이 열려 규칙을 상황에 맞게 설정할 수 있습니다. 규칙이 설정되면 [Apply] 버튼을 클릭해 바로 실행할 수 있습니다.

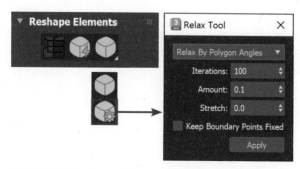

[그림 2.1-117] [Reshape Elements] 패널과 [Relax Tool] 패널

사용 방법을 콘에 직접 적용해 보면서 알아보겠습니다. 간편 버튼을 사용하는 방법도 있겠지만, 이번 실습은 [Relax Tool] 패널로 설정해 가며 진행합니다. 사용 방법은 [그림 2.1-118]과 같습니다.

❶ 전개할 에지 선택

❷ [릴렉스 설정] 클릭

❸ [Relax Tool] 패널에서 [Relax By Polygon Angles] 선택

❹ [Apply] 버튼 반복 클릭

❺ UV 확인

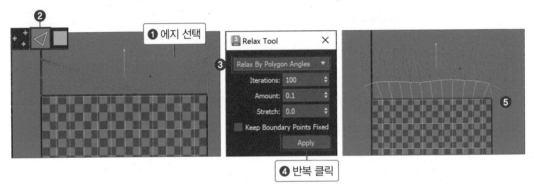

[그림 2.1-118] [Relax Tool] 적용 방법

[Relax Tool]의 결과는 릴렉스 방법과 설정 수치에 따라 달라지므로 좋은 결과물을 얻을 때까지 반복적으로 수치를 적절하게 입력하고 [Apply] 버튼을 연속으로 클릭해 적용합니다.

계속 적용하다 보면 [그림 2.1-119]처럼 흰색 에지는 잘 펴지지만, 초록색 부분인 심은 제대로 펴지지 않는 것을 알 수 있습니다. 이 부분은 합쳐야 결합된 상태로 온전하게 계산할 수 있게 됩니다.

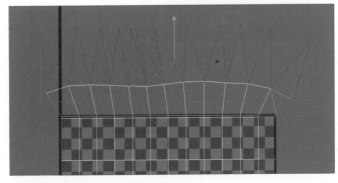

[그림 2.1-119] [Apply] 반복 적용 결과

분리된 에지 중 1개만 선택하면 연결돼 있는 부분과 같이 파란색으로 표시해 줍니다. 이런 에지들은 [Editable Poly]처럼 떨어진 부분을 타깃 웰드 기능으로 연결할 수 있습니다(폴리곤 서브오브젝트는 불가).

간혹 [그림 2.1-120]처럼 버텍스가 한곳에 몰려 있어 타깃 웰드 기능 사용 시 오류를 유발할 수도 있기 때문에 버텍스가 뭉쳐 있지 않도록 펴 주는 것이 좋습니다. 겹친 부분을 수작업으로 옮겨도 되고 릴렉스 기능을 활용해 적당히 풀어 줘도 됩니다. 버텍스 서브오브젝트로 뭉친 버텍스를 선택한 후 간편 릴렉스 기능인 [Relax Util Flat] 버튼으로 조정하고 [Target Weld] 버튼을 활성화한다음 버텍스를 이동해 결합합니다.

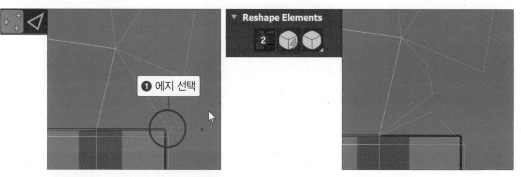

[그림 2.1-120] 릴렉스를 이용해 뭉친 버텍스 재배치

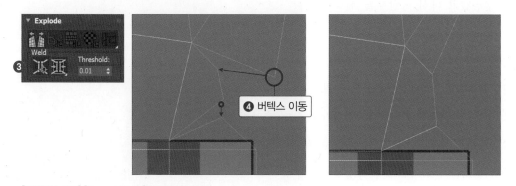

[그림 2.1-121] [Target Weld]로 버텍스 결합

[그림 2.1-122]와 같이 일일이 하기 어려울 때 떨어져 있는 버텍스들을 모두 선택한 후 [Weld Selected Subobject] 버튼을 누르면 서로 인접한 버텍스들이 자동으로 연결되는 모습을 볼 수 있습니다(다른 서브오브젝트를 선택한 후 진행해도 이와 똑같이 작동합니다).

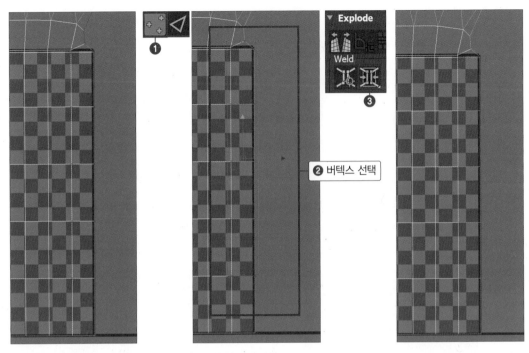

[그림 2.1-122] [Weld Selected Subobject]를 이용한 에지 결합

타깃 웰드 기능을 이용해 녹색으로 분리됐던 심들이 다시 연결돼 흰색으로 변경됐고 다시 상단부를 선택한 후 [Relax Tool]의 [Apply] 버튼을 클릭하면 좀 더 깔끔하게 정리되는 것을 확인할 수 있습니다. 릴렉스할 서브 오브젝트의 선택에 따라 정리 정도가 달라지므로 여러 번 시도해 보면서 최대한 깔끔하게 나오도록 조정하면 됩니다.

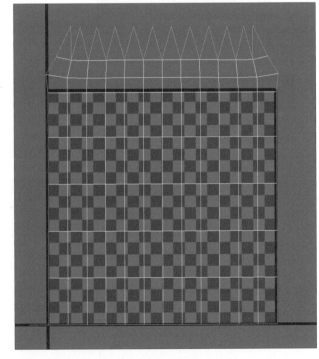

[그림 2.1-123] 에지 결합 후 다시 [Relax Tool] 사용

이제는 직접 이미지를 적용해 보면서 펼쳐진 UV가 적당한지 판단해야 할 것 같은데, 3ds Max는 이런 작업을 위해 샘플 텍스처를 제공하고 있습니다. [그림 2.1-124]와 같이 [Edit UVWs] 윈도우의 우측 상단 리스트를 [Texture Checker]로 선택하면 알맞은 이미지를 적용해 줍니다. 부분적으로 늘어나거나 왜곡이 심한 부분은 3D 뷰포트를 확인해 가면서 UV를 조정하면 되겠죠.

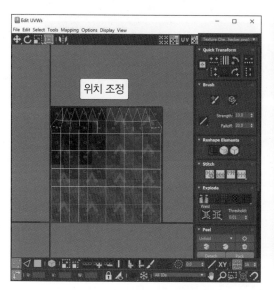
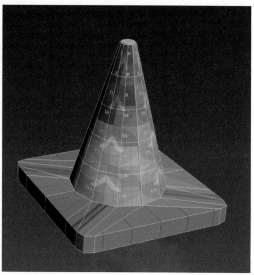

[그림 2.1-124] [Texture Checker] 적용 설정 및 3D 뷰포트에 적용된 모습

[Texture Checker]를 비교해 가면서 UV 엘리먼트의 위치와 크기를 조절했더니 상단부가 정리됐습니다.

> **Tip**
>
> ## 콘 모양의 UV를 전개하는 다양한 방법
>
> 콘 모양은 UV 펼치는 모양에 따라 크게 2가지로 나눌 수 있습니다.
>
>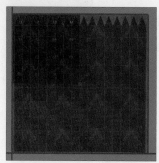
>
>
> ❶ 텍스처를 기준으로 전개   ❷ 모델링을 기준으로 전개
>
> [그림 2.1-125] 2가지 UV 전개 방법

UV 전개는 정답이 없지만, [그림 2.1-126]과 같이 각각 다음과 같은 특징을 갖고 있습니다.

- **1번 방법:** 모델링에 텍스처의 왜곡이 생길 수 있지만, 방향성을 갖고 있거나 반복적인 텍스처를 제작하기가 비교적 쉽고 이로 인해 경계 부분의 이질감이 상대적으로 적다.
- **2번 방법:** 텍스처에 대한 왜곡은 없지만, 텍스처 제작이 상대적으로 어렵고 경계 부분의 이질감이 크다.

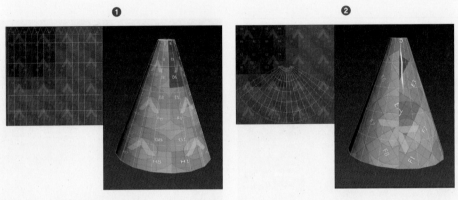

[그림 2.1-126] 2가지 방법의 차이

서로 간의 차이가 확실히 존재하기 때문에 프로젝트의 성격이나 상황에 따라 적절한 전개 방식을 선택하거나 융합해 사용하면 됩니다.

상단부는 UV가 적절하게 잘 펴져 텍스처의 글씨와 그리드 등이 잘 보이지만, 하단부는 UV가 제대로 펴지지 않아 늘어난 것을 알 수 있습니다. 하단부도 UV를 펼쳐 보겠습니다.

일단 하단부 작업을 위해 상단부 엘리먼트는 텍스처 바깥 영역에 옮겨 두겠습니다. 폴리곤 서브오브젝트 상태에서 더블클릭하거나 [Edit UVWs] 윈도우의 하단부에 있는 [Select By Element UV Toggle]을 활성화한 상태에서 선택하면 상단부의 엘리먼트만 간단하게 선택할 수 있습니다.

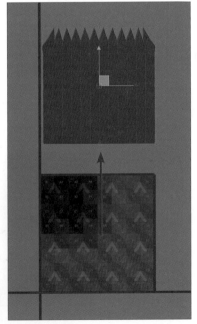

[그림 2.1-127] 상단부 UV 엘리먼트 이동

먼저 손쉬운 바닥면부터 정리해 보죠. 폴리곤 서브오브젝트를 활성화한 후 [그림 2.1-128]과 같은 순서로 진행합니다.

① 바닥면 선택
② [Edit UVs-Quick Planer Map] 클릭
③ [Edit UVWs] 윈도우 확인

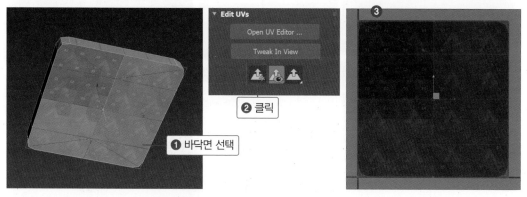

[그림 2.1-128] [Quick Planer Map]을 활용한 바닥면 UV 전개

펼쳐진 바닥면 UV 엘리먼트는 상단부의 옆으로 이동해 놓습니다.

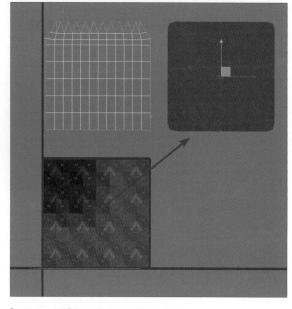

[그림 2.1-129] 바닥면 UV 엘리먼트 이동

지지대 부분의 다른 부분을 선택하기가 어려우므로 손쉽게 선택하는 방법을 알아보겠습니다. [Edit UVWs] 윈도우에서 먼저 펼쳤던 콘 엘리먼트와 바닥면 엘리먼트를 선택합니다. [그림 2.1-130]과 같이 [Select-Select Inverted Polygons]를 선택하면 자동으로 반전됩니다(대부분 잘 선택되지만, 간혹 폴리곤이 누락되기도 하므로 3D 뷰포트를 확인한 후 추가 선택합니다).

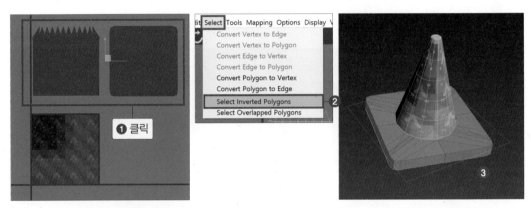

[그림 2.1-130] 트래픽 콘 지지대 선택 방법

일단 바닥면처럼 [Quick Planer Map] 버튼으로 평평하게 펼쳐 줍니다.

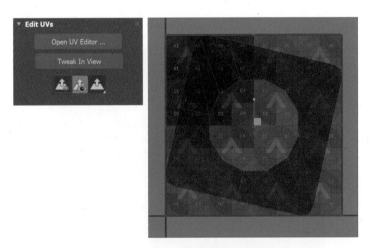

[그림 2.1-131] [Quick Planar Map] 버튼으로 평평하게 전개

다음 측면을 펼치기 위해 [Relax Tool] 툴을 사용합니다. [Relax Tool]을 사용하면 왜곡이 생기는 이유는 릴렉스 기능의 특성상 선택한 폴리곤이 평면으로 펴지는 과정에서 연결된 에지들의 길이가 서로 다르므로 붙어 있는 상태에서 억지로 길이를 맞추기 때문입니다.

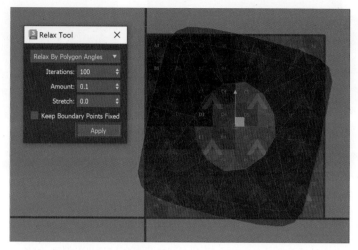

[그림 2.1-132] [Relax Tool] 적용

이런 왜곡을 줄이기 위해서는 문제가 되는 에지를 끊어서 릴렉스가 작동하기 쉽게 하는 것이 좋습니다. 지금은 가장자리의 경계를 브레이크로 끊어 주면 좋을 것 같습니다. [그림 2.1-133]과 같이 네 모서리의 에지를 선택한 후 [Break] 버튼을 클릭해 끊어 줍니다.

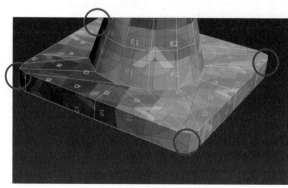

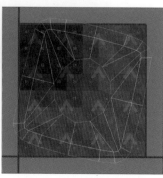

[그림 2.1-133] 모서리 에지 브레이크

이제 다시 릴렉스를 적용하면 왜곡이 최소화된 것을 알 수 있습니다. 이어서 텍스처에 맞게 조정하면 지지대가 모두 마무리됩니다.

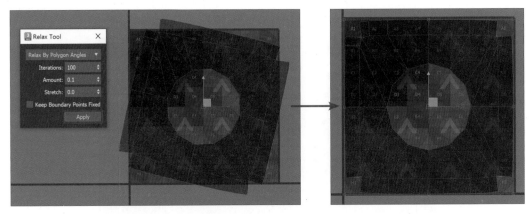

[그림 2.1-134] 릴렉스 적용 후 조정

모든 부분의 UV가 펼쳐졌습니다. 각각의 엘리먼트는 하나의 텍스처를 기준으로 전개했으므로 각 엘리먼트들을 텍스처에 맞게 이동합니다. 나중에 UV 엘리먼트를 배치하는 원리에 대해 알아볼 예정이므로 일단 모든 엘리먼트를 겹쳐 두도록 합니다.

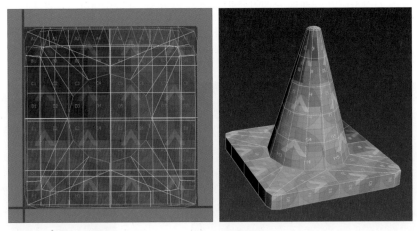

[그림 2.1-135] UV 엘리먼트 정리, 완료

➔ 머티리얼 적용하기

이번에는 재질을 적용해 보겠습니다. 먼저 2장의 텍스처를 출력할 수 있도록 머티리얼 에디터에서 각각의 머티리얼을 만들어 줍니다(머티리얼 노드 우측 상단의 [−] 버튼을 누르면 노드가 접히면서 간소화됩니다).

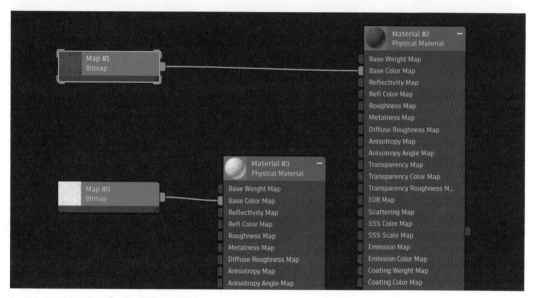

[그림 2.1−136] 2개의 텍스처 머티리얼 생성

폴리곤은 하나의 머티리얼만 출력할 수 있기 때문에 이대로는 2가지의 머티리얼을 동시에 적용할 수 없습니다. 이때 이용하는 것이 모델링할 때 설정한 [Material ID]입니다. [Material ID]에 부여된 번호에 맞게 머티리얼을 매칭하면 되는 것이죠. 매칭하는 방법은 [Material Editor]에서 진행되는데, 순서는 [그림 2.1−137]과 같습니다.

❶ 머티리얼/맵 브라우저에서 [Multi/Sub−Object]를 뷰 패널에 드래그 앤 드롭
❷ 노드를 선택한 후 우측 머티리얼 파라미터 에디터에서 [Set Number] 클릭
❸ [Number of Materials:]를 '2'로 설정
❹ [Multi/Sub−Object] 노드의 1번 슬롯에 빨간색 재질의 머티리얼 연결
❺ [Multi/Sub−Object] 노드의 2번 슬롯에 흰색 재질의 머티리얼 연결
❻ [Multi/Sub−Object] 노드를 선택한 상태에서 [Assign Material to Selection]을 클릭해 적용

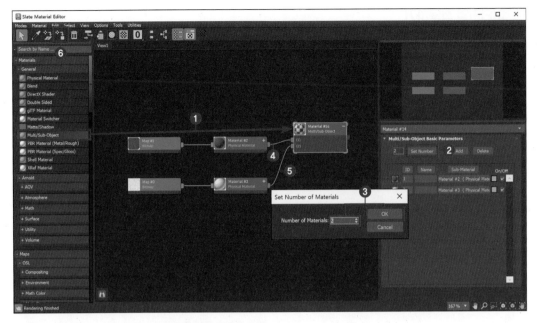

[그림 2.1-137] [Multi/Sub-Object]를 활용한 머티리얼 설정

　머티리얼 ID가 1번인 폴리곤은 빨간색 재질 머티리얼, 2번인 폴리곤은 흰색 재질 머티리얼이 출력되는 것을 알 수 있습니다. 이렇게 [Multi/Sub-Object]를 활용하면 머티리얼 ID를 이용해 1개의 오브젝트에 여러 개의 재질을 적용할 수 있게 됩니다. 콘을 이용한 트래픽 콘 제작을 마무리하겠습니다.

[그림 2.1-138] 트래픽 콘 완성

2.1-4 스피어 형태 모델링 - 지구본

이번에는 스피어(Sphere) 형태의 모델링을 진행해 보겠습니다. [그림 2.1-139]와 같이 지구본을 만들어 보면서 모델링을 하는 다양한 방법을 알아보겠습니다. 지금까지는 1개의 오브젝트를 변형하는 방식이었다면(One Mesh Modeling), 이번에는 다른 오브젝트를 추가하는 방식 (Blocking Modeling)으로 진행됩니다. 이번에 필요한 기능들과 개념을 알아보겠습니다.

[그림 2.1-139] 스피어 예시

✕ 학습 목표

스피어 형태를 이용해 지구본을 모델링하고 싶다.

✕ 순서

❶ 스피어 생성하기
❷ 고리 제작하기
❸ 지지대 제작하기
❹ 재질을 적용하기 위해 UV 펼치기
❺ 머티리얼 적용하기

| 스피어 생성 | 모델링 상단부 제작 | 모델링 하단부 제작 | UV 펼침 | 머티리얼 적용 |

[그림 2.1-140] 지구본 구현 순서

→ 스피어 생성하기

[Create-Geometry-Sphere]를 클릭해 스피어를 생성합니다. 뷰포트에 드래그하기만 하면 되는 간단한 방식입니다. [모디파이어] 패널에서 반지름과 세그먼트의 개수를 정합니다. 작업의 편의를 위해 세그먼트는 4의 배수로 정하는 것이 좋습니다. 학습을 위해 '16'으로 진행하고 세그먼트는 스피어의 가로 16등분, 세로 16등분으로 가로와 세로 동시에 지정합니다.

- **Radius:** 15cm
- **Segments:** 16

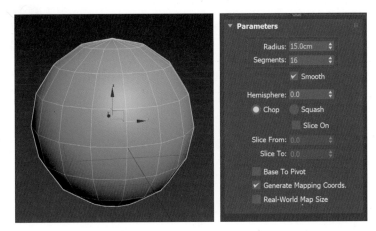

[그림 2.1-141] 스피어 생성

Tip **형태에 따른 시작용 기본 도형 선택**

'오브젝트를 제작할 때 사용하는 기본 도형은 무엇이 좋을까?'라는 생각을 하게 될 때는 어떤 형태가 본래의 형태를 유지하기 어려운지, 상대적으로 어떤 형태가 만들기 어려운지를 판단해 보는 것이 좋습니다. 3ds Max에는 많은 도형이 있지만, 우리가 지금까지 사용한 박스, 실린더, 콘, 스피어를 기준으로 생각해 보겠습니다. 스피어와 박스를 생각했을 때 스피어는 면마다 특정 지점에서 모두 같은 거리로 이뤄져 있고 박스는 정사각형이 아닌 이상 거리가 달라도 박스입니다. 도형의 특성상 형태를 유지해야 하는 폴리곤의 개수가 박스보다 스피어가 많을 수밖에 없기도 합니다. 그래서 결과적으로 스피어의 형태를 유지시키는 것이 박스보다 훨씬 어렵기 때문에 스피어에서 파생하는 것이 더 유리할 수 있는 것입니다. 이런 개념으로 봤을 때 앞에서 언급한 도형의 우선순위는 [그림 2.1-142]와 같습니다.

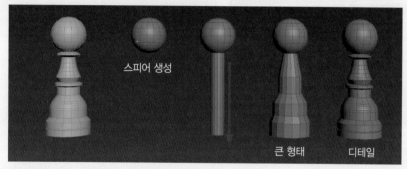

[그림 2.1-142] 기본 도형의 우선순위

실제 제작을 예로 들면 [그림 2.1-143]과 같이 체스 말을 하나의 도형으로 만들려고 할 때 상단의 스피어와 하단의 다양한 각도의 실린더로 이뤄졌다는 생각이 들었다면 실린더에서 면을 뽑아 내 완벽한 곡률의 스피어 형태를 제작하는 것보다 스피어에서 면을 뽑아 내 실린더를 만들어 나가는 것이 스피어의 곡률을 유지하기가 훨씬 수월하다는 이야기입니다.

스피어 생성

큰 형태   디테일

[그림 2.1-143] 스피어로 시작하는 체스 말

사실상 지구본의 가장 핵심 부분인 지구는 스피어 형태이다 보니 이미 스피어를 생성한 것부터 완성된 것이나 다름없습니다. 이제부터는 지구를 둘러싸고 있는 고리와 지구를 연결하는 기둥 부분에 집중해 보겠습니다.

먼저 지구와 고리를 연결하는 지점을 제작해야 하는데, 이것은 스피어에서 뻗어 나오면 될 것 같습니다. [Editabe Poly]로 전환한 후 [그림 2.1-144]와 같이 상단 면을 선택하고 [Inset]과 [Extude]를 이용해 기둥을 만들어 줍니다.

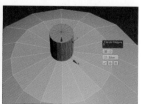

[그림 2.1-144] 고리와 연결될 기둥 생성

예시를 보면 기둥에 살짝 단차를 넣어 꾸며 주고 있습니다. [그림 2.1-145]와 같이 에지 서브오
브젝트의 [Connect]로 에지를 만들어 상단과 하단을 구분하고 폴리곤 서브오브젝트로 전환해 상단
폴리곤에 [Extude]를 적용하면 간단하게 단차가 만들어집니다. [Extude]를 적용할 때는 세팅 메뉴
의 첫 번째 항목을 [Local Normal]로 설정해야 [그림 2.1-145]처럼 나옵니다.

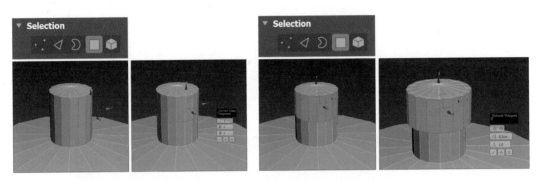

[그림 2.1-145] 기둥의 단차 만들기

기둥의 상단 면을 보면 [Extude] 기능으로 에지가 생성된 것을 알 수 있습니다. 작은 단면에 에지가
생기면서 필요 없는 폴리곤도 늘려 주는 셈이 됐습니다. 에지 서브 오브젝트로 변환한 후 에지를
선택해 삭제합니다. 이때 Delete를 누르면 연결된 폴리곤도 함께 사라지면서 오픈 에지 상태가 됩니다.
선과 버텍스까지 깔끔하게 지우기 위해서는 Ctrl + Backspace를 눌러 주면 됩니다.

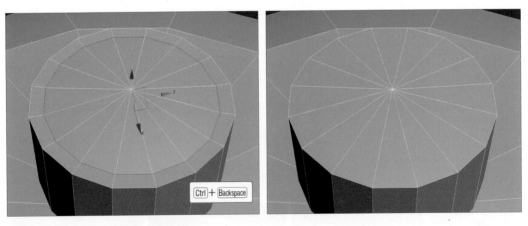

[그림 2.1-146] 상단 면의 불필요한 에지 삭제

버텍스, 에지 삭제

모델링을 진행하다 보면 불필요한 버텍스와 에지가 생성돼 삭제해야 할 때가 빈번히 발생합니다. 이때 Delete 를 누르면 연결된 폴리곤도 함께 사라지기 때문에 다른 방법이 필요합니다. [모디파이어] 패널에서 [그림 2.1-147]과 같이 [Remove] 버튼을 사용합니다. 단축키는 Enter 위에 있는 Backspace 입니다. Backspace 를 누르면 폴리곤은 그대로 유지되면서 삭제됩니다.

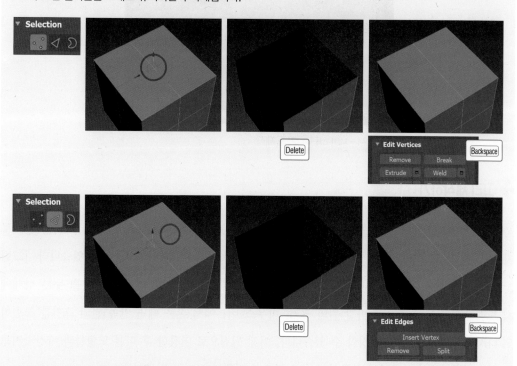

[그림 2.1-147] [Remove] 버튼으로 버텍스, 에지 삭제

버텍스 서브오브젝트일 때는 버텍스와 연결된 에지가 함께 사라지지만, 에지 서브오브젝트에서 에지를 지울 때는 유의해야 할 점이 있습니다. [그림 2.1-148]과 같이 에지를 [Remove] 버튼이나 Backspace 로 지운 후에 버텍스 서브 오브젝트로 변환해 보면 에지가 교차되는 지점에 버텍스가 남아 있는 것을 알 수 있습니다. 버텍스까지 지우려면 Ctrl 을 누른 상태에서 [Remove] 버튼을 누르거나 Backspace 를 누르면 됩니다.

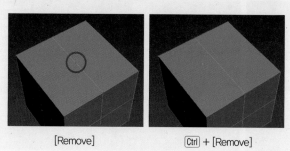

[Remove]   Ctrl + [Remove]

[그림 2.1-148] 에지 서브오브젝트에서 에지 삭제 시 유의점

하단 기둥도 상단 기둥과 같은 방법으로 제작합니다.

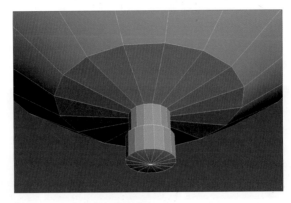

[그림 2.1-149] 하단부 기둥 제작

➜ 고리 제작하기

이제 고리를 만들어 보겠습니다. 고리는 스피어를 중심으로 튜브(Tube) 형태의 고리를 반으로 자르면 될 것 같습니다. 3ds Max는 프리미티브 도형으로 튜브 형태를 제공하고 있습니다. [그림 2.1-150]과 같이 [Create-Standard Primitives-Tube]를 클릭한 후 마우스 버튼을 누른 상태에서 드래그하면 X, Y축으로 바깥 원의 크기, 마우스 버튼에서 손을 떼면 안쪽 원의 크기를 조절하고 다시 클릭하면 높이를 결정할 수 있습니다. 이제 원점으로 이동한 후 다른 도형들과 마찬가지로 [Modify] 패널에서 파라미터 항목의 수치 입력으로 정확한 크기를 만들어 줍니다.

❶ Radius 1: 17.5cm   ❷ Radius 2: 16.0cm

❸ Height: 0.5cm   ❹ Height Segments: 1

❺ Cap Segments: 1   ❻ Sides: 16

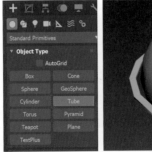 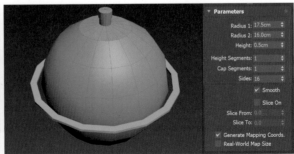

[그림 2.1-150] 튜브 생성

지구본 모양처럼 튜브를 회전 모드를 이용해 90°로 돌려 줍니다. [회전 모드] 버튼에서 마우스 오른쪽 버튼을 클릭하면 수치를 입력해 각도를 설정할 수 있습니다.

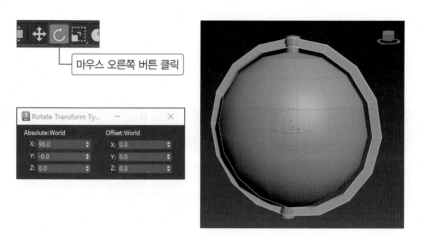

[그림 2.1-151] 수치 입력으로 튜브 오브젝트 회전

튜브의 절반은 필요 없으므로 [Editabe Poly]로 전환해 삭제합니다.

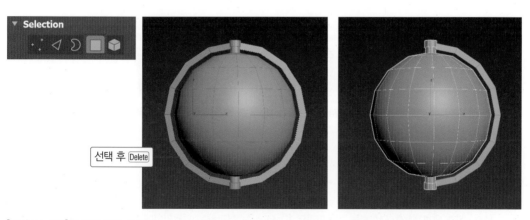

[그림 2.1-152] 튜브의 절반 삭제

이제 고리와 지구는 따로 떨어져 있는 독립된 오브젝트입니다. 두 오브젝트를 하나로 합쳐 관리하려고 합니다. 이때 사용하는 것이 [Attach] 기능입니다. 이 기능은 복수의 오브젝트를 하나의 오브젝트로 구성하는 역할을 하는데, 한 오브젝트를 복수의 메시로 구성하려고 할 때 사용합니다. 편집을 위해 두 오브젝트를 번거롭게 왔다갔다하지 않고 결합하면 서브오브젝트 전환으로 두 오브젝

트를 동시에 편집할 수 있는 상태가 되고 이어 붙일 수도 있어 편집하기가 수월해집니다(이번 학습은 합치는 것만 다룹니다). [Attach]를 이용해 고리와 지구를 합치는 방법은 [그림 2.1-153]과 같습니다.

❶ 메인이 될 지구 오브젝트 선택
❷ [Edit Geometry] 항목의 [Attach] 버튼 활성화
❸ 고리 오브젝트 선택

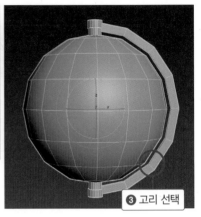

[그림 2.1-153] 지구와 고리 오브젝트 [Attach] 순서

[Attach]를 적용하면 처음 선택한 오브젝트를 기준으로 모델링의 색이 바뀌면서 하나의 오브젝트 라는 것을 시각적으로 알려 줍니다. 그리고 [Attach]가 활성화된 상태에서는 복수의 오브젝트를 추 가할 수 있으며 완료되면 버튼을 다시 누르거나 마우스 오른쪽 버튼을 클릭해 비활성화하면 마무리 됩니다.

> **Tip**
> ### [Attach]/[Detach]
> [Attach]가 오브젝트를 결합하는 기능이라면 [Detach]는 분리하는 기능입니다. [그림 2.1-154]와 같이 [Detach]는 서브오브젝트 상태에서 요소들을 선택한 후 모디파이어 패널에서 [Detach] 버튼을 클릭하 면 이름을 정하고 정해진 이름으로 오브젝트가 분리돼 생성됩니다([그림 2.1-154]는 색을 임의로 바꾼 것으로, [Detach]를 클릭해도 모델링의 색이 바뀌지 않습니다).

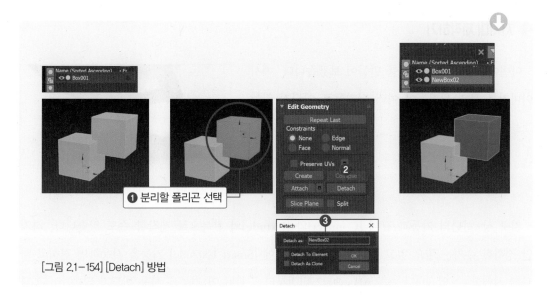

[그림 2.1-154] [Detach] 방법

지구본은 자전축에 따라 기울어진 것을 알 수 있습니다. 이제 합쳐진 지구본의 상단부를 자전축에 맞게 Y축으로 23.4° 기울여 보겠습니다. [그림 2.1-155]와 같이 [회전 모드] 버튼을 마우스 오른쪽 버튼으로 클릭한 후 수치를 입력합니다.

[그림 2.1-155] 상단부 회전

자전축에 맞게 모델링 초반부터 지구 부분을 회전한 후 진행할 수도 있습니다. 하지만 기둥을 만들거나 고리를 만드는 것과 같은 이후의 작업들은 기즈모를 기준으로 작업하는 것이 훨씬 쉽기 때문에 이런 작업이 모두 끝난 후에 최종적으로 회전하는 것이 효율적입니다.

➜ 지지대 제작하기

이번에는 하단부 지지대를 만들어 보겠습니다. 예시
이미지를 보면 원기둥이 여러 단차들로 이뤄져 있는
것을 알 수 있습니다.

[그림 2.1-156] 예시 이미지 지구본의 하단부

지구 상·하단의 기둥과 같이 [Connect]와 [Extude]의 반복으로 제작할 수도 있습니다. 하지
만 정확한 수치는 필요 없고 이런 반복적인 방식에 [Smart Extrude] 기능을 사용하면 편하고 빠
르게 진행할 수 있습니다. 3ds Max 2022 버전부터 도입된 이 기능은 사용 빈도가 많은 [Inset]과
[Extude]를 간단한 조작으로 작동함으로써 지금처럼 반복적이고 복잡한 형태를 빠르게 만들어 줍
니다. 돌출, 함몰과 같은 형태뿐 아니라 구멍을 뚫는 것도 간편하게 만들어 주기 때문에 익숙해지면
생산성이 높아집니다. 다만, 정확한 수치를 입력할 수 없다는 점은 차후 버전 업데이트를 기다려야
하고 [Smart Extrude]로 구멍을 생성할 때 간혹 생성된 폴리곤이 연결되지 않아 오픈 에지 상태가
될 수도 있기 때문에 버텍스를 결합하는 [Weld] 기능과 같은 추가 작업이 필요할 수도 있습니다.

[Smart Extrude]를 사용하는 방법은 간단합니다. Shift를 누른 상태에서 변형하면 됩니다. 지지대
를 만들어 보는 실습을 통해 자세히 알아보겠습니다.

먼저 [그림 2.1-157]과 같이 실린더를 고리 부분과 연결되는 지점에 생성합니다.

- **Radius:** 1.0cm
- **Height:** 4.0cm
- **Height Segments:** 1
- **Cap Segments:** 2
- **Sides:** 16

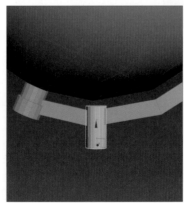
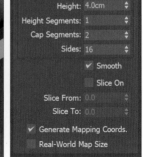

[그림 2.1-157] 실린더 생성

위에서부터 아래로 내려가면서 차근차근 단차를 만들어 보겠습니다. 아래로 작은 실린더를 뽑는 것부터 시작해 보겠습니다. [Editabe Poly]로 전환한 후 폴리곤 서브 오브젝트로 변환하고 [그림 2.1-158]과 같이 아래쪽 면의 안쪽 원을 선택한 후 Shift를 누른 상태에서 아래로(Z축) 이동합니다.

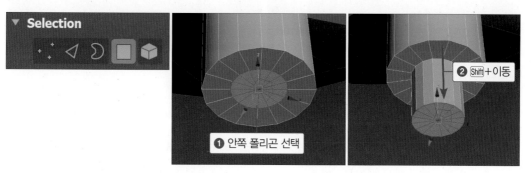

[그림 2.1-158] [Smart Extrude]를 이용한 [Extude]

지지대의 넓은 면을 제작하기 위해 [그림 2.1-159]와 같이 한 번 더 아래로 이동한 후 생성된 면을 선택하고 Shift를 누른 상태로 X, Y 방향으로 크기를 키워 줍니다.

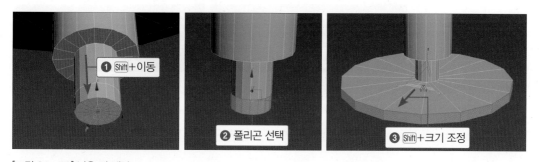

[그림 2.1-159] 넓은 면 제작

이어진 넓은 면의 단층을 같은 방법으로 Shift와 이동, 크기 변환만을 이용해 반복 제작한 후 서브오브젝트를 변환해 버텍스와 에지를 조절하고 단차의 높이, 각도 등의 디테일을 조절하면 [그림 2.1-160]과 같이 간단하게 지지대가 만들어집니다.

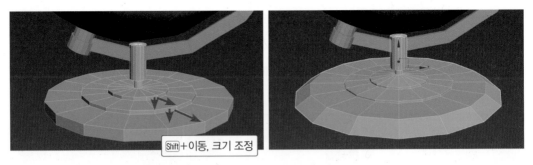

[그림 2.1-160] 반복 작업 후 디테일 조정

    [그림 2.1-161]의 바닥면을 보면 제작 과정에서 많은 에지가 생성된 것을 확인할 수 있습니다. 에지 서브오브젝트로 전환한 후 필요 없는 에지들을 모두 선택해 Ctrl+[Remove](단축키: Ctrl+ Backspace)로 버텍스까지 함께 제거합니다.

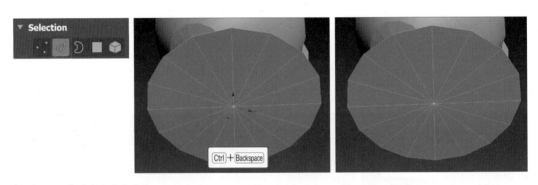

[그림 2.1-161] 바닥면 에지 제거

    마지막으로 [Attach]를 이용해 상단부를 중심으로 하단부를 합치고 지구본 모델링을 마무리합니다.

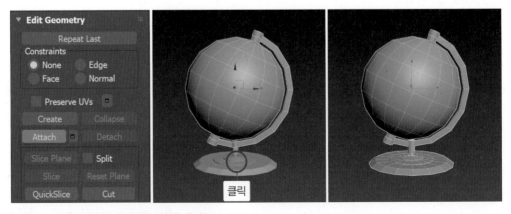

[그림 2.1-162] 상단부와 하단부를 결합한 후 완료

[Smart Extrude]와 워킹 피봇(Working Pivot)

[Smart Extrude]는 면을 쉽게 뽑아 내고 형태를 빠르게 생성하는 기능입니다. 이 기능과 함께 쓰면 좋은 것이 워킹 피봇 기능입니다. 워킹 피봇은 [Smart Extrude]와 함께 3ds Max 2022 버전에 추가된 기능으로, 좌표 기준을 작업 상황에 맞게 자유롭게 변환할 수 있는 기능입니다.

[Smart Extrude]로 회전한 상태의 폴리곤을 기준으로 폴리곤을 뽑고 싶을 때 기존의 좌표계는 회전된 만큼의 각도로 축을 제공할 수 없었기 때문에 축에 맞는 모델링 순서로 진행하거나 플러그인을 사용하는 등의 복잡한 방법으로 진행할 수밖에 없었습니다. 이때 워킹 피봇을 활용하면 회전된 폴리곤을 기준으로 축을 적용해 직관적으로 작업할 수 있습니다.

예를 들어 [그림 2.1-163]과 같이 곡률이 있는 폴리곤에서 [Smart Extrude]로 폴리곤을 생성하려고 할 때 선택한 폴리곤의 기즈모를 살펴보면 폴리곤 방향대로 돼 있지 않은 것을 알 수 있습니다.

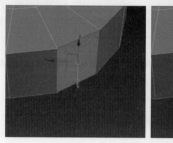
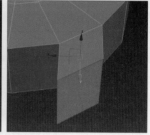

[그림 2.1-163] 폴리곤 방향과 맞지 않는 기즈모

이때 [그림 2.1-164]와 같이 [Tools-Snap Working Pivot Tools-Selection Pivot]을 클릭하면 폴리곤 위에 폴리곤 방향의 기즈모가 생성되고 Shift를 누르고 Z축으로 이동하면 폴리곤을 생성할 수 있습니다.

[그림 2.1-164] 워킹 피봇 사용 1(Selection Pivot)

그뿐 아니라 워킹 피봇은 선택한 면이 아닌 다른 폴리곤의 각도를 설정할 수도 있습니다. [그림 2.1-165]와 같이 [Tools-Snap Working Pivot Tools-Place Working Pivot]을 누른 상태에서 원하는 폴리곤을 선택하면 기즈모가 생성되고 생성된 기즈모의 축으로 이동하면 그 방향대로 폴리곤이 생성됩니다.

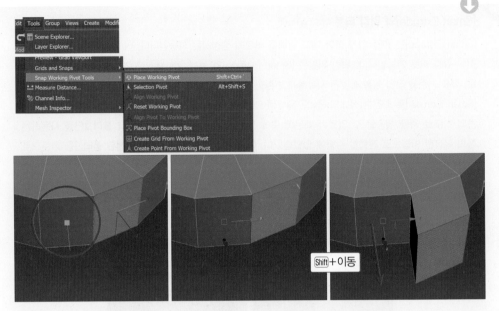

[그림 2.1-165] 워킹 피봇 사용 2(Place Working Pivot)

워킹 피봇은 사용이 끝나고 나면 기본 기즈모로 돌려 놓아야 작업의 혼선을 줄일 수 있습니다. [그림 2.1-166]
과 같이 좌표계를 [View], 피봇을 [Use Pivot Point Center]로 설정합니다.

[그림 2.1-166] 기본 기즈모 세팅

워킹 피봇의 기본 사용법에 대해 알아봤습니다. 좀 더 자세한 내용은 실습을 진행하면서 알아보겠습니다.

→ 재질을 적용하기 위해 UV 펼치기

재질을 적용하기 위해 UV 전개 작업을 진행하겠습니다. 서브오브젝트가 활성화돼 있다면 비활
성화하고 [Unwrap UVW] 스택을 추가합니다. 먼저 세계 지도가 그려진 지구 부분, 즉 스피어 부
분을 펼쳐 보겠습니다. 간편하게 선택하기 위해 [그림 2.1-167]과 같이 진행합니다.

❶ [Unwrap UVW] 스택 추가
❷ 에지 서브오브젝트로 전환

❸ 스피어의 가운데 부분, 적도 부분 에지 더블클릭

❹ Ctrl을 누른 상태에서 폴리곤 서브오브젝트로 전환

❺ [Grow]를 3번 클릭해 확장

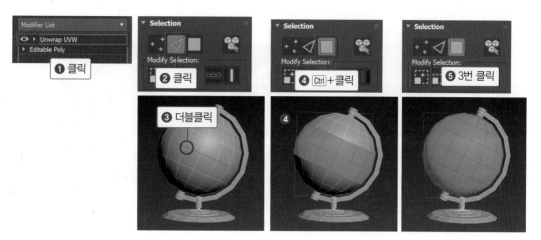

[그림 2.1-167] 스피어 선택

[Modify] 패널의 프로젝션에서는 스피어 형태로 펴 주는 기능으로 [Spherical Map]을 제공합니다. [그림 2.1-168]과 같이 [Spherical Map]을 클릭한 후 [Fit] 버튼을 누르고 지구본의 기울어진 정도만큼 지구본을 기울이는 방법으로 수치를 입력해 Y축으로 회전합니다.

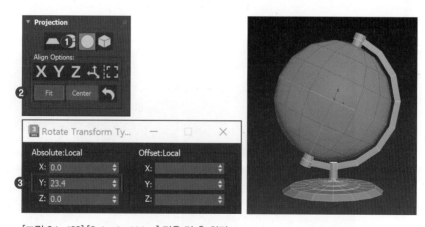

[그림 2.1-168] [Spherical Map] 적용 및 축 회전

녹색 경계선은 보이지 않는 곳으로 돌리는 것이 좋은데, 고리에 가려질 수 있도록 고리 쪽으로 돌

립니다. 만약, 지구의 회전한 축과 기즈모의 회전축이 달라 불편할 때는 [그림 2.1-169]와 같이 좌표계를 로컬(Local)로 설정하면 오브젝트를 기준으로 기즈모가 바뀝니다(회전 설정 후에는 다시 View로 돌려 놓습니다).

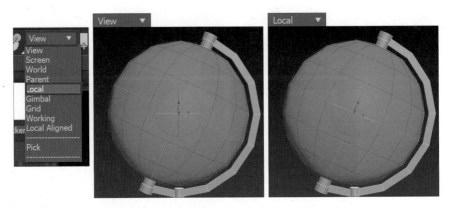

[그림 2.1-169] 좌표계 설정에 따른 기즈모 변경

Tip

로컬(Local) 좌표계

뷰(View), 월드(World) 좌표계는 '동서남북'과 같은 불변의 기준입니다. 내가 어느 방향을 봐도 항상 동서남북은 정해져 있는 것과 같습니다. 그래서 기즈모의 방향은 항상 일정합니다. 반면, 로컬(Local) 좌표계는 오브젝트 스스로가 기준으로 '전후좌우'와 비슷합니다. 내가 오른쪽으로 90° 돌면 90° 돌아 있는 상태가 나의 정면이 되는 것과 같은 이치입니다. 따라서 기즈모는 축의 방향이 액터의 이동, 회전에 따라 달라집니다.

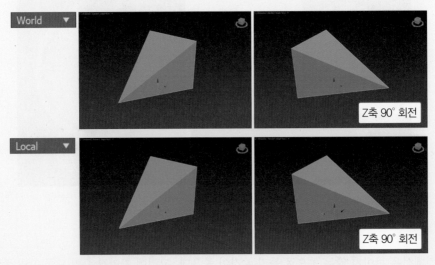

[그림 2.1-170] 좌표계에 따른 기즈모 변화

[그림 2.1-171]과 같이 [Open UV Editor] 버튼을 클릭해 [Edit UVW] 창을 열고 UV 작업의 편의를 위해 [Texture Checker]를 선택해 샘플 텍스처가 나올 수 있도록 설정합니다. 프로젝션 맵을 비활성화한 후 펼쳐진 지구 UV 엘리먼트를 텍스처의 바깥으로 이동시킵니다.

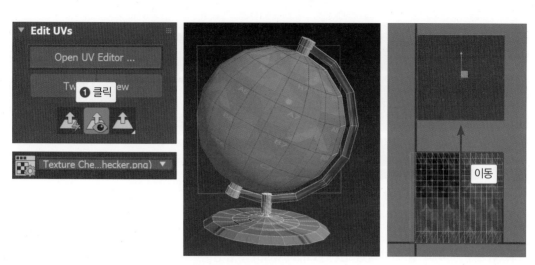

[그림 2.1-171] [Edit UVW] 텍스처 설정 및 지구 UV 엘리먼트 이동

이제부터 덩어리별로 하나하나 정리해 보겠습니다. 지구의 상단부 기둥을 펴 보겠습니다. 상단의 평평한 면은 [그림 2.1-172]와 같이 [Edit UVs-Quick Planar Map]을 이용합니다. 펼쳐진 엘리먼트를 텍스처의 외곽에 이동시켜 둡니다.

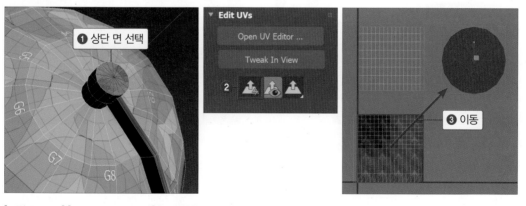

[그림 2.1-172] [Quick Planar Map]을 이용해 상단 면 전개 및 이동

기둥의 측면은 실린더 모양이므로 [그림 2.1-173]과 같이 [Projection-Cylindrical Map]을 이용해 전개한 후 [Edit UVW] 창에서 [Relax Tool]을 이용해 단차의 아랫부분도 자동으로 펴질 수 있도록 합니다.

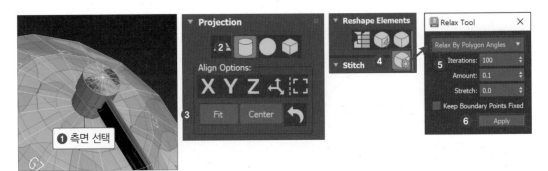

[그림 2.1-173] 기둥 측면 UV 전개 1

[그림 2.1-174]와 같이 분리된 심은 [Target weld]로 합친 후 [Straighten Selection]을 이용해 직선으로 정리하고 [Relax Tool]로 펼치면 좀 더 깔끔한 상태가 됩니다. 이제부터 [Relax Tool]은 한 번 설정했으므로 [Relax: Custom] 버튼을 이용해 간편하게 사용하겠습니다. 펼쳐진 엘리먼트는 상단 면과 가까운 데에 배치해 헷갈리지 않도록 합니다.

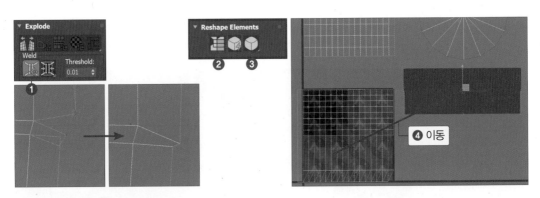

[그림 2.1-174] 기둥 측면 UV 전개 2

위와 같은 방법으로 지구의 아래쪽 기둥도 UV 전개하고 텍스처 외곽, 윗부분 기둥 아래에 잘 정리해 둡니다.

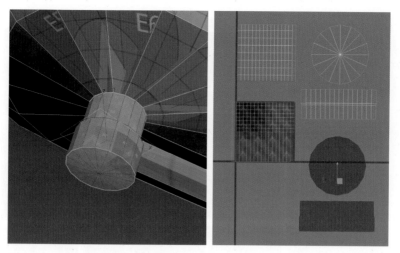

[그림 2.1-175] 아래 기둥 UV 전개 및 정리

이번에는 고리를 펼쳐 보겠습니다. [그림 2.1-176]처럼 [Relax Tool]을 적용하면 약간 곡선이 생긴 상태로 펴집니다. [Straighten Selection] 버튼으로 깔끔하게 정리한 후 텍스처 외곽에 정리해 둡니다.

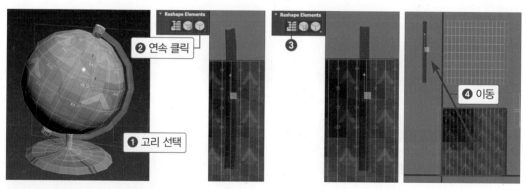

[그림 2.1-176] 고리 UV 전개 및 정리

이제 지지대 부분의 UV를 펼쳐 보겠습니다.

[그림 2.1-177]과 같이 지지대 상단의 원기둥 부분을 전개하는데, 지구 부분의 기둥과 같은 구조로 보이므로 같은 방법으로 상단 면과 측면으로 나눠 전개하면 되겠습니다. 전개가 완료되면 헷갈리지 않도록 잘 정리해 둡니다.

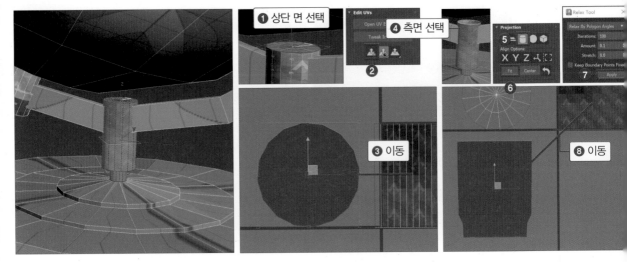

[그림 2.1-177] 지지대 상단부 원기둥 전개 및 정리

지지대의 하단부는 바닥면과 윗면으로 나눠 정리합니다. 먼저 선택하기 쉬운 바닥면을 [Quick Planar Map]으로 펼치고 외곽으로 정리합니다.

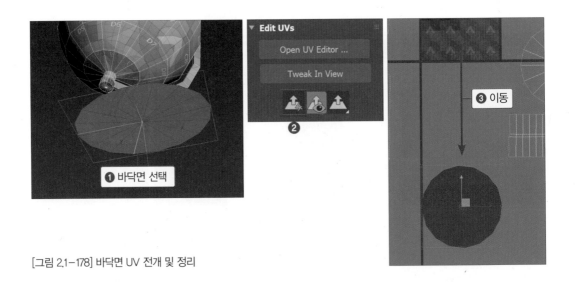

[그림 2.1-178] 바닥면 UV 전개 및 정리

마지막으로 하단부의 상단 면도 [그림 2.1-179]처럼 [Quick Planar Map]으로 펼친 후 측면 단차 전개를 위해 [Relax Tool]을 이용합니다.

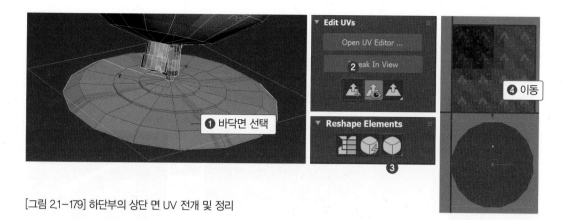

[그림 2.1-179] 하단부의 상단 면 UV 전개 및 정리

이렇게 모든 엘리먼트를 전개했습니다. 아직 늘어난 곳만 없도록 했을 뿐, 크기는 제각각인 것을 알 수 있습니다. 이제 텍스처에 맞게 재배치하면서 크기도 조절해야 합니다. 이 작업은 머티리얼을 적용한 후에 다시 전개하겠습니다.

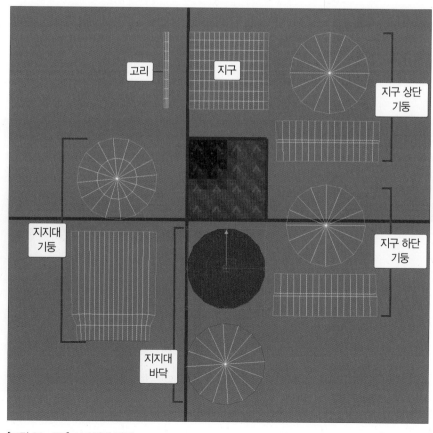

[그림 2.1-180] UV 전개 결과

➔ 머티리얼 적용하기

이번에는 재질을 적용해 보겠습니다. [그림 2.1-181]과 같이 이 책에서 제공하는 지구본 텍스처 (T_Globe.jpg)를 활용해 머티리얼을 만들고 적용하겠습니다.

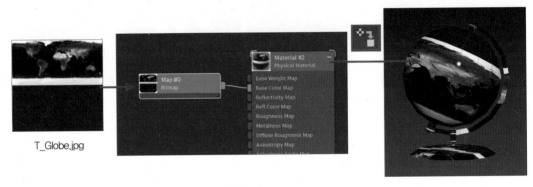

[그림 2.1-181] 지구본 텍스처(T_Globe.jpg)와 머티리얼 적용

이제 텍스처에 맞게 UV를 재배치하겠습니다. 먼저 [그림 2.1-182]처럼 머티리얼 에디터를 통해 지구본 텍스처가 적용됐으므로 [Edit UVW] 창의 텍스처를 지구본 텍스처로 교체할 수 있습니다 (지구본 텍스처가 나타나지 않을 경우, [Reset Texture List]를 누르면 됩니다).

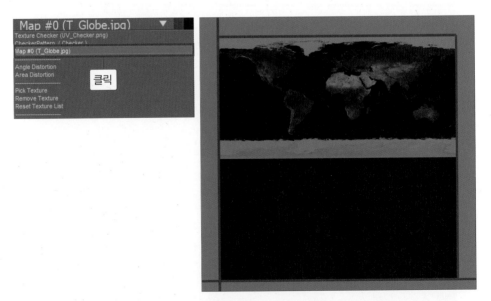

[그림 2.1-182] [Edit UVW] 텍스처를 지구본 텍스처(T_Globe.jpg)로 교체

먼저 [그림 2.1-183]과 같이 텍스처 상단의 월드 맵 이미지에 있는 지구 부분의 엘리먼트를 [Freeform Mode]로 이동해 크기를 변형해 줍니다.

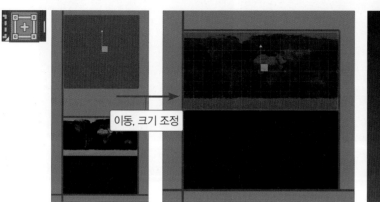

[그림 2.1-183] 텍스처 상단의 월드 맵에 엘리먼트 매칭

지구를 제외한 나머지 재질은 모두 같기 때문에 [그림 2.1-184]와 같이 텍스처의 하단에 정리합니다. 크기를 조절할 때는 Ctrl 를 누른 상태로 조절하면 엘리먼트의 비율은 그대로 유지한 채 크기를 변형할 수 있습니다.

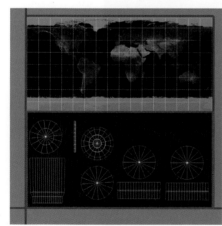

[그림 2.1-184] 나머지 엘리먼트 정리

지금같이 어두운 재질은 티가 잘 나지 않지만, [그림 2.1-185]와 같이 [Texture Checker]를 이용해 텍스처가 균등하게 나오도록 각 엘리먼트를 조절해 배치하는 것이 좋습니다.

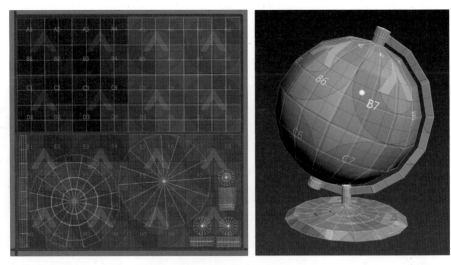

[그림 2.1-185] [Texture Checker]를 이용해 균등한 크기 배치

재질까지 적용된 지구본이 완성됐습니다.

[그림 2.1-186] 지구본 완성

대칭 + 복합 형태 모델링 – 식탁

이번에는 [그림 2.1-187]과 같은 식탁을 만들어 보면서 대칭 형태의 모델링을 손쉽게 하는 방법에 대해 알아보겠습니다. 보통 레벨에 배치할 때 식탁은 의자와 같이 한 세트로 구성되는 경우가 많으므로 이번 실습의 후반부에는 오브젝트를 그룹화해 관리하는 방법에 대해 알아보겠습니다.

[그림 2.1-187] 식탁 예시

✖ 학습 목표

대칭을 이용해 식탁을 만들고 싶다.

✖ 순서

❶ 시메트리를 이용해 식탁 상판 제작하기
❷ 식탁 다리 제작하기
❸ 재질을 적용하기 위해 UV 펼치기
❹ 머티리얼 적용하기
❺ 시메트리의 다양한 기능 적용하기
❻ [Link]를 이용해 오브젝트 그룹화하기

상판 제작

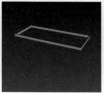
상판 틀 제작

다리 제작

UV 펼침

머티리얼 적용

[그림 2.1-188] 식탁 구현 순서

➜ 시메트리를 이용해 식탁 상판 제작하기

박스를 생성해 식탁 상판을 제작해 보겠습니다. 식탁의 크기에 맞게 [그림 2.1-189]와 같이 박스를 생성합니다. 상판이 아래로 좁아지는 형상이므로 [Height Segs]에 '2'를 입력해 측면에 에지를 생성합니다.

① **Length:** 85.0cm

② **Width:** 180.0cm

③ **Height:** 3.0cm

④ **Height Segs:** 2

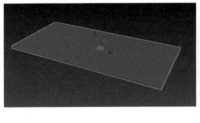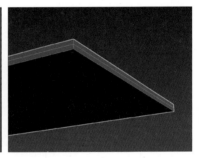

[그림 2.1-189] 박스 생성

[그림 2.1-190]과 같이 폴리곤 서브오브젝트로 변환한 후 하단 면을 선택해 작게 조절합니다.

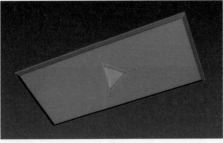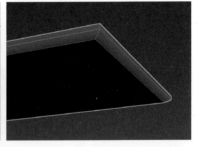

[그림 2.1-190] 상판 제작

예시에는 상판의 모서리 부분이 곡면 처리돼 있습니다. [Chamfer]를 이용하면 쉽게 만들 수 있습니다. 그런데 같은 작업을 네 귀퉁이에 모두 적용해야 합니다. 물론 모두 선택해 한 번에 챔퍼만 적용하는 작업이라면 간단할 수 있습니다. 하지만 선택과 적용이 많은 형태라면 번거롭고 까다로운 작업이 될 수 있습니다.

이럴 때 사용하는 기능이 '시메트리(Symmetry)'입니다. 시메트리는 '대칭'으로 거울에 반사되듯이 거울 역할을 하는 면을 기준으로 한쪽 메시를 반사해 생성합니다. 이때 거울 역할을 하는 기즈모를 '미러(Mirror)', 대칭 중인 상태를 '미러링'이라고 합니다.

시메트리가 유용한 이유는 다음과 같은 요소들을 갖고 있기 때문입니다.

❶ X, Y, Z 평면을 중심으로 메시를 미러링합니다.
❷ 메시를 자르고 필요한 경우 잘린 부분을 제거합니다.
❸ 이음새를 따라 자동으로 버텍스를 합칩니다.

[그림 2.1-191]과 같이 이런 특징들 덕분에 캐릭터를 모델링하거나 선박, 비행기를 제작하는 데 많이 사용합니다.

[그림 2.1-191] 미러 기즈모에 따른 대칭 형태

그럼 식탁 실습을 통해 시메트리 사용법을 알아보겠습니다.

시메트리를 사용하기 위해 [그림 2.1-192]와 같이 서브오브젝트를 빠져나와 오브젝트 상태에서 [Modifier List]에 [Symmetry] 스택을 추가합니다.

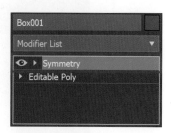

[그림 2.1-192] [Modifier List]에 [Symmetry] 스택 추가

[Symmetry]의 [Modifier] 패널에서는 대칭을 위한 조건들을 설정할 수 있습니다. [그림 2.1-193]과 같이 패널 중에서 [Mirror Axis]를 보면 X, Y, Z 버튼이 자리잡고 있는 것을 알 수 있습니다. 지금은 [X] 버튼이 활성화돼 있고 뷰포트를 보면 X축에 수직으로 주황색 사각형 기즈모가 활성화된 것을 알 수 있습니다. 이것이 '미러 기즈모'이고 이 미러 기즈모를 중심으로 X축 오른쪽(양수)의 형태를 왼쪽(음수) 방향으로 미러링합니다. 미러 기즈모가 있는 곳은 자연스럽게 에지가 생성되는 것을 알 수 있습니다. 미러 기즈모를 기준으로 메시를 자르고 미러링하다 보니 자연스럽게 생기는 에지입니다.

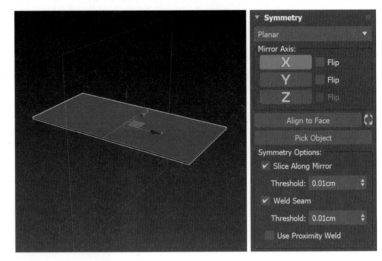

[그림 2.1-193] 시메트리 적용 모습

식탁의 네 귀퉁이를 모두 미러링해야 하므로 Y축도 활성화해 주면 [그림 2.1-194]와 같이 기즈모가 2개 생기면서 에지도 늘어난 것을 알 수 있습니다.

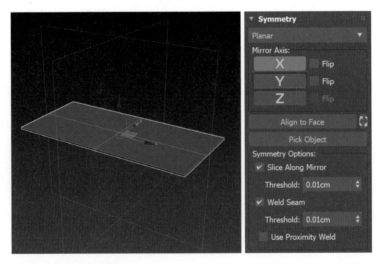

[그림 2.1-194] Y축 활성화

이제 시메트리는 적용했으므로 모델링을 적용하면 됩니다. 시메트리에 의해 [그림 2.1-195]와 같이 A 영역이 미러링되고 있으므로 A 영역을 편집하면 됩니다.

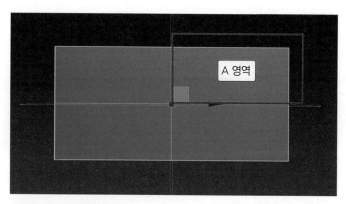

[그림 2.1-195] 편집 영역

[Modifier] 스택은 아래에서 위로 쌓이면서 적용되므로 [Symmetry] 스택 아래에 있는 [Editable Poly] 스택에서 편집해야 합니다. [Editable Poly] 스택을 선택하면 시메트리가 적용되기 전 모습으로 돌아가기 때문에 미러링된 모습을 보면서 편집하기가 수월합니다([Editable Poly] 스택을 선택하면 편집에 따라 바람직하지 않은 결과가 발생할 수 있다는 내용의 경고 메시지가 나타나면 [Yes] 버튼을 클릭해 닫아 줍니다). 이때 [그림 2.1-196]과 같이 [Modifier List] 바로 아래에 있는 [Show end result on/off toggle] 버튼을 활성화합니다. 그럼 [Modifier List]에 있는 스택이 모두 적용된 상태로 전환됩니다(미러 기즈모에 의해 잘린 부분은 주황색 기즈모로 표시됩니다).

[그림 2.1-196] [Show end result on/off toggle] 활성화

에지 서브오브젝트로 전환한 후 [그림 2.1-197]과 같이 식탁 모서리 부분의 에지를 선택한 후 챔퍼를 적용합니다. 네 귀퉁이에 모두 적용되는 것을 알 수 있습니다.

❶ Edge Chamfer Amount: 10.0cm

❷ Connect Edge Segments: 2

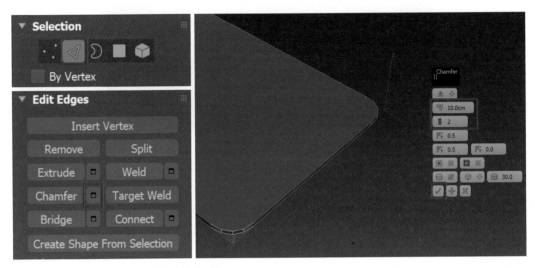

[그림 2.1-197] 모서리 에지를 선택한 후 챔퍼 적용

네 모서리 모델링이 끝났으므로 챔퍼로 생긴 다각형을 정리해 줍니다. [그림 2.1-198]과 같이 서브오브젝트를 빠져나와 [Symmetry] 스택을 선택하고 [Symmetry] 스택 위에 [Edit Poly] 스택을 추가합니다. [Edit Poly]는 폴리곤을 편집하는 기능으로, [Editable Poly]와 동일한 기능을 갖고 있고 [Editable Poly] 스택과 달리 [Modifier List]로 언제든지 추가해 시메트리와 같은 다양한 스택을 쌓은 후의 결과물을 편집할 수 있습니다.

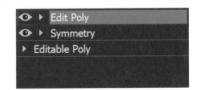

[그림 2.1-198] [Edit Poly] 스택 추가

상단 면이 다각형이므로 삼각형이나 사각형으로 정리해야 합니다. 버텍스 서브오브젝트로 전환해 모든 버텍스를 일일이 연결해도 되지만, 좀 더 간편하게 진행해 보겠습니다. [그림 2.1-199]와 같은 순서대로 가장 먼저 폴리곤 서브오브젝트로 전환해 상단의 폴리곤을 선택한 후 Shift를 누른 상태에서 폴리곤을 생성합니다. 그리고 폴리곤이 선택된 상태에서 [Edit Geometry] 항목의 [Collapse] 버

튼을 클릭하면 선택한 폴리곤이 1개의 버텍스로 합쳐집니다. 이와 똑같은 방법으로 하단 면도 정리해 줍니다.

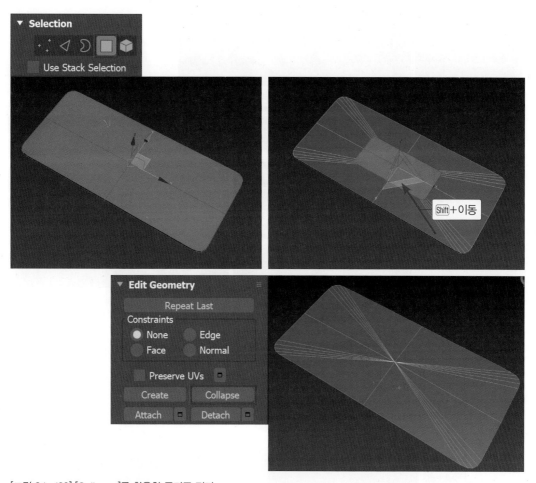

[그림 2.1-199] [Collapse]를 활용한 폴리곤 정리

식탁 상판은 완성됐으므로 이번에는 상판 바로 아래에 있는 상판을 지지하는 틀을 다른 오브젝트로 만들어 주겠습니다. [그림 2.1-200]과 같이 박스를 상판 크기에 맞게 생성한 후 [Editable Poly]로 전환하고 [Smart Extrude]로 형태를 만들어 줍니다. [Smart Extrude]로 폴리곤을 생성할 때 비율이 맞지 않다면 [Inset] 기능을 함께 활용하는 것이 좋습니다.

- **Amount**: 2.0cm

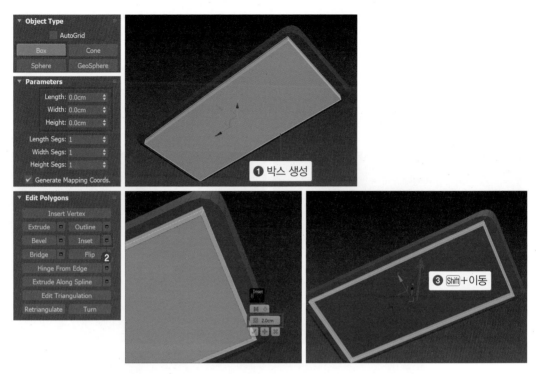

[그림 2.1-200] 상판 틀 제작

에지를 정리하겠습니다. 상판에 가려 잘 보이지 않으므로 틀만 보일 수 있게 [Isolate] 기능을 이용해 보겠습니다. 뷰포트 아래에 있는 [Isolate Selection] 버튼을 활성화하면 선택한 오브젝트를 제외한 나머지를 숨길 수 있습니다.

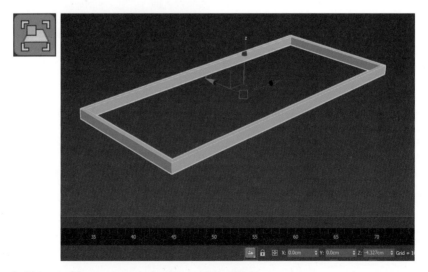

[그림 2.1-201] [Isolate Selection] 버튼으로 상판 비활성화

[Hide]/[Unhide]

[Isolate] 기능과 비슷한 기능이 [Hide]입니다. [Isolate]는 선택한 오브젝트가 독립적으로 보이도록 다른 오브젝트를 비활성화해 주는 기능이지만, [Hide]는 다수의 오브젝트를 선택적으로 활성/비활성화할 필요가 있을 때 쓰는 기능입니다.

사용 방법은 비활성화하고자 하는 오브젝트를 선택한 후 마우스 오른쪽 버튼을 클릭하면 나타나는 [쿼드] 메뉴에서 [Hide Selection]을 선택하면 됩니다. 이와 반대로 선택한 것을 제외한 나머지를 비활성화하는 것은 [Hide Unselection]입니다.

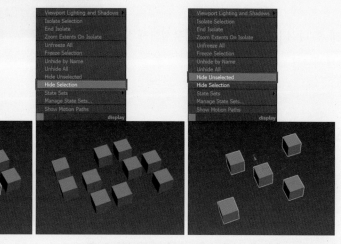

[그림 2.1-202] [Hide Selection], [Hide Unselection] 사용 방법

이렇게 비활성화된 오브젝트는 [Unhide All]로 모두를 활성화하고 [Unhide by Name]으로 일부만 활성화합니다.

그리고 [Hide]/[Unhide]는 [그림 2.1-204]와 같이 [Scene Explorer] 패널에서 오브젝트 앞에 있는 눈 표시를 토글하면서 사용할 수도 있습니다.

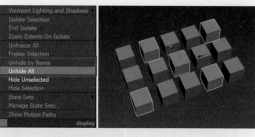

[그림 2.1-203] [Unhide All]과 [Unhide by Name]

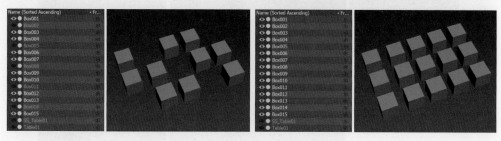

[그림 2.1-204] [Scene Explorer] 패널을 이용한 [Hide]/[Unhide] 기능 사용

틀만 보이는 상태에서 보면 상단에 면이 있습니다. 이와 같이 다른 오브젝트에 가려져 보이지 않는 폴리곤들은 실시간 엔진에서 쓸데없이 리소스만 낭비하게 되므로 정리해 주는 것이 좋습니다. [그림 2.1-205]와 같이 상단의 폴리곤을 삭제합니다.

삭제 후 다시 [Isolate] 버튼을 비활성화해 모든 오브젝트를 나타나게 합니다.

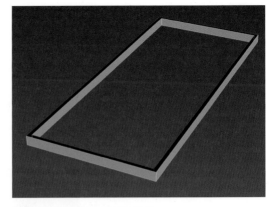

[그림 2.1-205] 상단 폴리곤 삭제

식탁 다리 제작하기

이번에는 식탁 다리를 만들어 보겠습니다. 식탁 다리도 시메트리를 이용하면 효율적입니다.

박스를 만든 후 원점에 위치시키고 [Editable Poly]로 전환한 다음 [그림 2.1-206]과 같이 [Symmetry] 스택을 쌓아 줍니다. 다리도 X, Y축을 활성화해 미러링되게 합니다.

- **Length:** 5.0cm
- **Width:** 10.0cm
- **Height:** 70.0cm

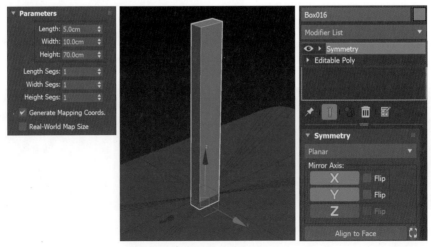

[그림 2.1-206] 박스를 생성한 후 [Symmetry] 스택 추가

예시 이미지를 보면서 [Editable Poly] 스택으로 돌아와 [Show and Result On/Off Toggle] 버튼을 활성화한 후 [Show and Result On/Off Toggle], 엘리먼트 서브 오브젝트로 전환하고 엘리먼트를 선택한 다음 [그림 2.1-207]과 같이 위치, 각도, 회전을 조정해 주면 다리의 대략적인 형태가 완성됩니다.

[그림 2.1-207] 다리 형태 만들기 1

[그림 2.1-208]과 같이 에지 서브오브젝트로 전환한 후 챔퍼를 이용해 다리 바깥 모서리 부분에 모따기해 주면 부드러운 곡선 형태가 됩니다. 챔퍼 이용 시 설정 메뉴의 [Edge depth]를 조절하면 곡선의 정도를 조절할 수도 있습니다([Show and Result On/Off Toggle]이 활성화되면 선택한 에지가 노란색으로 표현됩니다).

- **Edge Chamfer Amount:** 2.0cm
- **Connect Edge Segments:** 1
- **Edge Depth:** 0.3

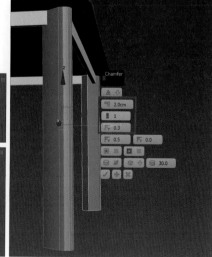

[그림 2.1-208] 다리 형태 만들기 2

다리 하단 면의 크기를 작게 조정해 디테일을 살려 줍니다.

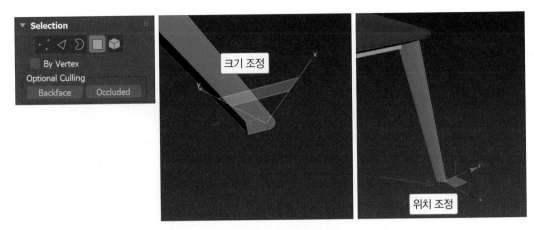

[그림 2.1-209] 다리 형태 만들기 3

에지를 정리합니다. 가장 먼저 [Isolate Selection] 토글 버튼을 활성화합니다. [그림 2.1-210] 과 같이 상단 면은 상판과 겹쳐 보이지 않으므로 삭제합니다. 하단 면은 다각형이므로 상판처럼 [Collapse]를 이용하면 삼각형을 만들 수 있습니다.

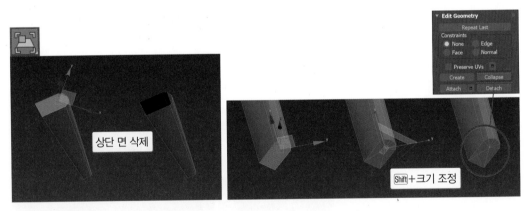

[그림 2.1-210] 상단 면과 하단 면 처리

서브오브젝트를 빠져나온 후 [Isolate Selection]을 다시 비활성화하면 식탁을 구성하는 오브젝트 제작이 모두 끝납니다.

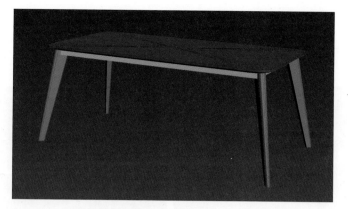

[그림 2.1-211] 식탁 모델링 완성

이제 이 오브젝트를 [Attach]로 합치는 일만 남았습니다. 하지만 시메트리가 적용된 오브젝트는 UV도 함께 적용되는 특징이 있으므로 UV 작업을 하고 난 후에 합치는 것이 효율적입니다.

→ 재질을 적용하기 위해 UV 펼치기

먼저 상판의 UV를 펼쳐 보겠습니다. 콘 하단의 지지대 부분을 펼치는 방법을 응용하면 됩니다. 서브오브젝트가 활성화돼 있다면 비활성화하고 [그림 2.1-212]와 같이 스택의 최상단에 [Unwrap UVW] 스택을 추가한 후 텍스처 영역을 [Texture Checker]로 변경해 비율을 비교할 수 있게 세팅합니다. 그런 다음 하단 면을 선택하고 [Quick Planar Map]으로 펼쳐 줍니다. 그리고 텍스처 영역의 상단에 정리합니다(각 파트를 작업할 때마다 [Isolate Selection]을 활용하면 좀 더 편하게 작업할 수 있습니다).

[그림 2.1-212] 상판 하단 면 UV 전개

나머지 부분은 [그림 2.1-213]과 같이 [Quick Planar Map]으로 펴 준 후 모서리 부분의 에지를 [Break]로 분리합니다.

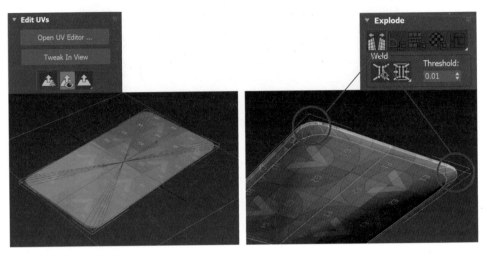

[그림 2.1-213] 상판 상단 면 UV 전개 1

다시 폴리곤 서브오브젝트로 전환한 후 [그림 2.1-214]와 같이 [Relax Tool]을 적용합니다. 지금 부터는 [Relax Tool] 설정 창으로 설정한 후 [Relax: Custom] 버튼으로 설정 값을 바로 적용하겠습니다. 릴렉스를 적용한 후 텍스처 외곽으로 잘 정리해 둡니다.

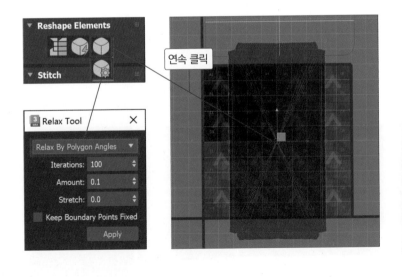

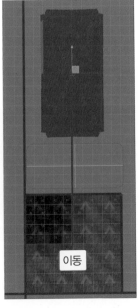

[그림 2.1-214] 상판 상단 면 UV 전개 2

서브오브젝트 모드를 빠져나와 상판 틀 오브젝트를 선택한 후 [Unwrap UVW] 스택을 적용합니다. [그림 2.1-215]와 같이 각도에 따라 자동으로 면을 분리해 정리해 주는 [Flatten]을 사용해 보겠습니다. 사용 방법은 릴렉스와 비슷합니다. [Edit UVWs] 패널을 연 후 메뉴 바의 [Mapping-Flatten Mapping] 또는 [Explode] 항목의 [Flatten: Custom] 버튼을 계속 누르면 세팅 창이 나타나는데 둘다 같은 버튼입니다. [Flatten Mapping] 창을 열고 세팅이 완료되면 [OK] 버튼을 클릭해 세팅을 저장하는 즉시 기능이 작동되고 세팅이 완료된 이후 패널의 [Flatten: Custom] 버튼을 누르면 설정대로 바로 작동합니다.

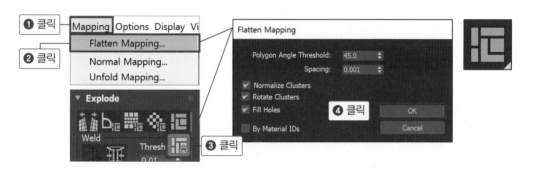

[그림 2.1-215] [Flatten Mapping] 적용 방법

폴리곤 서브오브젝트로 모든 폴리곤을 선택한 후 [Flatten: Custom]을 적용하면 [그림 2.1-216]과 같이 설정 각도(45°)에 따라 UV가 분리돼 비율에 맞게 텍스처 영역에 배치된 것을 알 수 있습니다.

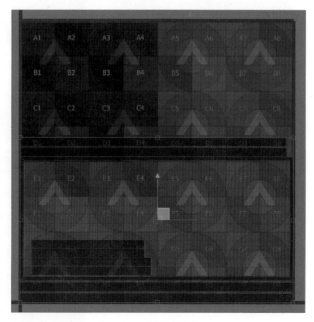

[그림 2.1-216] [Flatten: Custom] 적용 결과

이대로 분리된 채 끝낼 수도 있지만, [그림 2.1-217]과 같이 눈에 띄는 부분은 UV를 연결해 주는 것이 자연스럽습니다.

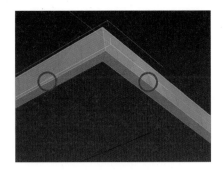

[그림 2.1-217] 연결해야 할 부분

이번에는 분리된 엘리먼트를 이어 주는 작업을 진행하겠습니다. 떨어진 엘리먼트를 이어 주는 기능이 [Stitch]입니다. [Stitch] 버튼은 [그림 2.1-218]과 같이 [Edit UVWs] 윈도우의 우측 패널에 있습니다. 일반적으로 에지 서브오브젝트에서 많이 활용하는데, 좌측부터 선택한 에지를 붙여야 할 대상에지에 직접 이동해 붙이게 할 것인지, 중간 지점에서 붙이게 할 것인지, 붙어야 할 대상을 오게 할 것인지에 따라 나뉘고 우측의 [Stitch : Custom] 버튼은 설정에 따라 다르지만, 붙여야 할 대상 엘리먼트를 통째로 왜곡 없이 그대로 가져오고자 할 때 자주 쓰입니다.

[그림 2.1-218] [Stitch] 버튼의 특징

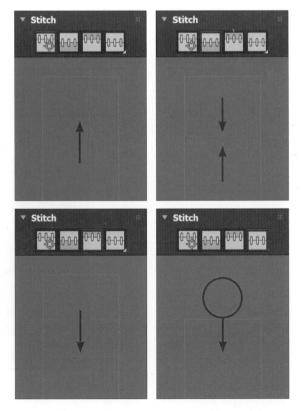

[Stitch]를 이용해 연결해 보겠습니다. [그림 2.1-219]와 같이 에지 서브오브젝트 상태에서 연결할 에지를 선택한 후 [Stitch: Custom] 버튼을 클릭합니다.

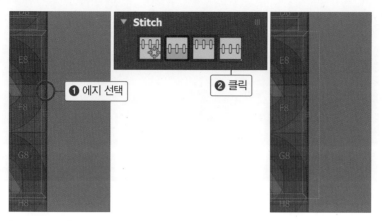

[그림 2.1-219] 스티치 기능으로 UV 엘리먼트 연결

이 과정을 네 변 모두 진행합니다.

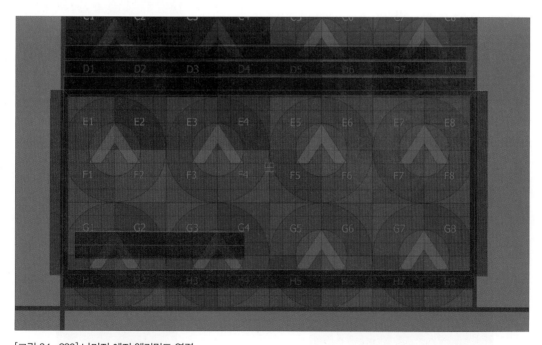

[그림 2.1-220] 나머지 에지 엘리먼트 연결

안쪽은 그대로 두겠습니다. 이제 텍스트 영역의 밖에 정리해 둡니다.

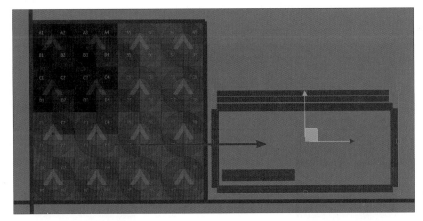

[그림 2.1-221] 상판 틀 UV 엘리먼트 정리

다리 UV를 펴 보겠습니다. 반복 작업을 피하기 위해 시메트리 기능을 이용하겠습니다. [Symmetry] 스택이 적용되기 전에 [Unwrap UVW]를 먼저 적용하는 방법입니다. [그림 2.1-222]와 같이 [Editable Poly] 스택을 선택한 후 [Unwrap UVW] 스택을 추가하면 [Symmetry] 스택과 [Editable Poly] 사이에 추가됩니다.

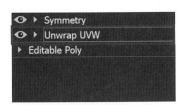

[그림 2.1-222] [Symmetry] 스택과 [Editable Poly] 사이에 [Unwrap UVW] 스택 추가

이제 [Editable Poly]에 있는 다리를 펴 주겠습니다. [그림 2.1-223]과 같이 하단 면은 [Quick Planar Map]으로 펼치고 텍스처의 외곽에 정리합니다.

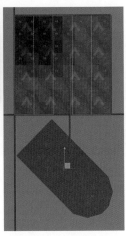

[그림 2.1-223] 다리 바닥면 UV 전개

측면은 [그림 2.1-224]와 같이 [Flatten Mapping]으로 펴 주는데, 설정을 통해 폴리곤 각도를 올려 적용합니다.

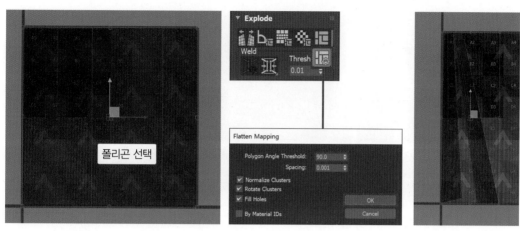

[그림 2.1-224] [Flatten Mapping]으로 UV 엘리먼트 분해

분리된 엘리먼트는 스티치로 연결한 후 릴렉스로 균일하게 펴 줍니다.

[그림 2.1-225] 다리 측면 UV 전개

뷰포트를 보면 텍스처 패턴의 숫자가 뒤집어진 것을 알 수 있습니다. 측면 UV 엘리먼트를 회전한 후 바닥면도 비율에 맞게 조정합니다. 그리고 텍스처의 외곽에 잘 정리해 둡니다.

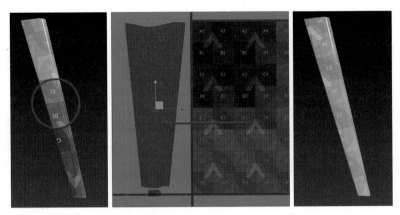

[그림 2.1-226] 다리 UV 엘리먼트 정리

이렇게 다리 하나를 편 후 시메트리를 적용하면 어떤 결과가 나타나는지 확인해 보겠습니다. [Symmetry] 스택이 적용된 위에 [Unwrap UVW] 스택을 쌓아 [Edit UVWs] 윈도우로 확인해 보면 [그림 2.1-227]과 같이 작업한 것과 다를 바 없는 모습이지만, 엘리먼트를 선택해 이동해 보면 같은 엘리먼트가 겹쳐 있는 것을 알 수 있습니다. 시메트리로 UV가 펴진 상태로 복제돼 겹쳐진 것입니다.

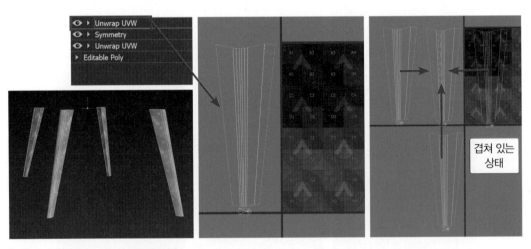

[그림 2.1-227] 시메트리 후 UV 전개 확인

이렇게 UV를 전개한 후 시메트리를 적용하면 작업을 효율적으로 할 수 있습니다.

UV 전개를 모두 마무리했으므로 [Attach]로 1개의 오브젝트로 합쳐야 하는데, 오브젝트마다 스택이 쌓인 상태로 합치면 오류가 생길 가능성이 있습니다. 따라서 쌓인 스택을 확정 짓는 작업을 해야 합니다.

[그림 2.1-228]과 같이 각 오브젝트의 스택에서 마우스 오른쪽 버튼을 클릭한 후 [Collapse All]을 클릭하면 스택이 적용된 상태로 [Editable Poly] 스택만 남게 됩니다.

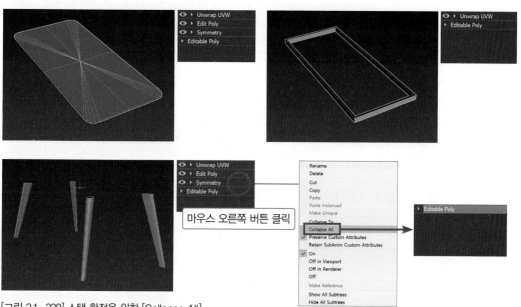

[그림 2.1-228] 스택 확정을 위한 [Collapse All]

마지막으로 상판을 기준으로 [Attach]합니다.

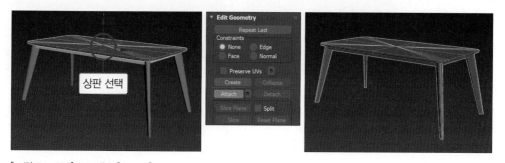

[그림 2.1-229] 오브젝트 [Attach]

→ 머티리얼 적용하기

재질을 적용해 보겠습니다. [그림 2.1-230]과 같이 이 책에서 제공하는 텍스처를 머티리얼 에디터를 이용해 적용합니다.

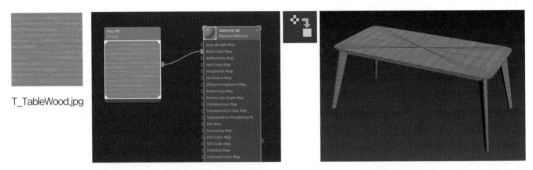

T_TableWood.jpg

[그림 2.1-230] 나무 질감 텍스처(T_TableWood.jpg)와 머티리얼 적용

오브젝트가 결합돼 있으므로 UV 배치를 다시 진행해야 하는데, 텍스처가 단일 재질이므로 나뭇결의 무늬만 신경 쓰면 큰 고민 없이 배치할 수 있습니다. 심지어 다리 UV도 겹쳐 있는 상태 그대로 적용해도 무리는 없어 보입니다. [그림 2.1-231]과 같이 [Unwrap UVW] 스택을 적용한 후 [Edit UVW] 창을 열어 텍스처를 등록한 텍스처로 변경하고 텍스처 영역 안에 나뭇결을 신경 쓰면서 꽉 차게 회전, 배치합니다.

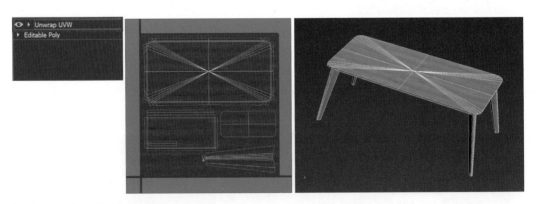

[그림 2.1-231] UV 재배치

시메트리를 이용한 식탁이 완성됐습니다.

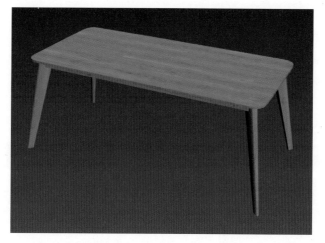

[그림 2.1-232] 식탁 완성

시메트리의 다양한 기능

시메트리의 대칭 유형에는 '평면형(Planar)'와 '방사형(Radial)'이 있습니다. 과거에는 평면형으로만 작동해 축간의 미러링으로만 사용했습니다. 하지만 [그림 2.1-233]과 같이 원형으로 반복된 형태를 미러링으로 제작할 수 있는 방법이 필요했고 'Radial Symmetry'라는 외부 플러그인을 사용하기도 했습니다. 하지만 버전이 업데이트되면서 시메트리 기능에 방사형이 추가되고 플러그인을 대체할 수 있게 됐습니다.

[그림 2.1-233] 방사형의 오브젝트 예시

간단한 모델링 실습을 통해 시메트리의 방사형 타입을 사용하는 방법에 대해 알아보겠습니다. [그림 2.1-234]에서 보이는 원형 테이블의 상판은 실린더, 아래 다리 부분의 구조는 시메트리를 이용해 만들 계획입니다.

[그림 2.1-234] 실습 예제

1

1.1

2

2.1

2.2

2.3

3

3.1

3.2

4

4.1

4.2

[그림 2.1-235]와 같이 상판은 실린더를 이용해 만들고 에지도 정리해 줍니다.

- **Radius:** 30.0cm
- **Height:** 2.0cm
- **Height Segments:** 1
- **Cap Segments:** 1
- **Sides:** 16

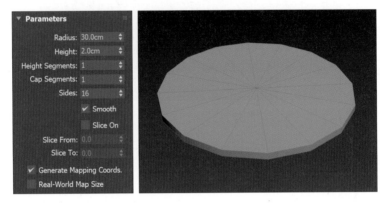

[그림 2.1-235] 상판 실린더 생성

아래 다리 부분은 윗판을 복사해 만들어 주면 좋을 것 같습니다. 복사는 [Object] 모드에서 Shift를 누른 상태로 이동하면 [Clone Option] 패널이 나타나는데, 여기서 [Copy]를 클릭해 이름을 정해 주고 [OK] 버튼을 클릭하면 됩니다(좀 더 자세한 내용은 나중에 다시 배우겠습니다). 우리가 일반적으로 사용하는 Ctrl + C를 이용한 복사는 3ds Max에서 다른 단축키로 사용되기 때문에 사용하지 않습니다.

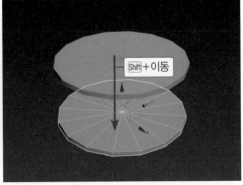

[그림 2.1-236] 상판 오브젝트 복사

복제 후에는 [Smart Extrude]로 구멍을 내고 두께도 얇게 조정합니다.

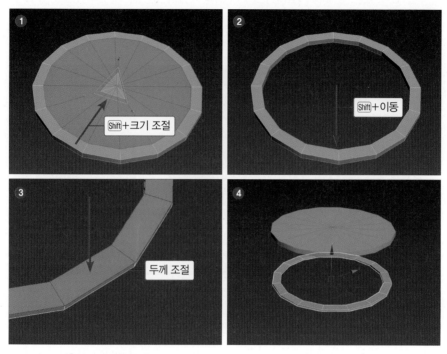

[그림 2.1-237] 다리 모양 만들기

4개의 다리를 동시에 만들기 위해 시메트리를 적용하겠습니다. [그림 2.1-238]과 같이 타입을 [Radial]로 변경합니다.

[그림 2.1-238] 시메트리를 적용한 후 타입을 [Radial]로 변경

타입과 함께 [Symmetry Options:-Count] 항목에 '4'를 입력하면 [그림 2.1-239]와 같이 뷰포트에서 기즈모가 접혀 있는 형태로 보입니다. 이 기즈모 사이의 형태를 피자 조각처럼 나눠 원형을 반복해 미러링한다고 생각하면 됩니다. 카운트 숫자는 원형을 몇 개로 나눌 것인지를 의미합니다.

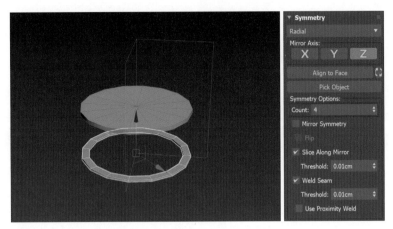

[그림 2.1-239] 카운트 설정에 따른 기즈모 변경

기즈모 사이에 다리를 만들면 되겠죠? 얇은 다리를 만들기 위해 [Editable Poly] 스택으로 돌아가 [그림 2.1-240]처럼 에지를 선택한 후 챔퍼를 이용해 폴리곤을 만듭니다. [Show end result on/off toggle] 버튼을 활성화하면 네 방향 모두 함께 적용되는 것을 보면서 작업할 수 있습니다.

- **Edge Chamfer Amount:** 0.5cm
- **Connect Edge Segments:** 0

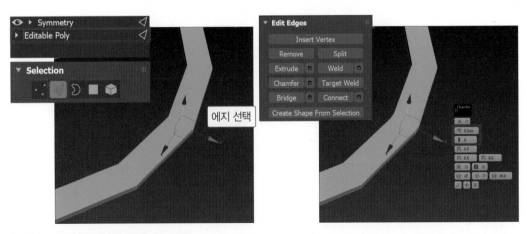

[그림 2.1-240] 챔퍼를 이용한 폴리곤 생성

이제 생성된 폴리곤을 선택해 Shift를 누른 상태에서 위로 이동하면 면이 뽑아집니다. 이와 동시에 다른 미러링되는 부분에도 다리가 생성되는 것을 알 수 있습니다.

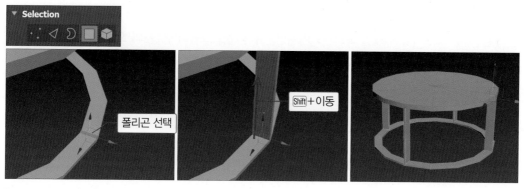

[그림 2.1-241] 다리 생성

카운트 설정과 기즈모 회전을 응용하면 예시 이미지와는 다른, 다리가 많은 테이블도 가능합니다.

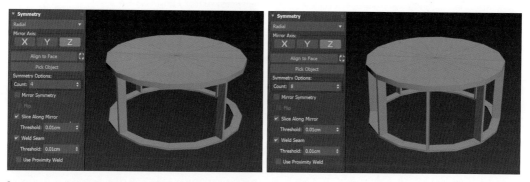

[그림 2.1-242] 카운트 설정과 기즈모 회전을 응용한 테이블

마지막으로 UV 작업과 머티리얼 작업을 진행하면 [그림 2.1-243]과 같이 완성된 모습을 알 수 있습니다. 이 과정은 앞의 식탁 제작과 비슷하므로 생략하겠습니다.

[그림 2.1-243] 시메트리의 방사형 타입을 활용한 테이블 제작 완료

➜ 링크를 이용해 오브젝트 그룹화하기

식탁은 대부분 의자와 세트입니다. 특히, 식탁과 의자는 상황에 따라 개별적인 변형이 이뤄질 수 있는 오브젝트입니다. [Attach]를 이용해 하나의 오브젝트, 즉 한 덩어리로 만들어 편집하는 것과는 다른 개념이죠. 이렇게 개별 오브젝트이지만, 여러 개를 그룹화해 1개의 오브젝트처럼 관리하기 위한 방법 중 대표적인 것이 [Link]입니다. [Link]는 단어의 뜻 그대로 오브젝트와 오브젝트를 연결하는 방식으로 작동합니다. 의자 모델링을 가져와 식탁과 연결하는 실습을 통해 링크에 대해 알아보겠습니다.

[그림 2.1-244]는 이 책에서 제공하는 3ds Max로 만든 의자 모델링 파일입니다. 이 모델링 데이터를 식탁이 있는 신(scene) 뷰포트에 드래그 앤 드롭합니다. [Merge File]을 클릭한 후 뷰포트에 위치시킵니다(만약, 머지할 때 머티리얼과 관련된 설정 창이 나타나면 다른 이름으로 입력하거나 [오토 세팅]을 선택해 자동으로 새로운 머티리얼이 생성되도록 합니다).

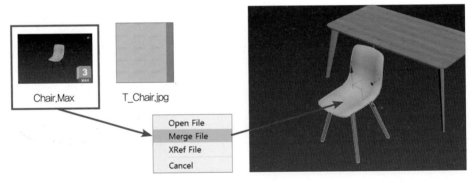

[그림 2.1-244] 식탁 신(Scene)에 의자 모델링 합치기

의자 오브젝트를 복제한 후 식탁에 잘 배치합니다(오브젝트 모드에서 Shift + 이동).

[그림 2.1-245] 의자 복사 후 배치

지금은 독립적인 오브젝트 상태입니다. [Scene Explore]를
보면 오브젝트 리스트가 독립적인 것을 알 수 있습니다.

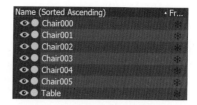

[그림 2.1-246] [Scene Explore]의 [Object List]

식탁을 중심으로 의자를 연결할 예정입니다. 의자를 선택한 후 [그림 2.1-247]과 같이 화면 좌측
상단의 [Select and Link] 버튼을 클릭해 활성화한 후 의자에서 식탁으로 드래그 앤 드롭합니다. 이
어서 다른 의자도 연결하려면 연결할 의자를 클릭한 후 [Select and Link] 버튼이 활성화된 상태에서
연결할 대상으로 드래그합니다(이동 모드와 같은 다른 툴을 클릭하면 링크 모드가 자동으로 취소됩니다).

[그림 2.1-247] 의자를 식탁을 중심으로 링크(link)하는 방법

[Scene Explore]를 보면 식탁 오브젝트 앞에 접고 펼칠 수
있는 삼각형 아이콘이 생기고 그 아래에 의자 오브젝트가 들
어가 있는 것을 알 수 있습니다. 이런 구조를 '하이어라키
(Hierarchy)'라 하고 식탁을 기준으로 의자가 속해 있는 것을
'부모, 자식 관계'라고 합니다. 즉, 식탁이 부모가 되고 의자가
자식이 되는 것입니다.

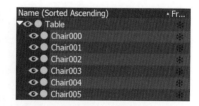

[그림 2.1-248] [Scene Explore]에서
식탁과 의자의 하이어라키 관계

부모 오브젝트를 선택한 후 이동, 회전, 크기를 조절하면 자식으로 존재하는 오브젝트도 부모를
기준으로 영향을 받게 됩니다. 이와 반대로 자식 오브젝트를 선택한 후 변형하면 부모에는 영향을
미치지 않고 본인 자신만 변형하게 되는 특징을 갖게 됩니다. 그러면 [그림 2.1-249]와 같이 부모

자식 간의 관계를 이용해 식탁과 의자의 배치를 자유롭게 조정할 수 있게 되는 것입니다. 특히, 다중 복제, 자유 배치가 많은 장면에 유용합니다. 단, 복사할 때는 링크와는 상관없이 선택한 오브젝트만 복제된다는 것에 유의하기 바랍니다.

[그림 2.1-249] 링크로 연결된 오브젝트의 배치

이와 반대로 링크를 풀 때는 자식 오브젝트를 선택한 후 [그림 2.1-250]과 같이 [Unlink Selection]을 클릭하면 연결이 해제됩니다.

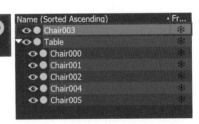

자식 오브젝트 선택

[그림 2.1-250] 링크 해제

지구본에도 앞에서 예제로 사용했던 링크를 사용하는 것이 좋습니다. 지구본에서는 [Attach]를 이용해 1개의 오브젝트로 만들어 동시에 편집은 할 수 있지만, 개별적으로 애니메이션을 주거나 특정 기능을 추가할 수는 없습니다. 하지만 링크로 독립된 오브젝트로 연결됐다면 링크의 특성상 자식 오브젝트에 변형을 줄 수 있으므로 지구본의 지구 부분을 자식으로 설정해 회전하는 애니메이션이나 상호 작용 기능을 넣으면 부모를 이용해 지구본을 배치하고 특정 상황에 따라 지구만 회전하는 연출을 할 수 있게 됩니다.

2.2 자유로운 선을 폴리곤으로, 스플라인 모델링

이번에는 '스플라인(Spline)'이라는 데이터 타입으로 모델링해 보겠습니다. 지금까지는 면 또는 덩어리로 모델링하는 폴리곤 모델링 방식이었다면, 스플라인 모델링은 선을 이용해 형태를 만들어 나가는 방식입니다. 마치 선으로 밑그림을 그리고 입체로 뽑아 내는 방식이라고 생각하면 됩니다.

폴리곤의 가장 큰 특징은 버텍스와 버텍스 사이에는 직선만 존재하지만, 스플라인은 곡선도 존재한다는 점입니다. 따라서 벡터를 다루는 2D 프로그램처럼 핸들(handle)을 이용해 버텍스와 버텍스 사이의 곡선을 컨트롤하게 됩니다.

[그림 2.2-1] 폴리곤과 스플라인의 버텍스와 버텍스 연결 차이

실시간 엔진이 폴리곤 모델링 방식의 데이터를 연산하고 폴리곤 모델링 방식으로도 충분히 모델링할 수 있는데도 3ds Max에 스플라인을 이용하는 방법이 존재하는 이유는 3ds Max를 제공하는 회사인 오토데스크 사에서 '오토캐드(AutoCAD)'라는 프로그램을 제공하고 있고 오토캐드에서 만들어진 도면인 '*.DWG' 파일은 스플라인 데이터로 돼 있으며 이 데이터의 입체화 요구에 의해 탄생한 것이 3ds Max이기 때문입니다. 이런 과정을 거쳐 발전해 온 것이 지금의 3d Max이기 때문에 [Modifier List]에 있는 기능 중 꽤 많은 기능이 스플라인과 조합하는 기능으로 존재하고 있습니다. 오브젝트를 마우스 오른쪽 버튼으로 클릭하면 나타나는 [Editable Poly]나 [Editable Mesh] 등도 이에 해당합니다.

이렇게 스플라인 데이터를 관리하고 편집하는 방식이 꾸준하게 발전하면서 폴리곤 모델링만으로는 직관적으로 제작하기 어려웠던 형태들을 스플라인 모델링으로 쉽게 제작할 수 있습니다. 특히, 스플라인에 여러 기능이나 스택을 쌓아 올려 사용할 수도 있고 폴리곤으로 전환하기도 쉽기 때문에 배경, 프랍(prob), 캐릭터가 착용하는 오브젝트, 이펙트 등을 만드는 데 보편적으로 많이 사용되고 있습니다. 스플라인 모델링 방식까지 포함해 그래픽 에셋을 만드는 대략적인 과정(파이프라인)을 순서 대로 나열하면 다음과 같습니다.

❶ 스플라인 데이터   ❷ 메시 변환
❸ UV 전개   ❹ 엔진 내보내기

이러한 과정을 바탕으로 오브젝트를 만들면서 스플라인 모델링을 배워 보겠습니다.

2.2-1 스플라인 기초 - 벽시계

이번에는 스플라인 사용법에 대한 기본 개념을 알아보고 [그림 2.2-2]와 같이 벽시계를 만들어 보면서 스플라인 모델링의 프로 세스에 대해 알아보겠습니다. 이번 학습은 부품을 만들어 조립한 다는 개념으로, 부품 하나를 만들 때 UV까지 모두 펴고 진행하는 방식으로 진행하겠습니다.

[그림 2.2-2] 벽시계 예시

✖ **학습 목표**

스플라인(Spline)을 이용해 벽시계를 모델링하고 싶다.

✖ **순서**

❶ 스플라인(Spline) 속성 이해하기
❷ 라인(Line)을 이용해 시곗바늘 만들기
❸ 서클(Circle)을 이용해 외곽 라인 만들기
❹ 시계 무브먼트 만들기
❺ 부품 조립하기와 재질 적용하기

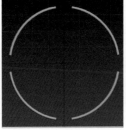
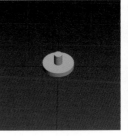

| 시곗바늘 | 외곽 라인 | 시계 무브먼트 | 부품 조립/재질 적용 |

[그림 2.2-3] 벽시계 구현 순서

→ 스플라인 속성 이해하기

스플라인의 가장 기본적인 형태인 라인(Line)을 꺼내 봅니다. 지금까지는 [Creat] 패널에서 [Geometry]를 사용했습니다. 이번에 배울 스플라인은 [그림 2.2-4]와 같이 [Shape] 패널에 있습니다.

[Top] 뷰를 선택한 후 화면 우측 아래에 있는 [Maximaize Viewport Toggle] 버튼을 클릭하거나 Ctrl+W을 눌러 전체 화면으로 설정한 후 [line]을 클릭하고 [그림 2.2-5]와 같이 화면을 클릭하면 버텍스가 생깁니다. 그런 다음 클릭하면 버텍스와 함께 '세그먼트(Segment)'라고 불리는 에지가 생성됩니다. 그리고 여러 번 클릭한 후 라인을 그만 생성하고 싶을 때는 마우스 오른쪽 버튼을 클릭하거나 Esc를 누르면 됩니다.

[그림 2.2-4] [Creat] 패널-
[Shape] 패널

[Top] 뷰 전체 화면

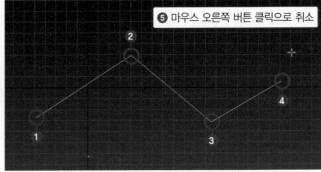

[그림 2.2-5] 라인 생성

계속 클릭하다 다시 처음 버텍스를 클릭하면 '클로즈'할 것인지를 물어보는 메시지가 나타나는데, 이때 [Yes] 버튼을 클릭하면 닫힌 곡선이 그려집니다. 첫 버텍스와 마지막 버텍스가 연결돼 닫힌 상태를 '닫힌(Close) 곡선', 연결되지 않은 상태를 '열린(Open) 곡선'이라고 합니다.

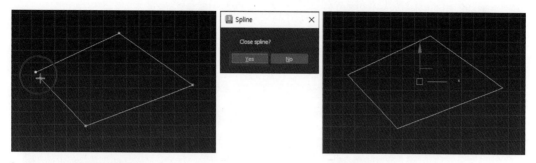

[그림 2.2-6] 닫힌 곡선 생성

버텍스를 생성할 때의 동작은 '클릭하는 것'과 '클릭한 상태로 드래그해 생성하는 것'으로 나뉩니다. [그림 2.2-7]과 같이 '클릭'은 버텍스를 기준으로 꺾인 선을 만들어 내고 '클릭, 드래그'는 버텍스를 기준으로 양옆으로 핸들이 나오면서 곡선을 만들어 내는 것을 알 수 있습니다. 꺾인 선을 만드는 버텍스는 코너(Corner)로 설정된 것이고 곡선이 만들어지는 버텍스는 베지어(Bezier)로 설정된 것으로, 핸들을 조정해 곡선을 조정할 수 있습니다.

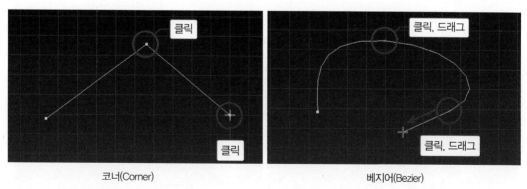

[그림 2.2-7] 버텍스를 생성하는 2가지 방법

버텍스 접선 설정

생성된 버텍스의 접선은 버텍스를 선택한 후 마우스 오른쪽 버튼을 클릭하고 [쿼드] 메뉴에서 [그림 2.2-8]과 같이 설정할 수 있는데, 선택할 수 있는 종류에는 여러 가지가 있습니다. 형태에 따라 적당한 형태를 선택하면 되는데, 지금부터 하나씩 살펴보겠습니다.

- **베지어 코너**(Bezier Corner): 양쪽이 끊어져 꺾인 상태로, 양쪽 선을 독립적으로 조정할 수 있습니다.
- **코너**(Corner): 직선으로 꺾인 상태입니다.
- **베지어**(Bezier): 양쪽이 부드럽게 연결되는 곡선입니다. 핸들을 이용해 각도를 조정할 수 있으며 양쪽에 동시 적용됩니다.
- **스무딩**(Smoothing): 양쪽이 부드럽게 연결되는 곡선입니다. 조정은 불가능합니다.

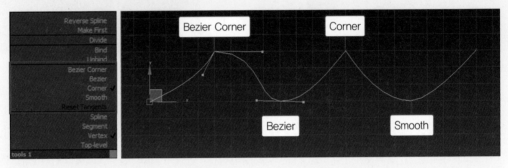

[그림 2.2-8] 버텍스의 연결 설정

라인을 그릴 때 [Top] 뷰인 상태에서 생성했습니다. 반드시 [Top] 뷰일 필요는 없지만, 생성하거나 추가 수정할 때 뷰포트는 [Perspective] 뷰보다 [Front] 뷰, [Top] 뷰, [Left] 뷰처럼 특정한 방향으로 두고 쓰는 것이 좋습니다. [Perspective] 뷰로 그리면 [그림 2.2-9]와 같이 추가 수정을 할 때 카메라가 바라보는 방향에서 0인 위치에 점이 생기는 경우가 있으므로 의도된 형태를 그릴 수 없게 됩니다. 그래서 특정한 방향을 지정해 사용하는 것이 좋습니다.

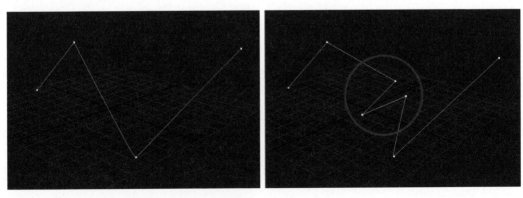

[그림 2.2-9] [Perspective] 뷰에서 스플라인 편집 상황

지금까지 라인의 특징을 알아봤습니다. 이제 본격적으로 벽시계를 만들어 보면서 라인을 조작하거나 편집하는 방법을 배워 보겠습니다.

→ 라인을 이용해 시곗바늘 만들기

먼저 라인으로 시침을 만들어 보겠습니다. [그림 2.2-10]과 같이 [Top] 뷰인 상태로 설정한 후 스냅 버튼을 마우스 오른쪽 버튼으로 클릭해 그리드를 기준으로 스냅될 수 있도록 그리드 스냅을 활성화하고 버텍스 스냅은 비활성화합니다.

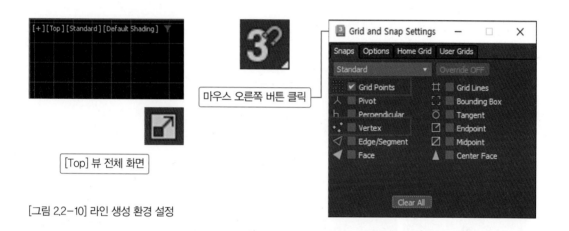

[그림 2.2-10] 라인 생성 환경 설정

그런 다음 [그림 2.2-11]처럼 라인을 활성화한 상태에서 원점을 클릭한 후 그리드 한 칸이 되는 거리를 클릭하고 마우스 오른쪽 버튼을 클릭해 종료합니다. 그리드는 한 칸이 10cm이므로 10cm짜리 시침을 만들게 되는 것입니다.

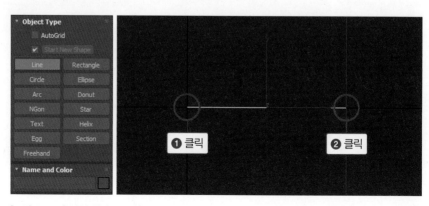

[그림 2.2-11] 라인 생성

[그림 2.2-12]와 같이 [Modify] 패널에서 [Rendering] 패널을 클릭한 후 [Enable In Viewport]를 활성화하면 라인에 메시가 만들어집니다. [Enable In Viewport]는 스플라인 데이터에 원형이나 사각형의 메시를 만들 수 있습니다. [Enable In Viewport] 아래에는 형태를 설정할 수 있는 항목이 있습니다. 시침과 분침은 납작한 사각형으로 이뤄져 있으므로 [Rectangular]를 선택한 후 수치를 형태에 맞게 입력합니다.

- **Length:** 0.5
- **Width:** 1

또한 [Generate Mapping Coords.]를 함께 활성화하면 UV 매핑 작업을 편하게 할 수 있습니다. 전선과 같은 모델링은 실린더 프로젝션으로, 펴려고 하면 휘어져 있고 심을 나눈 후 붙이려고 하면 손이 아주 많이 가게 됩니다. [Generate Mapping Coords.]를 사용하면 실린더로 텍스처 영역에 펴 줍니다. 즉, 양쪽 끝만 손보면 되는 수준으로 만들어 주는 것입니다.

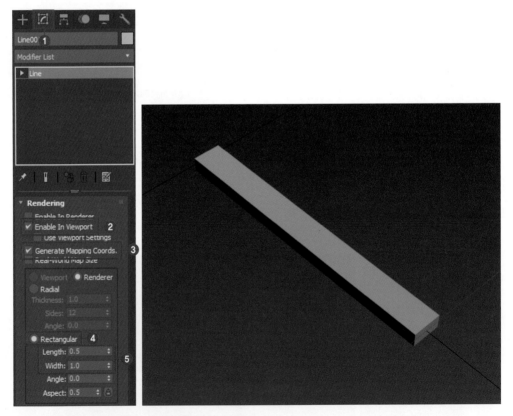

[그림 2.2-12] 라인 모디파이어 설정에 의한 시침 시각화

시침 모양은 나왔으므로 UV 정리를 해 보겠습니다. [Unwrap UVW] 스택을 적용한 후 [Edit UV] 창을 열면 [그림 2.2-13]과 같이 텍스처에 꽉찬 상태로 펼쳐진 것을 확인할 수 있습니다. [Generate Mapping Coords.]를 활성화했기 때문에 프로젝션의 [Cylindrical Map]으로 펴진 것과 같이 라인을 둘러싼 형태로 전개된 것입니다.

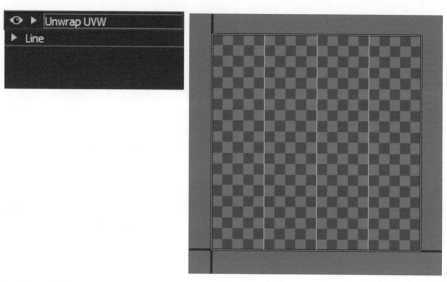

[그림 2.2-13] [Generate Mapping Coords.]에 의해 전개된 UV 상태

간단하게 정리만 하면 될 것 같습니다. 먼저 양끝의 폴리곤을 선택한 후 [Quick Planar Map]을 이용해 분리합니다.

[그림 2.2-14] 시침 양끝 면 UV 분리

[그림 2.2-15]와 같이 남은 측면을 선택해 크기를 비율에 맞게 줄입니다. 시침은 매우 작은 부품이므로 많이 축소해도 됩니다. 비율을 조정한 후에는 텍스처 영역의 외곽으로 잘 정리해 둡니다. 텍스처 영역을 텍스처 패턴으로 설정하면 비율을 정하기가 수월해집니다.

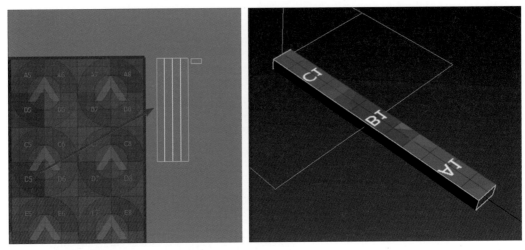

[그림 2.2-15] UV 엘리먼트 크기를 조정한 후 시침 UV 정리

텍스처는 머티리얼을 적용할 때 전체적으로 다시 재배치하고 시침 부품을 완료합니다.

다음으로 라인을 이용해 분침을 만들어 보겠습니다. [Top] 뷰에서 시침보다 길게(그리드 2칸 정도) 라인을 생성합니다(시침 작업 시에 활성화했던 [Enable In Viewport] 설정이 그대로 적용돼 있으면 작업에 방해가 되므로 비활성화합니다).

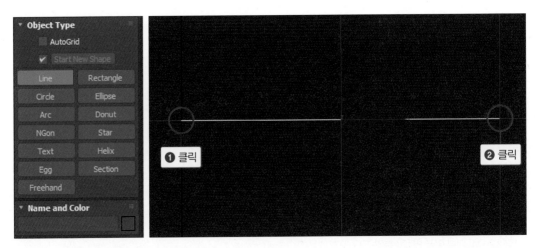

[그림 2.2-16] 분침용 라인 생성

분침은 곡선이 들어간 형태이므로 [그림 2.2-17]과 같이 [Modify] 패널에서 세그먼트(Segment) 서브오브젝트로 전환한 후(단축키: ②) 세그먼트를 선택합니다.

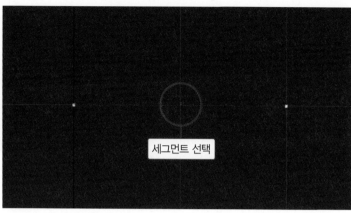

[그림 2.2-17] 세그먼트 서브 오브젝트 전환과 세그먼트 선택

곡선을 만들기 위해서는 꺾이는 지점마다 포인트를 만들어야 합니다. [Divide]는 선택한 세그먼트를 균등하게 나누는 기능으로, 세그먼트에 필요한 포인트를 만들 수 있습니다. [Modify] 패널에서 [그림 2.2-18]과 같이 [Divide] 버튼의 우측에 '5'를 입력한 후 [Divide] 버튼을 클릭하면 세그먼트에 버텍스가 5개 생성되면서 세그먼트가 총 6개로 나눠집니다.

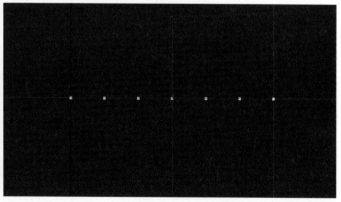

[그림 2.2-18] 세그먼트 6등분

Vertex, Segment, Element

- **Vertex**: 정점을 의미하고 폴리곤 모델링의 버텍스와 같습니다(단축키: ①)
- **Segment**: 버텍스와 버텍스 사이의 선분을 의미하고 폴리곤 모델링의 에지와 같습니다((단축키: ②)
- **Element**: 버텍스와 세그먼트로 이뤄진 하나의 구조물을 의미합니다. 열린 곡선이든, 닫힌 곡선이든 이 어져 있는 하나의 구조물이면 하나의 엘리먼트입니다. 폴리곤 모델링의 엘리먼트와 같습니다(단축키: ③).

[그림 2.2-19] Vertex, Segment, Element

[그림 2.2-20]과 같이 버텍스 서브오브젝트(단축키: ①)로 전환한 후 버텍스를 이동해 곡선이 생길 수 있는 포인트를 만들어 줍니다.

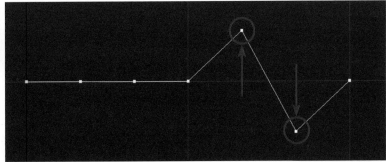

[그림 2.2-20] 곡선 포인트 생성

곡선 포인트를 중심으로 굴곡을 만들겠습니다. [그림 2.2-21]과 같이 버텍스를 선택한 후 [Fillet]의 수치에 '1'을 입력하면 곡선이 만들어집니다.

[그림 2.2-21] [Fillet]으로 곡선 생성

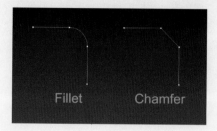
필렛으로 생성된 곡선은 [그림 2.2-23]처럼 [Interpolation]를 이용해 곡선의 부드러운 정도를 조정할 수 있습니다. [Steps]의 수치를 작게 하면 '각진 곡선', 높게 하면 '부드러운 곡선'이 됩니다. 수치를 높게 해서 부드럽게 하면 좋지만, 너무 높으면 폴리곤이 많아지므로 적당한 수치로 설정하는 것이 좋습니다.

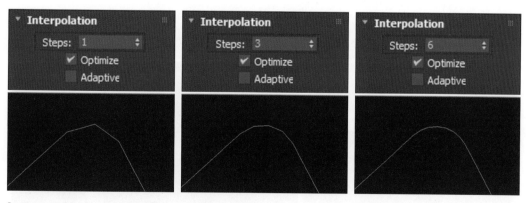

[그림 2.2-23] [Interpolation]에 의한 곡선의 부드러움 조정

[그림 2.2-24]와 같이 렌더링 패널에서 [Enable In Viewport]를 활성화한 후 사각형 형태로 설정하고 [Generate Mapping Coords.]를 활성화해 UV를 펴 주도록 설정합니다.

- **Length:** 0.5
- **Width:** 1

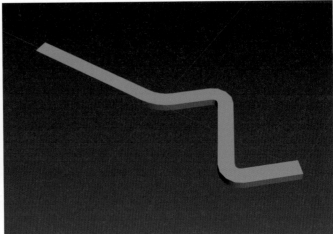

[그림 2.2-24] 분침 시각화

[Unwrap UVW] 스택을 올려 UV를 정리합니다. 시침과 같이 [Generate Mapping Coords.]를 활성화했기 때문에 [Edit UVW] 창의 텍스처 영역에 꽉찬 형태로 펼쳐져 있습니다. 이와 같은 방법으로 [그림 2.2-25]와 같이 양끝 면을 [Quick Planner Map]으로 펼쳐 주고 크기를 조절해 텍스처 외곽에 잘 정리해 둡니다.

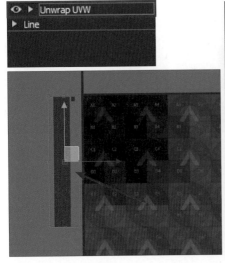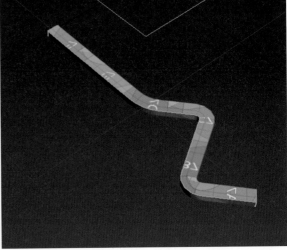

[그림 2.2-25] 분침 UV 엘리먼트 크기 조정 후 정리

시침과 분침 모델링을 완료한 후 오브젝트의 이름을 알아보기 쉽게 시침은 'Hour hand', 분침은
'Minute hand'로 바꾸겠습니다.

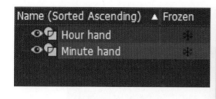

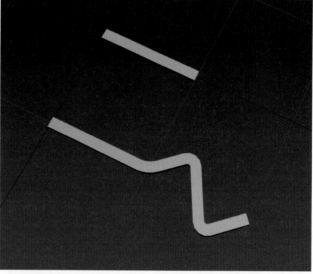

[그림 2.2-26] 시곗바늘 모델링 완료

→ 서클을 이용해 외곽 라인 만들기

[Create] 패널의 스플라인 항목에는 [그림 2.2-27]과 같이
라인뿐 아니라 스플라인으로 이뤄진 다양한 도형이 준비돼
있습니다. 그중에서 서클을 써 보겠습니다.

[그림 2.2-27] 스플라인으로 이뤄진 다양한 도형

[Circle]을 클릭, 드래그하면 원이 생깁니다. [그림 2.2-28]과 같이 파라미터에서 반지름을 정합니다([Modifier] 패널에서 [Enable In Viewport]가 활성화돼 있다면 비활성화합니다).

· **Radius:** 35

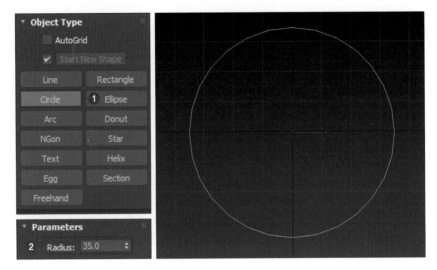

[그림 2.2-28] 서클 생성

예시 이미지를 보면 서클이 동서남북으로 끊어져 있는 것을 알 수 있습니다. 이런 형태를 만들기 위해서는 서클을 편집해야 하는데, 서클은 버텍스, 세그먼트의 서브오브젝트가 없습니다. 따라서 스플라인을 편집하기 위해서는 [그림 2.2-29]와 같이 [Edit Spline] 스택을 적용해야 합니다. 폴리곤 모델링의 [Edit Poly] 스택과 비슷한 개념입니다.

[그림 2.2-29] [Edit Spline] 스택 적용

이제 서브오브젝트를 선택해 편집할 수 있습니다. [그림 2.2-30]과 같이 버텍스 서브오브젝트로 전환한 후 모든 버텍스를 선택하고 [Fillet]의 수치에 '5'를 입력해 버텍스를 분리합니다. 필렛(Fillet)의 주요 용도는 '모따기'이지만, 곡선을 만드는 속성을 이용하면 서클의 세그먼트를 분리하는 용도로도 사용할 수 있습니다.

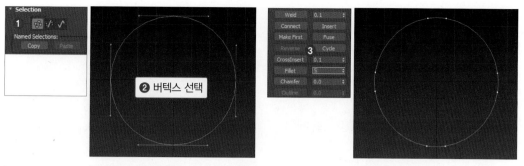

[그림 2.2-30] 필렛(Fillet)으로 버텍스 분리

[그림 2.2-31]과 같이 세그먼트 서브오브젝트로 전환한 후 분리돼 생성된 세그먼트를 모두 선택하고 삭제합니다.

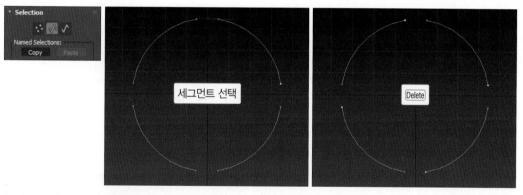

[그림 2.2-31] 생성된 세그먼트 삭제

다시 서클 스택으로 돌아온 후 [Enable In Viewport]를 클릭해 원형(Radial)으로 만들어 주고 [그림 2.2-32]와 같이 수치를 입력해 적당한 형태로 만들어 줍니다. [Generate Mapping Coords.]를 활성화해 UV를 펴지게 설정합니다. [Interpolation]도 '10' 정도로 올려 부드러운 원형으로 만들어 보겠습니다.

- **Thickness:** 1.5
- **Sides:** 8

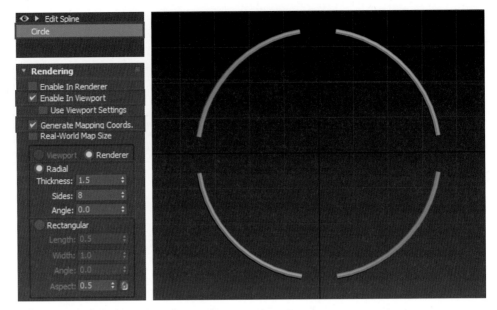

[그림 2.2-32] 서클 시각화

이제 [Unwrap UVW] 스택을 올려 UV를 정리합니다. 방식은 시침, 분침과 같습니다. 다만, 지금 같은 경우에는 4개로 나뉜 서클이 겹친 상태이기 때문에 잘못 선택하면 분리될 수 있습니다. 이 점에 유의하면서 [그림 2.2-32]과 같이 UV를 펴고 텍스처 외곽에 잘 정리해 둡니다.

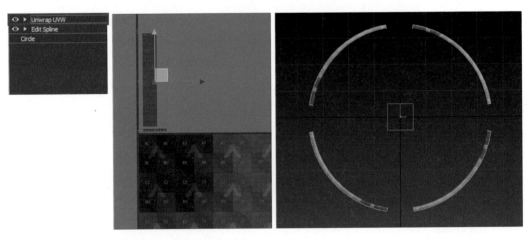

[그림 2.2-33] 외곽 라인 UV 엘리먼트 크기 조정 후 정리

→ 시계 무브먼트 만들기

가운데에 있는 시계 무브먼트는 실린더를 생성해 폴리곤 모델링으로 만들 수도 있지만, 학습을 위해 써클을 이용해 만들어 보겠습니다([Modify] 패널의 [Enable In Viewport]가 활성화돼 있다면 비활성화합니다). [그림 2.2-34]와 같이 써클을 생성합니다.

· **Radius:** 5

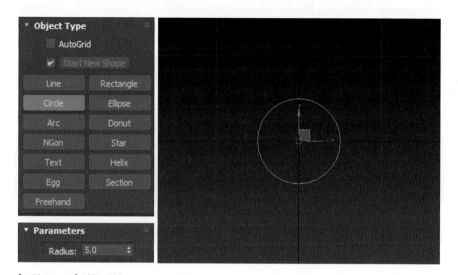

[그림 2.2-34] 써클 생성

생성된 써클에 [그림 2.2-35]처럼 [Extrude] 스택을 적용한 후 [Amount]에 '1.5'를 입력합니다. 그럼 써클라인에서 면이 뽑혀져 실린더 모양이 됩니다. [Extrude] 스택을 이용하면 스플라인을 폴리곤 모델링처럼 편집할수 있게 입체가 됩니다.

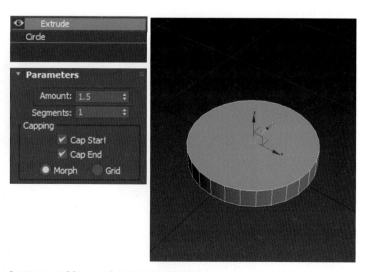

[그림 2.2-35] [Extrude] 스택으로 입체 표현

[그림 2.2-36]과 같이 [Edit Poly] 스택을 적용한 후 [Smart Extrude]를 이용해 시침과 분침이 회전할 수 있는 기둥을 만듭니다.

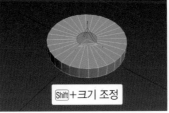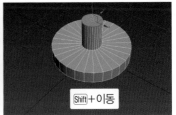

[그림 2.2-36] [Smart Extrude]를 이용해 기둥 제작

[그림 2.2-37]과 같이 상단 면과 하단 면의 폴리곤을 정리하고 마무리합니다.

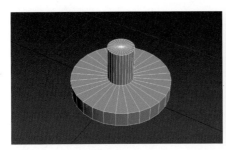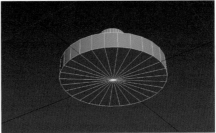

[그림 2.2-37] 상·하단 폴리곤 정리

[Unwrap UVW] 스택을 올려 UV를 펼칠 단계입니다. [그림 2.2-38]과 같이 상단 면과 하단 면은 [Quick Planner Map]으로 펼칩니다.

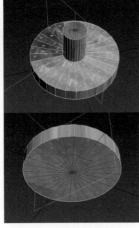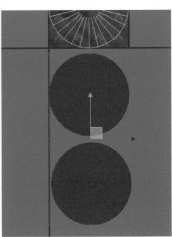

[그림 2.2-38] 상단 면과 하단 면의 UV 전개

측면은 [그림 2.2-39]와 같이 프로젝션의 [Cylindrical Map]으로 펼친 후 기즈모를 회전시켜 심 (Seam)을 단순화합니다.

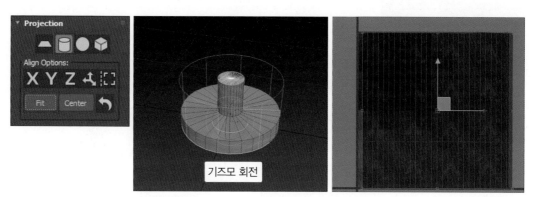

[그림 2.2-39] 프로젝션을 이용해 UV 전개

중간에 꺾이는 부분이 있으므로 일단 [Weld Selected Subobject]로 떨어진 버텍스를 봉합한 후 [Relax]로 펼쳐 줍니다.

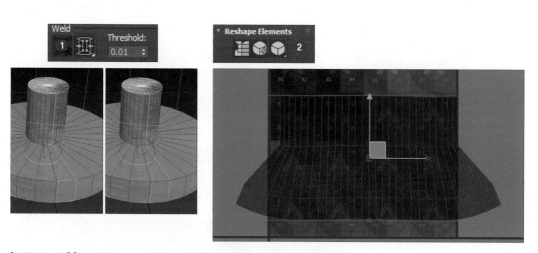

[그림 2.2-40] [Weld Selected Subobject]와 [Relax]를 이용한 UV 전개

릴렉스로 펼치면 컴퓨터 계산대로 펼쳐지다 보니 자유분방한 모습이 될 수밖에 없습니다. 상황에 따라 UV상에서 깔끔하게 정리해야 할 수도 있습니다. 이번에는 이 엘리먼트를 작업자가 의도한 대로 수동으로 펼치는 방법에 대해 알아보겠습니다. 이때 사용하는 것이 [그림 2.2-41]과 같이 [Edit UVWs] 윈도우의 우측 패널에 있는 [Quick Transform] 항목입니다.

[그림 2.2-41] [Quick Transform] 메뉴

이 버튼들은 선택한 서브오브젝트들을 정렬하는 기능으로, 펼쳐진 엘리먼트를 의도적으로 수직, 수평으로 정리하는 작업을 하면서 어떻게 사용하는지 알아보겠습니다.

먼저 버텍스 서브오브젝트로 전환한 후 [그림 2.2-42]와 같은 순서대로 진행합니다.

❶ 한쪽 끝의 버텍스들 선택
❷ [Align verticaly to pivot] 버튼을 클릭해 수직으로 정렬
❸ 겹치면 옆으로 이동해 정리

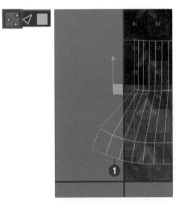

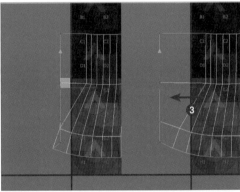

[그림 2.2-42] 한쪽 외곽 수직 에지 정렬

반대쪽 에지도 수직으로 정렬합니다.

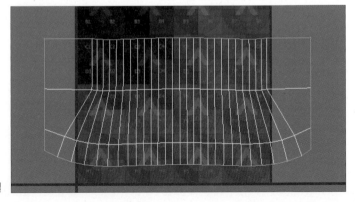

[그림 2.2-43] 반대쪽 에지도 정렬

이번에는 가로로 정렬합니다. [그림 2.2-44]와 같이 첫 번째 줄의 버텍스들을 선택한 후 [Align Horizontally to pivot] 버튼을 클릭해 적용하면 수평으로 정렬되는 것을 알 수 있습니다. 그런 다음 [Space Horizontaly] 버튼을 클릭하면 간격이 균등하게 정렬됩니다.

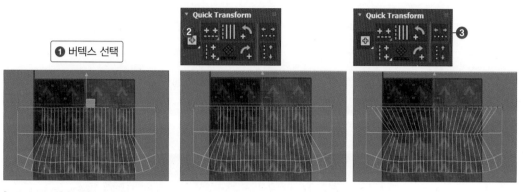

[그림 2.2-44] 첫 번째 줄 수평, 균등 정렬

이렇게 다른 줄에도 모두 적용하면 [그림 2.2-45]와 같이 깔끔한 모양의 사각형을 만들 수 있습니다.

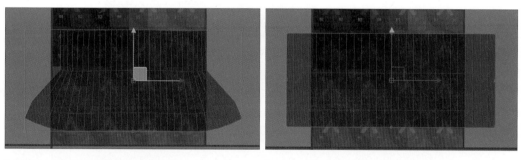

[그림 2.2-45] UV 엘리먼트 정리 전과 후

이제 이 엘리먼트를 텍스처 외곽에 잘 정리하면 시계 무브먼트의 모델 링이 완성됩니다.

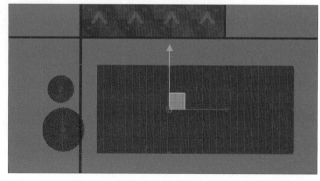

[그림 2.2-46] 시계 무브먼트 UV 엘리먼트 정리

→ 부품 조립하고 재질 적용하기

모든 부품은 완성됐고 조립할 일만 남았습니다. 시계의 시곗바늘은 계속 돕니다. 그래서 판은 1가지 오브젝트, 시곗바늘은 각각 독립적인 오브젝트로 분리하면 움직이는 연출을 할 수 있을 것 같습니다.

[그림 2.2-47]과 같이 먼저 외곽 라인과 시계 무브먼트 각 오브젝트의 스택을 모두 합친 후 [Collapse All], [Attach]를 이용해 1가지 오브젝트로 만들어 주겠습니다(스택을 합쳤을 때 [Editable Poly] 외의 속성으로 변환됐다면, 마우스 오른쪽 버튼 클릭을 이용해 [Editable Poly]로 전환합니다). 이제 이렇게 합친 오브젝트의 이름을 'Clock Body'로 정하겠습니다.

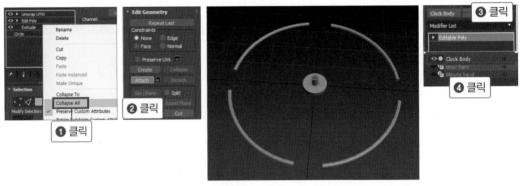

[그림 2.2-47] [Attach]를 이용해 외곽 라인과 시계 무브먼트 합치기

시곗바늘을 [Link]로 연결하기 전에 [Hierarchy] 패널의 [Affect Pivot Only] 버튼을 이용해 바늘의 피봇을 설정해 줍니다. 피봇은 시곗바늘이 돌기 위한 축이 됩니다.

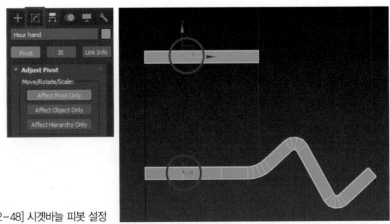

[그림 2.2-48] 시곗바늘 피봇 설정

Clock Body를 중심으로 시침과 분침을 링크로 연결한 후 위치에 맞게 배치합니다.

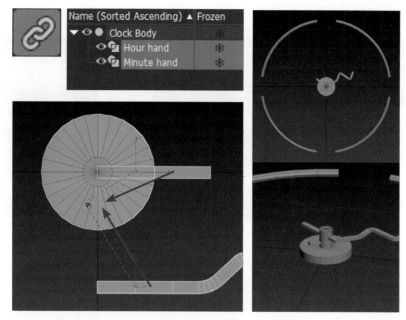

[그림 2.2-49] [Link]로 시곗바늘 연결 및 배치

이제 책에서 제공하는 시계 텍스처(T_Clock.jpg)의 머티리얼을 적용하겠습니다.

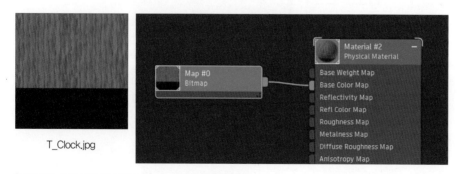

[그림 2.2-50] 시계 텍스처(T_Clock.jpg) 머티리얼 적용

이 텍스처에 UV를 재배치해야 하는데, 지금까지 배웠던 방법으로는 링크로 연결된 시침과 분침은 한 번에 보기 어렵습니다. 이때 유용한 기능에 대해 알아보겠습니다.

[그림 2.2-51]과 같이 [Unwrap UVW]를 적용할 모든 오브젝트를 선택한 후 [Modifier] 스택을

보면 아무것도 없습니다. 이때 [Unwrap UVW]를 적용하면 비어 있는 리스트에 스택이 추가되는 것을 알 수 있습니다.

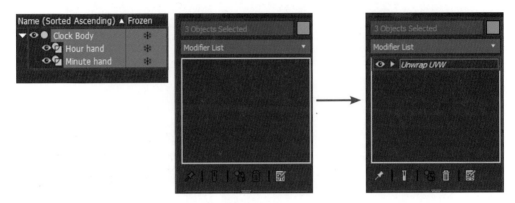

[그림 2.2-51] 다중 오브젝트에 [Unwrap UVW] 스택 적용

그런데 특이한 것은 스택의 글씨체입니다. 일반적으로는 정자체인데, 지금은 이탤릭체가 된 것을 알 수 있습니다. 이탤릭체로 된 스택은 [그림 2.2-52]와 같이 개별 오브젝트를 선택해도 구분돼 보이는데, 이는 여러 오브젝트에 공통으로 적용돼 있다는 것을 의미합니다.

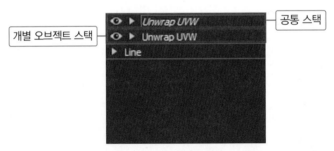

[그림 2.2-52] 시침 오브젝트에 적용된 [Unwrap UVW] 스택 구성

이렇게 공통으로 스택이 추가된 오브젝트들을 선택한 후 Unwrap UVW의 [Edit UVWs] 패널을 보면 [그림 2.2-53]과 같이 선택한 오브젝트의 엘리먼트가 모두 출력되는 것을 알 수 있습니다. 그러면 한꺼번에 UV를 재배치할 수 있게 됩니다.

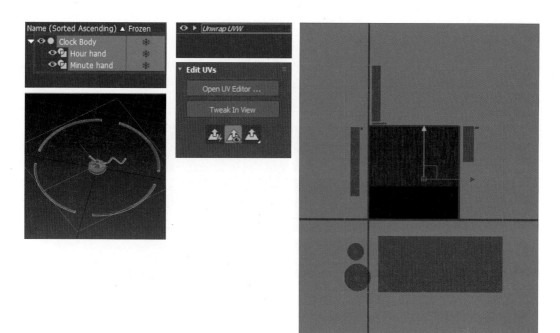

[그림 2.2-53] 공통 적용된 [Unwrap UVW] 스택의 [Edit UVW] 창

UV를 텍스처에 맞게 재배치하면 벽시계가 완성됩니다.

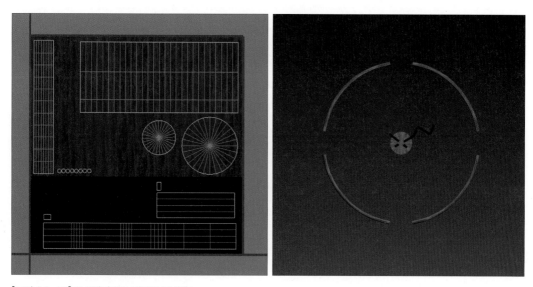

[그림 2.2-54] UV 엘리먼트 재배치 및 완료

스택이 공통 적용된 오브젝트 확인

메뉴 바의 [View-Show Dependencies]를 활성화하면, 선택한 오브젝트에 영향을 받는 오브젝트를 확인하는 기능을 응용해 공통으로 영향을 미치는, 즉 공유된 스택이 있는 오브젝트를 [그림 2.2-55]와 같이 분홍색 표시로 확인할 수 있습니다([그림 2.2-55]의 분홍색 오브젝트는 [Unwrap UVW] 스택을 공유하고 있습니다).

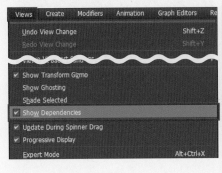
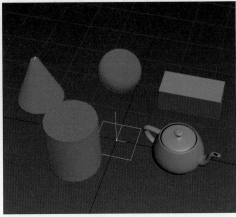

[그림 2.2-55] [Show Dependencies] 활성화로 스택을 공유한 오브젝트 확인

➜ 어레이를 이용해 시계 제작하기

[그림 2.2-56]과 같이 눈금이 규칙적으로 배치된 시계를 본 적이 있을 것입니다.

[그림 2.2-56] 눈금 모양의 다이얼 벽시계

이런 모양은 [Array] 기능으로 손쉽게 만들 수 있습니다. 앞에서 진행했던 벽시계의 베리에이션(Variation)을 제작해 보면서 [Array] 기능에 대해 배워 보겠습니다.

[Array]는 규칙 설정에 따라 정렬하는 기능인 과거에는 메뉴 바의 [Tools]−[Array] 기능을 이용할 수밖에 없었습니다. 하지만 최근 버전부터 [Array] 기능을 스택으로도 사용할 수 있게 되면서 작업 효율이 좀 더 높아졌습니다.

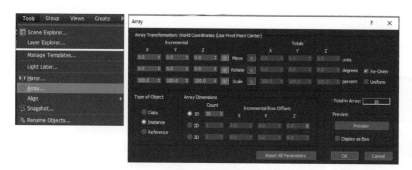

▲ 메뉴 바의 [Array]

▲ 스택의 [Array]

[그림 2.2−57] 메뉴 바의 [Array]와 스택의 [Array]

이 책에서는 효용성이 좋은 스택으로 [Array] 기능을 사용하는 방법을 소개하려고 합니다. 눈금 형태의 벽시계를 만들면서 배워 보겠습니다.

먼저 [그림 2.2−58]과 같이 앞에서 만든 벽시계를 모두 선택해 [Clone]으로 복제합니다. 클론은 [Copy]로 설정합니다. 그러면 원점에 그대로 복제되고 원형 라인은 제거됩니다(폴리곤의 구조가 변경되면 UV의 배치도 초기화됩니다).

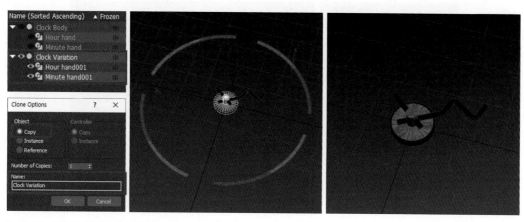

[그림 2.2−58] 시계 복제 후 외곽 라인 삭제

먼저 [그림 2.2-59]와 같이 12시에 배치할 눈금 형태를 만들어 줍니다. 간단하게 박스를 이용합니다(이번 실습의 목적은 [Array]의 기능을 설명하는 것이므로 UV와 재질 표현은 생략하겠습니다).

- **Length:** 15.0
- **Width:** 2.0
- **Height:** 1.0

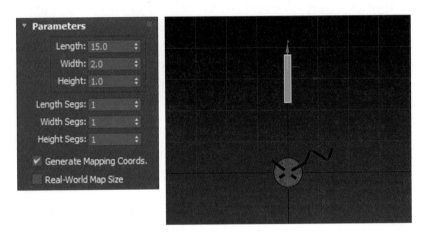

[그림 2.2-59] 눈금 부품 제작

[Array]는 기준점이 중요합니다. 이 눈금은 원점을 중심으로 회전할 계획이므로 [그림 2.2-60]과 같이 [Hierarchy] 패널의 [Affect Pivot Only]를 이용해 원점으로 이동합니다. 이동 시에는 그리드 스냅을 이용하는 것이 편리하고 이동한 후에는 반드시 버튼을 비활성화해야 합니다.

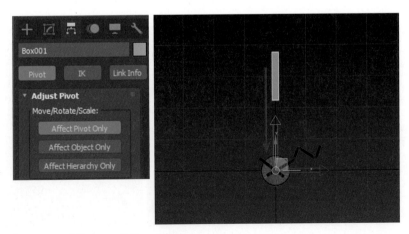

[그림 2.2-60] 원점으로 피봇(Pivot) 조정

이제 [Modify] 패널에서 [그림 2.2-61]과 같이 [Array] 스택을 적용한 후 [Distribution] 항목의 첫 번째 항목을 [Radial]로 선택하고 Z축이 선택돼 있는 상태에서 각종 수치를 조정해 정렬되도록 합니다.

- **Count:** 12
- **Radius:** 0.0

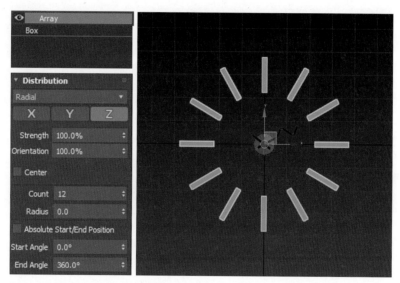

[그림 2.2-61] [Array] 스택 추가 및 설정

Z축으로 회전하면서 12개의 눈금 모델링이 복제된 것을 알 수 있습니다.

벽시계 모델링은 끝났고 이후에 UV 작업과 재질을 추가하면 벽시계가 완성됩니다.

[Array]는 각 설정과 수치에 따라 다양한 모양을 만들 수 있고 [Array] 스택이 적용된 상태에서 기준이 된 오브젝트를 수정하면 나머지 복제된 오브젝트들에도 적용되기 때문에 결과물을 보면서 디자인을 수정할 수도 있습니다. 이는 모델링 작업을 할 때 많이 쓰이는 기능 중 하나이기 때문에 많이 사용해 보고 익히는 것이 중요합니다.

[그림 2.2-62] [Array]를 이용한 벽시계 베리에이션 완료

2.2-2 스플라인 응용 - 머그컵

지금까지 스플라인의 개념을 알아봤으므로 이번에는 [그림 2.2-63]과 같은 간단한 머그컵을 만들어 보면서 스플라인의 기능을 좀 더 적극적으로 사용해 보고 추가 기능도 배워 보겠습니다. 또한 제작한 머그컵을 이용해 클론(Clone) 기능을 배워 보면서 모델링을 하는 다양한 방법에 대해서도 알아보겠습니다. 이번 실습의 목적은 모델링 학습이므로 UV 작업과 머티리얼 작업은 생략하겠습니다.

[그림 2.2-63] 머그컵 예제

> ✖ **학습 목표**
>
> 스플라인을 이용해 머그컵을 모델링하고 싶다.
>
> ✖ **순서**
>
> ① 라인을 이용해 머그컵의 단면 만들기
> ② [Lathe] 기능을 이용해 머그컵 모델링하기
> ③ 라인을 이용해 손잡이 만들기
> ④ 클론 설정을 이용해 다양한 모델링에 접근하기

라인 생성

단면 제작

컵 몸체 제작

컵 손잡이 제작

[그림 2.2-64] 머그컵 구현 순서

➜ 라인을 이용해 머그컵의 단면 만들기

라인을 이용해 머그컵의 단면을 만들어 보겠습니다. 먼저 라인을 꺼내기 위해 [Front] 뷰의 [Maximize Viewport toggle]을 클릭해 전체 화면으로 만듭니다.

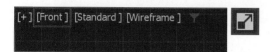

[그림 2.2-65] 뷰포트 설정

그리드에 스냅이 걸릴 수 있도록 그리드의 간격을 1cm로 설정하겠습니다.

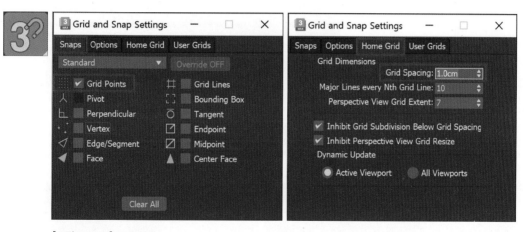

[그림 2.2-66] 스냅 설정

라인으로 측면 굴곡을 만들겠습니다. 일단 머그컵의 두께는 생각하지 말고 컵의 꺾인 정도만을 선으로 그린다고 생각하는 것이 좋습니다. [그림 2.2-67]과 같이 원점을 중심으로 X로 3칸, Y로 6칸의 라인을 생성합니다. 즉, 가로 3cm, 세로 6cm가 되는 것입니다.

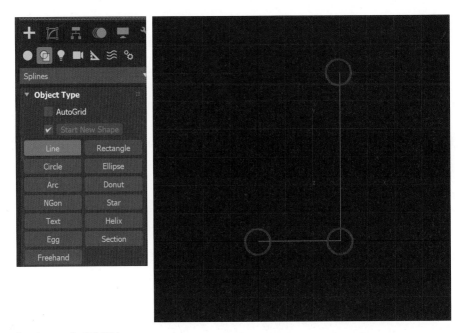

[그림 2.2-67] 라인 생성

[Modify] 패널에서 버텍스 서브오브젝트로 전환한 후 꺾인 지점의 버텍스를 선택하고 [그림 2.2-68]과 같이 필렛(Fillet)을 1cm로 설정합니다. 그러면 모서리 부분에 곡선이 생깁니다.

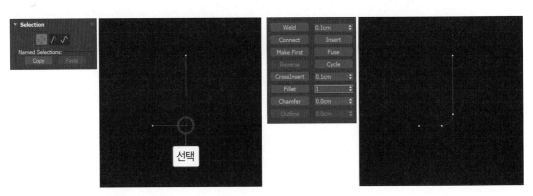

[그림 2.2-68] 버텍스에 필렛(Fillet) 적용

1

1.1

2

2.1

2.2

2.3

3

3.1

3.2

4

4.1

4.2

필렛 결과가 균등하지 않을 때

간혹 필렛을 적용할 때 생성되는 버텍스가 균등하지 않을 때가 있습니다. 이때는 [그림 2.2-69]와 같이 인접한 버텍스의 유형을 [쿼드] 메뉴에서 [Corner]로 변경한 후 필렛을 적용하면 대부분 해결됩니다. 만약 적용이 안 될 때는 [서브오브젝트] 모드를 빠져나오거나 다른 오브젝트를 선택한 후 다시 적용하면 대부분 해결됩니다.

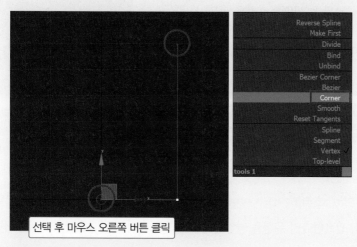

[그림 2.2-69] 버텍스의 유형을 [Corner]로 변경한 후 필렛 적용

이번에는 컵 측면이 오목한 형태로 약간의 곡선을 추가하면서 유용한 기능을 알아보겠습니다. 측면에 오목한 곡선을 만들기 위해서는 버텍스가 1개 필요합니다. [Modify] 패널에는 [그림 2.2-70]과 같이 [Refine] 버튼이 있는데, 이 버튼은 세그먼트에 버텍스를 생성하는 기능입니다. 사용 방법은 [그림 2.2-70]처럼 [Refine] 버튼을 클릭한 후 원하는 곳을 클릭하면 됩니다.

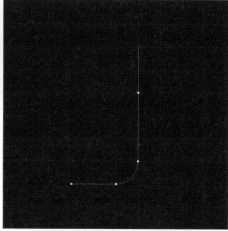

[그림 2.2-70] [Refine] 버튼으로 버텍스 생성

[Refine]과 [Insert]

스플라인에 버텍스를 추가하는 기능 중 [Refine]과 [Insert]가 있습니다. 버텍스를 추가하는 것은 비슷하지만, 약간의 차이가 있습니다.

- [Refine]: 버텍스만 추가해 형태를 변형하지 않습니다.
- [Insert]: 버텍스와 세그먼트를 추가해 형태를 변형할 수 있습니다. 열린 곡선을 연장하는 세그먼트를 생성할 수도 있습니다.

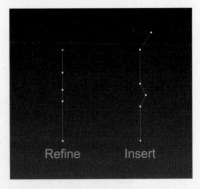

[그림 2.2-71] [Refine]과 [Insert]

[Refine]으로 생성된 버텍스의 유형은 인접한 버텍스의 유형에 따라 달라집니다. 지금은 [그림 2.2-72]와 같이 상단 끝 버텍스는 [Corner], 하단 버텍스는 [Bazier Corner]이기 때문에 '베지어 코너'로 설정됐습니다. 필요하다면 유형을 변경하면서 핸들을 조작해 곡률을 정교하게 조정하면 됩니다.

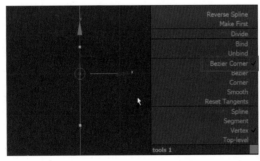
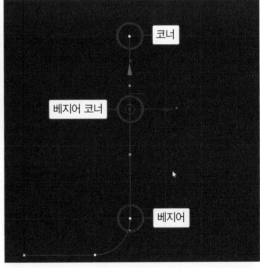

[그림 2.2-72] [Refine]으로 생성된 버텍스 유형

지금은 [그림 2.2-73]과 같이 왼쪽으로만 이동해 오목한 느낌으로 만들어 주겠습니다.

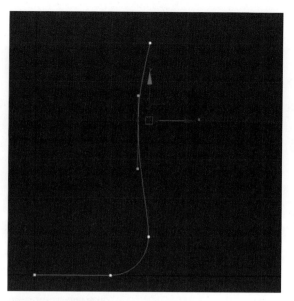

[그림 2.2-73] 버텍스 이동으로 오목하게 조정

이제 라인에 두께를 만들어 줄 차례입니다. 라인을 생성할 때 '두께'가 아니라 '굴곡'만 표현하는 이유는 지금부터 적용할 기능 때문입니다. 생성한 라인(열린 곡선)을 일정한 두께의 닫힌 곡선으로 만들어 주는 기능은 [Outline]입니다. [그림 2.2-74]와 같이 스플라인 서브오브젝트로 전환한 후 생성한 라인을 클릭하고 [Modifier] 패널의 [Outline]에 '0.5cm'를 입력합니다.

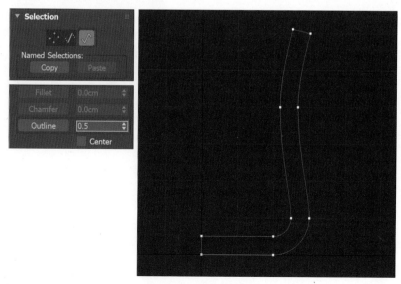

[그림 2.2-74] 스플라인 서브오브젝트 아웃라인 기능 적용

[그림 2.2-75]와 같이 머그컵의 상단 부분이 될 버텍스에 필렛으로 곡선을 만들어 줍니다.

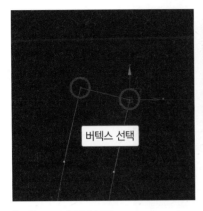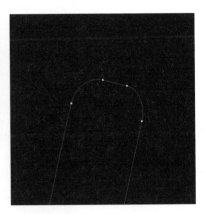

[그림 2.2-75] 필렛 적용

머그컵의 단면이 완성됐습니다.

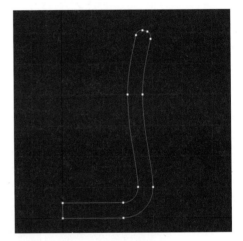

[그림 2.2-76] 머그컵 단면 완성

→ [Lathe(레이드)] 기능을 이용해 머그컵 모델링하기

머그컵의 단면이 완성됐으므로 이제 스플라인이 가진 [Lathe] 기능을 적용해 보겠습니다. [Lathe]는 축을 기준으로 스플라인 엘리먼트를 360° 돌려 입체를 표현하는 기능으로, 컵, 병과 같은 형태를 만들 때 많이 쓰입니다. 사용 방법은 머그컵에 직접 적용하면서 알아보겠습니다.

서브오브젝트를 빠져나와 만들어진 단면 오브젝트를 선택한 후 [그림 2.2-77]과 같이 [Modifier List]에서 [Lathe] 스택을 올려 줍니다.

[그림 2.2-77] [Lathe] 스택 적용

그러면 [그림 2.2-78]과 같이 원하지 않는 형태가 나타납니다.

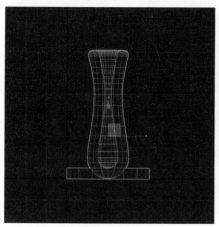

[그림 2.2-78] [Lathe] 적용 결과

레이스 스택은 서브오브젝트로 존재하는 [Axis]를 기준으로 회전합니다. 스플라인의 중심에 있는 [Axis]를 원점으로 이동합니다.

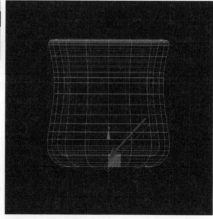

[그림 2.2-79] [Lathe]의 [Axis]를 원점으로 이동

이제 원하는 컵 모양이 나왔습니다.

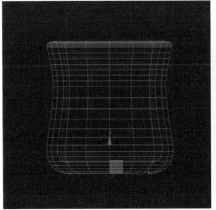

[그림 2.2-80] 컵 모양 생성

하지만 [그림 2.2-81]과 같이 오브젝트의 아랫면이 깔끔하지 못한 것을 알 수 있습니다.

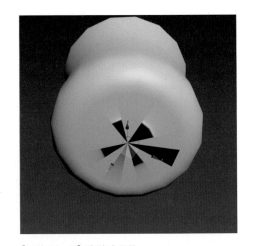

[그림 2.2-81] 컵 바닥 오류

이는 가운데에 생성된 버텍스들이 겹쳐 생기는 현상으로, [Parameters]의 [Weld Core] 항목에 체크 표시를 하면 간단히 해결할 수 있습니다.

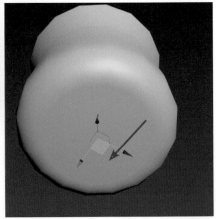

[그림 2.2-82] [Weld Core] 설정으로 아랫면 정리

[Lathe]의 [Parameters] 내용들 중 몇 가지를 살펴보겠습니다.

[Degrees]를 통해 회전 각도를 정합니다. [그림 2.2-83]과 같이 [Top] 뷰에서 보면 360° 회전 이외의 각도로도 형태를 만들 수 있다는 것을 알 수 있습니다.

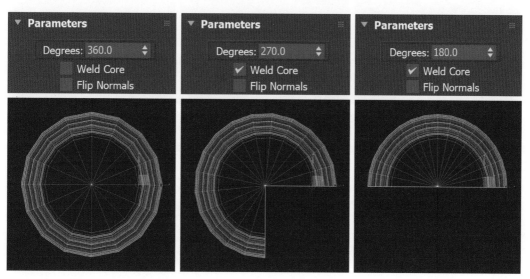

[그림 2.2-83] [Degress]를 이용한 회전각

[Segments]를 통해 얼마나 정밀한 곡선을 표현할 것인지를 결정합니다. 수치가 높을수록 부드러운 형태이지만, 폴리곤의 개수가 늘어나므로 신중히 결정해야 합니다.

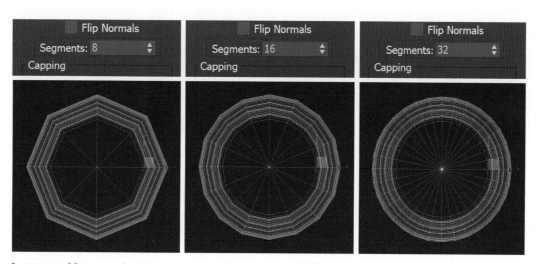

[그림 2.2-84] [Segments] 설정

[Direction] 항목은 회전 축을 의미합니다. 이 항목을 클릭하면 엑시스와는 상관없이 피봇의 축을 중심으로 회전하는 것을 알 수 있습니다. 회전축을 결정한 후 엑시스를 미세 조정하면서 형태를 맞춰 나가면 됩니다.

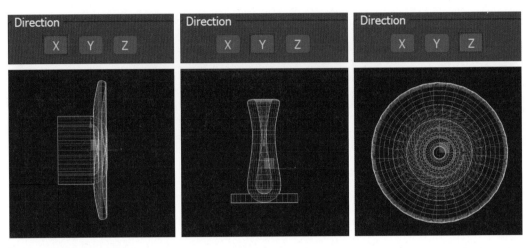

[그림 2.2-85] [Direction]

마지막으로 [Align]은 회전 방향에 따라 오브젝트의 양끝과 가운데를 기준으로 엑시스를 이동시켜 회전축을 변경하는 항목입니다.

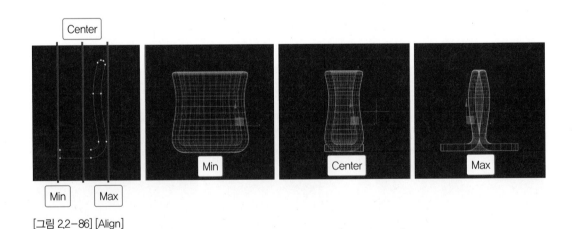

[그림 2.2-86] [Align]

컵 모양이 완성됐습니다.

[그림 2.2-87] 컵 완성

→ 라인을 이용해 손잡이 만들기

이번에는 머그컵의 손잡이를 만들어 보겠습니다. 시계와 같이 렌더링 설정으로 간단하게 만들어 보겠습니다.

[그림 2.2-88]과 같이 [Front] 뷰에서 그리드를 이용해 손잡이가 될 만한 라인을 그려 줍니다.

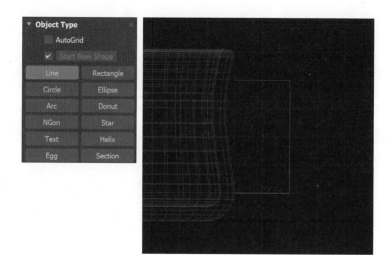

[그림 2.2-88] 손잡이용 라인 생성

필렛을 이용해 굴곡을 만들어 줄 때 필렛을 적용하기 전에 마우스 오른쪽 버튼을 클릭하면 나타나는 [쿼드] 메뉴에서 모든 버텍스의 유형을 [Corner]로 설정하면 좀 더 깔끔하게 진행할 수 있습니다.

모두 선택

[그림 2.2-89] 버텍스 유형 확인

[그림 2.2-90]과 같이 버텍스를 선택한 후 필렛에 '1'을 입력해 굴곡을 만듭니다.

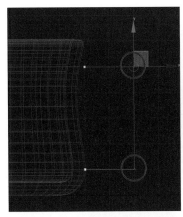

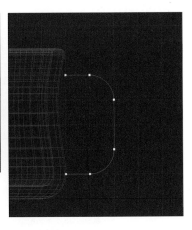

[그림 2.2-90] 필렛을 이용해 모양 만들기

[그림 2.2-91]과 같이 [Modifier] 패널에서 [Rendering] 항목의 [Enable In Viewport]와 [Generate Mapping Coords.]를 활성화해 손잡이의 두께를 만들고 UV 작업을 효율적으로 할 수 있도록 합니다. 그런 다음 [Radial]을 선택해 원통 모양으로 설정하고 굵기(Thickness)와 면(Sides)의 개수를 정합니다.

- **Thickness:** 0.5cm
- **Sides:** 12

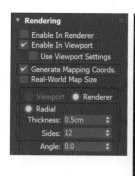
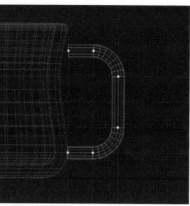

[그림 2.2-91] [Rendering] 항목 설정으로 손잡이 두께 생성

손잡이가 떨어져 보입니다. [그림 2.2-92]와 같이 버텍스를 선택해 손잡이와 컵의 접합 부분이 겹칠 수 있도록 약간 이동합니다.

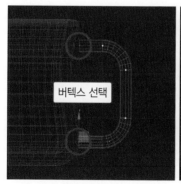
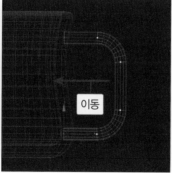

[그림 2.2-92] 접합 부분 버텍스 이동

컵 모델링이 완성됐습니다. 이제 UV 작업을 한 후 재질을 적용하면 마무리됩니다. 이번 장은 모델링의 기능에 주안점을 두고 있으므로 이후 작업은 생략하겠습니다.

[그림 2.2-93] 머그컵 모델링 완성

클론 설정을 이용한 다양한 모델링 접근 방법

이번에는 머그컵을 활용해 클론(Clone) 기능에 대해 알아보겠습니다. 클론은 그동안 오브젝트를 복제할 때 Shift+이동, Ctrl+V를 사용했고 복제할 때마다 나타나는 [Clone Options]에서 [Copy]를 클릭했습니다. [Copy] 외에도 [Instance], [Reference]가 있는데, 이 옵션들을 잘 활용하면 좀 더 효율적인 모델링을 하는 데 도움이 됩니다. 지금부터 하나씩 살펴보겠습니다(손잡이는 생략하고 컵으로만 진행하겠습니다).

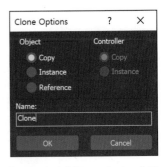

[그림 2.2-94] [Clone Options] 창

먼저 [Copy]는 그동안 사용해 왔던 것이므로 익숙할 것입니다. 말 그대로 '복사'입니다. 즉, 또 다른 복제품이 만들어지는 것입니다. [그림 2.2-95]처럼 [Copy]를 클릭하면 독립적인 오브젝트 형태가 되므로 어떠한 편집을 하더라도 서로 영향을 미치지 않습니다.

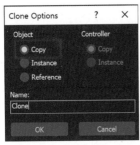
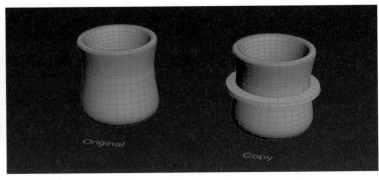

[그림 2.2-95] 독립적인 [Copy]

두 번째 항목인 [Instance]는 [Copy]와는 정반대로 서로 영향을 미치는 복제품이 생성됩니다. [그림 2.2-96]과 같이 둘 중 하나라도 편집하면 서로 반영됩니다.

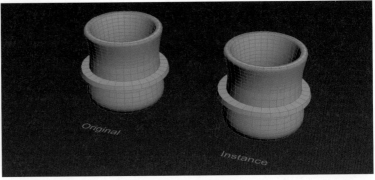

[그림 2.2-96] 편집이 공유되는 [Instance]

단, 이동, 회전, 스케일에는 영향을 받지 않는 형태이므로 [그림 2.2-97]과 같이 다수의 오브젝트가 자유분방하게 배치돼 축이 다를 때 주로 사용합니다. 예를 들어 다수의 볼트가 사용된 가구를 모델링할 때 기준이 되는 볼트를 인스턴스로 복제한 후 가구에 조립합니다. 이때 볼트들은 기울어지고 회전되는 등 다양한 상황으로 배치되는데, 이때 기준이 되는 볼트만 수정하면 가구에 조립된 나머지 볼트는 자동으로 함께 수정됩니다.

[그림 2.2-97] 인스턴스의 응용

마지막으로 세 번째 항목인 [Reference]는 조금 복잡하지만 유용한 기능입니다. 특히, 베리에이션을 만들 때 유용합니다. [그림 2.2-98]처럼 [Reference]로 복제하면 인스턴스처럼 편집이 공유됩니다.

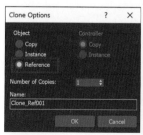

[그림 2.2-98] 편집이 공유되는
[Reference]

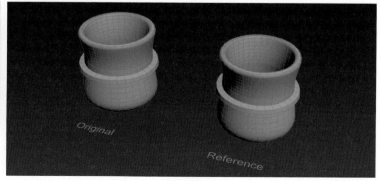

하지만 [Reference]로 복제된 오브젝트의 [Modifier Stack] 패널을 보면 [그림 2.2-99]와 같이 상단이 두꺼운 라인이 생성된 것을 알 수 있습니다.

[그림 2.2-99] 레퍼런스 오브젝트의 [Modifier Stack] 패널

스택이 선택되지 않은 상태에서 [Array] 스택을 추가하면 [그림 2.2-350]과 같이 두꺼운 라인 위로 쌓이는 것을 알 수 있습니다(두꺼운 라인 아래의 스택을 선택해 스택을 추가하면 오리지널과 공유됩니다).

[그림 2.2-100] 레퍼런스 오브젝트에 [Array] 스택 적용

[그림 2.2-101]과 같이 [Array] 스택의 파라미터를 조정해 Y축으로 배치하도록 조정해 보겠습니다. [Grid]를 선택한 후 축마다 배치할 개수와 간격을 입력합니다.

- Grid
- Count X: 1
- Count Y: 3
- Spacing: −0.3cm

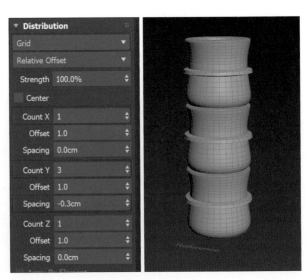

[그림 2.2-101] [Array] 파라미터 조정

[Array] 스택이 아래의 [Array] 패널에 작동해 차곡차곡 쌓여 있는 머그컵 모양이 됐습니다. 이제 [그림 2.2-102]와 같이 원본이 되는 머그컵의 형태를 바꿔 보면, 레퍼런스 오브젝트의 형태도 바뀌고 바뀐 상태에서 어레이에 의해 반복되는 것을 알 수 있습니다.

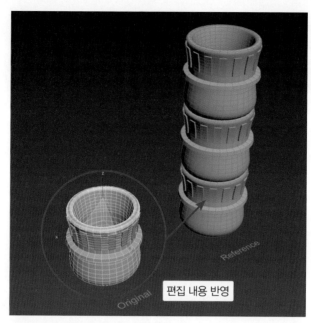

[그림 2.2-102] 원본 오브젝트 편집 결과

이처럼 [Reference]는 오리지널의 형태를 공유하고 스택을 쌓아 또 다른 변형을 할 수 있도록 해 줍니다. 단, [Reference] 오브젝트에 스택을 적용할 때 [Edit Poly]와 같은 모델링 구성을 재편집하는 수준의 스택을 적용하면 오류가 생길 가능성이 있으므로 유의하기 바랍니다.

[그림 2.2-103] 레퍼런스 스택의 구성

특히, 나중에 배울 [Twist]나 [Band], [FFD]와 같은 [Deform] 기능을 사용하면 오리지널의 형태를 유지하면서 다양한 베리에이션 디자인을 만들어 낼 수 있습니다.

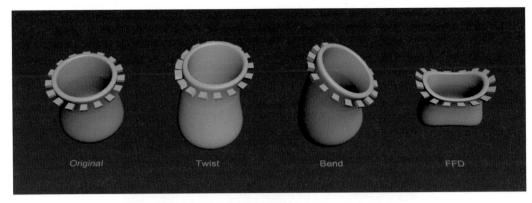

[그림 2.2-104] [Deform] 기능이 적용된 레퍼런스 머그컵 베리에이션

　　[Instance]나 [Reference]와 같이 베이스를 공유하는 형태의 오브젝트는 [그림 2.2-105]와 같이 [모디파이어 스택]이 굵은 서체로 표시되고 스택 패널 아래에 [Make Unique] 버튼이 활성화돼 있습니다.

[그림 2.2-105] 오리지널을 공유하는 오브젝트의 스택 서체와 [Make Unique] 버튼

　　이 버튼은 공유를 끊고 독립된 형태로 전환하는 기능을 합니다. 만약, 오리지널을 이용해 만들었을 때 [Make Unique] 버튼을 누르면 버튼이 비활성화되면서 스택의 서체가 얇게 변경되고 공유가 끊어지면서 독립된 형태로 작업을 진행할 수 있게 됩니다.

　　마지막으로 [Clone Options]에는 [Number of Copies]라는 항목이 있습니다. 이 항목은 복제할 때 생성할 개수를 의미합니다.

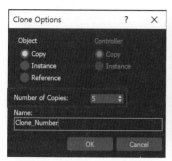

5개 복제

[그림 2.2-106] 클론 옵션의 [Number of Copies]

이상으로 클론 옵션에 대해 알아봤습니다. 클론 옵션은 오브젝트의 베리에이션을 제작할 때뿐 아니라 모델링 작업을 할 때도 효율을 극대화해 줄 수 있는 중요한 기능입니다. 클론의 개념을 활용한 다양한 응용 방법이 있으므로 여러 루트를 통해 학습해 보기를 권합니다.

2.3 형태를 자유롭게 변형하는 디폼

여러 가지 아이템을 제작하다 보면 직선, 수직, 수평이 아닌 방향으로 배치된 3D 데이터도 제작해야 할 때가 있습니다. 전선, 철길, 도로 등과 같은 복잡한 형태는 어디서부터 시작해야 할지 막막하지만, 3D 제작에서의 원칙은 같습니다. 가장 먼저 정방향(수직, 수평)에 맞춰 제작한 후 형태를 변형하는 것입니다. 이러한 형태 변형을 위한 기능들을 '디폼(Deform)'이라고 합니다. 시간을 들이면 [Edit Poly]로도 표현할 수 있지만, 디폼은 수치를 이용해 일정한 변화를 만들기에 적합합니다. 이번에는 디폼 기능을 활용한 다양한 오브젝트 제작 방법에 대해 알아보겠습니다.

2.3-1 스플라인을 이용해 스탠드 조명 만들기

인테리어와 관련해 빠질 수 없는 것이 바로 '조명'입니다. 조명은 '라이팅'과 '조명을 지지하는 지지대' 그리고 '자연스러운 연출을 위한 전선' 등으로 이뤄져 있습니다. 특히, 조명 중에서도 방향이나 위치를 자유롭게 바꿀 수 있는 스탠드 조명은 [Edit Poly] 기능만으로는 표현하기 어렵습니다. 이러한 묘사를 위해 디폼 기능을 실습해 보겠습니다. 이 책에서는 스탠드, 주름관, 조명으로 나눠 제작해 보겠습니다.

1

1.1

2

2.1

2.2

2.3

3

3.1

3.2

4

4.1

4.2

✕ 학습 목표

디폼 기능을 활용해 스탠드 조명을 모델링하고 싶다.

✕ 순서

❶ 조명 부품별 모델링 및 UV 정리하기

❷ 테이퍼를 이용해 형태 변형하기

❸ 스플라인 제작하기

❹ 패스 디폼 적용하기

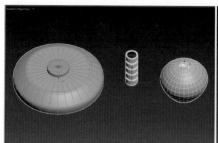
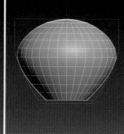

| 부품 제작 | 디폼: 테이퍼 | 스플라인 | 패스 디폼 |

[그림 2.3-1] 스탠드 조명 구현 순서

➜ 단일 메시를 활용해 스탠드 제작하기

[Create-Geometry-Cylinder]를 클릭해 스탠드 실린더를 생성한 후 오브젝트의 이름을 'StandBase'로 수정합니다.

- **Radius:** 30cm
- **Height:** 5cm
- **Height Segments:** 1
- **Cap Segments:** 1
- **Sides:** 32

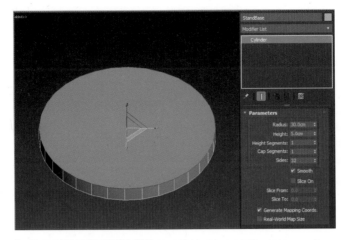

[그림 2.3-2] 스탠드 실린더 생성

[Edit poly] 스택을 추가합니다. 폴리곤(단축키: ④)으로 [Smart Extrude]를 이용해 모델의 스탠드 부분의 모양을 다음과 같이 제작합니다.

❶ Shift + 크기 축소(X, Y축): [Inset]

❷ Shift + 이동(Z축): [Extrude]

❸ 이동(Z축 방향), Shift + 크기 축소(X, Y축): [Inset]

❹ Shift + 크기 축소(X, Y축): [Inset]

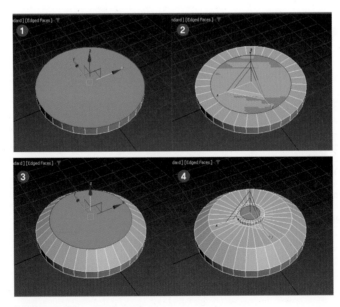

[그림 2.3-3] [Smart Extrude]

서브오브젝트를 [Edge]로 설정한 후 화살표에 표시된 에지들을 [Loop]로 선택하고 [Champer]를 '1cm'로 적용합니다.

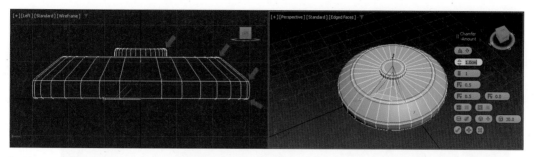

[그림 2.3-4] 챔퍼 적용

UV 작업 전 다각형 폴리곤을 정리하면서 모델링을 마무리하겠습니다. 상단 면과 하단 면의 다각형을 선택한 후 [Smart Extrude-크기 축소(X, Y축)]한 후 [Edit Geometry]의 [Collapse]를 적용합니다.

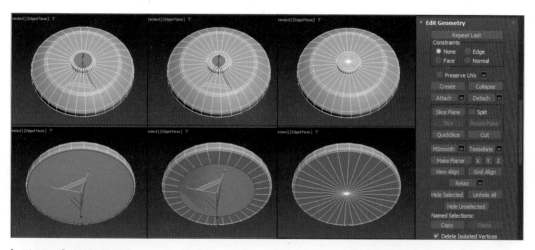

[그림 2.3-5] 다각형 면 정리

[Unwrap UVW]를 추가합니다. 바닥면을 선택(바닥면을 중심으로 버텍스를 선택한 후 Ctrl+폴리곤 선택)해 [Quick Planar] 기능을 적용합니다. 겹치지 않도록 아래로 내립니다.

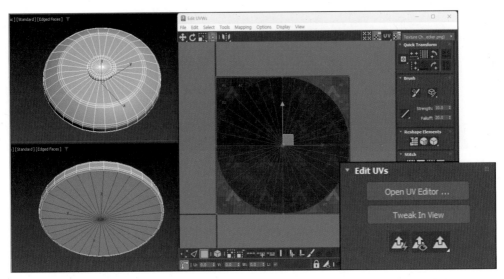

[그림 2.3-6] UV 바닥면 정리

메뉴 바의 [Edit-Select Invert(단축키: Alt+I)로 선택 영역을 반전한 후 [Quick Planar]를 클릭합니다.

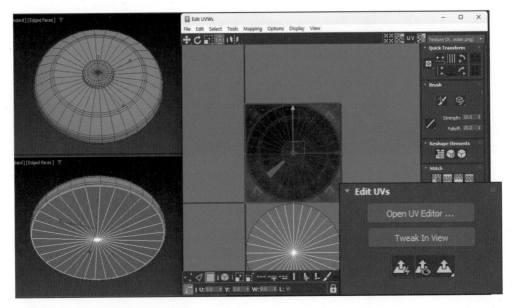

[그림 2.3-7] UV 윗면 정리

이제 2개의 UV 엘리먼트를 모두 선택해 화면과 같이 텍스처 영역 안에 배치한 후 [Relex]를 다수 클릭해 상판과 하판의 크기를 조절합니다.

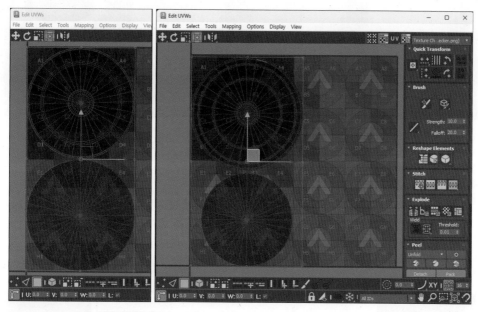

[그림 2.3-8] UV 릴렉스 적용 및 배치

주름관은 반복되는 형태로 이뤄져 있습니다. 가장 먼저 반복되는 1개의 구간을 실린더로 제작합니다. 실린더를 생성한 후 오브젝트의 이름을 'Pipe'로 변경합니다. [Radius]의 경우 더 가늘거나 두껍게 표현하는 것은 디폼 기능을 적용한 후 수정하겠습니다.

- **Radius:** 3cm
- **Height:** 5cm
- **Height Segments:** 2
- **Cap Segments:** 1
- **Sides:** 24

[Smart Extrude]를 사용해 다음과 같이 묘사합니다. 마지막 절차에서 현재 오브젝트를 수직으로 반복해서 쌓아 올리려고 합니다. 오브젝트가 수직으로 쌓여 있을 때 맞닿는 경계의 크기가 같아야 하기 때문에 [그림 2.3-9]의 두 번째, 세 번째 과정에서 윗면과 측면을 함께 선택해 적용해야 합니다. 마지막으로 연결을 하기 위해 실린더의 상단 면과 하단 면을 삭제해 오픈 에지 상태로 마무리합니다.

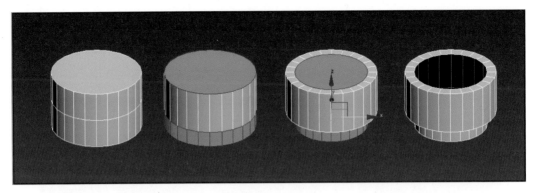

[그림 2.3-9] 주름관의 [Smart Extrude]

[Unwrap UVW]를 추가해 [Projection-Cylinderical map]을 적용한 후 [Fit]를 클릭해 UV 형태를 정리합니다. 실린더를 적용한 후에는 반드시 심이 생기는 부분에 버텍스가 붙을 수 있도록 [Weld]를 적용합니다.

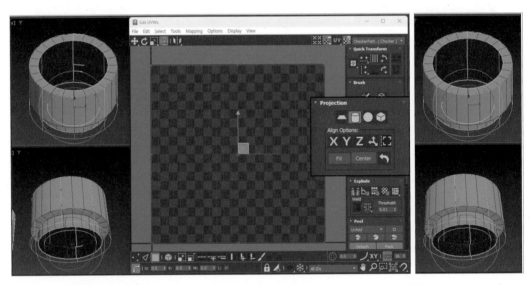

[그림 2.3-10] 주름관의 UV 정리

[Relex]를 다수 클릭해 형태를 펼친 후 가로 에지를 1개 선택해 [Loop-Ring]을 차례대로 클릭합니다. [Quick Transform-Align Horizontal in Place]를 적용합니다. [Align Horizontal in Pivot](점선 위 버텍스 2개가 나란히 있는 아이콘) 버튼을 누르고 있어야 점선의 위아래에 버텍스(십자가 모양)가 배치된 아이콘이 나타납니다. 그런 다음 [Quick Transform-Align Horizontal in Place]를 적용합니다.

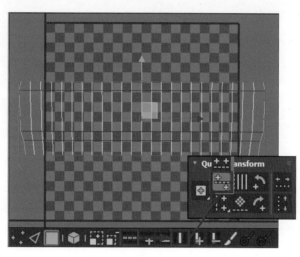

[그림 2.3-11] 릴렉스 후 가로 에지 정리

세로 에지 1개만 선택해 [Loop-Ring]을 차례로 클릭한 후 [그림 2.3-11]과 동일한 방식으로 [Quick Transform-Align Vertical in Place]를 적용합니다.

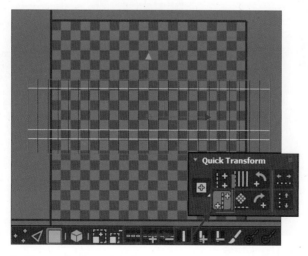

[그림 2.3-12] 세로 에지 정리

마지막으로 UV 크기와 위치를 조절합니다.

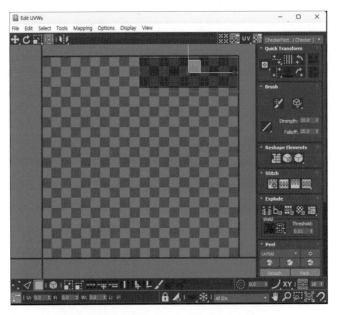

[그림 2.3-13] 크기 및 위치 조절

[Array] 스택을 추가합니다. X, Y축의 [Count]는 '1', [Count Z]는 '40'으로 설정해 총 40개의 엘리먼트가 위로 반복되도록 설정합니다.

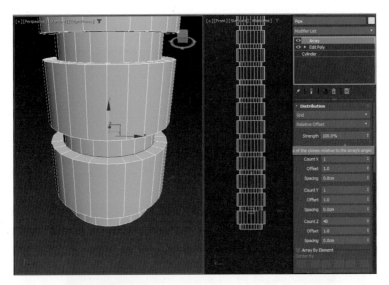

[그림 2.3-14] [Array] 적용

[Edit poly] 스택을 추가해 서브오브젝트를 버텍스로 선택합니다. 메뉴 바에서 [Edit-Select All]을 클릭해 버텍스를 전체 선택(단축키: [Ctrl]+[A])한 후 [Edit Vetices-Weld]를 클릭합니다. 오브젝트가 [Array]를 통해 복제될 때 연결되지 않았던 버텍스끼리 합쳐지면서 전체적인 버텍스의 개수가 줄어 듭니다.

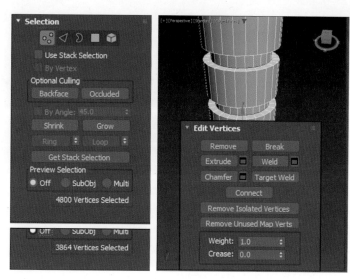

[그림 2.3-15] 버텍스 Weld

➜ 셀을 이용해 조명 헤드 모델링하기

스피어를 생성한 후 오브젝트의 이름을 'Light Head'로 설정합니다.

- **Radius:** 15.0cm
- **Segments:** 32

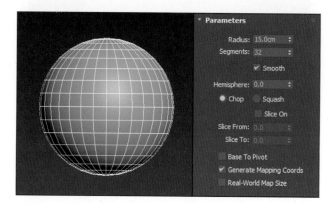

[그림 2.3-16] 스피어 생성

[Editable Poly]로 변환합니다. 서브오브젝트를 폴리곤으로 설정한 후 아랫 부분의 일부를 선택하고 삭제합니다.

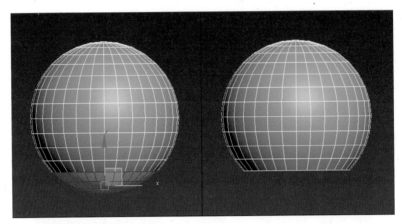

[그림 2.3-17] 폴리곤 삭제

서브오브젝트 모드에서 빠져나와 [Shell] 스택을 추가합니다. 셸은 면이 바라보는 방향을 기준으로 두께를 생성합니다. 옵션을 다음과 같이 설정합니다.

- **Inner Amount:** 1cm
- **Outer Amount:** 0cm

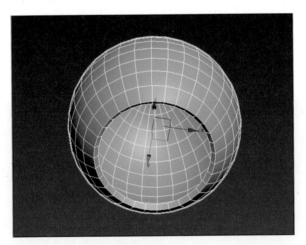

[그림 2.3-18] 셸 적용 시 하단 모양

[Edit Poly] 스택을 추가해 [Smart Extrude]로 오브젝트의 상단에 주름관과 연결하기 위한 구조를 모델링합니다. 다음 과정을 두 번 반복해 계단형의 구조를 제작합니다.

❶ Shift+이동(Z축): [Extrude]
❷ Shift+축소(X, Y축): [Inset]

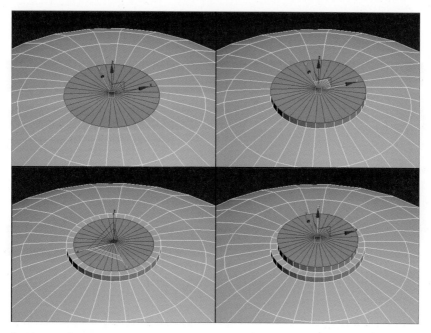

[그림 2.3-19] 조명 머리 연결 부위 모델링

가장 상단의 버텍스가 평면이 되도록 스냅을 활성화해 수평으로 이동시킵니다.

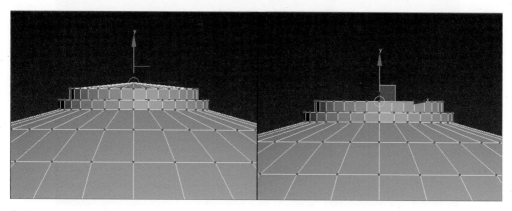

[그림 2.3-20] 상단 버텍스 정리

[Unwrap UVW] 스택을 추가합니다. 셸을 적용했을 때 주의해야 할 점은 다음과 같습니다. 셸을 통해 생성된 폴리곤의 UV 데이터는 존재하지 않는 상태입니다. 3D 메시는 3차원의 입체를 나타내는 데이터와 UV처럼 평면에서 보여 주기 위한 데이터가 각각 존재합니다. 셸을 적용한 직후에는 3D 공간 데이터만 있는 상태라고 생각하면 됩니다. [그림 2.3-21]의 버텍스 결과를 보면 [poly] 항목의 개수는 같지만, [1:map](uv 데이터를 의미) 항목에서는 정리 전후로 2배 가까이 차이가 나는 것을 확인할 수 있습니다. 메뉴바 Tools 〉 Channel Info에서 확인 가능합니다.

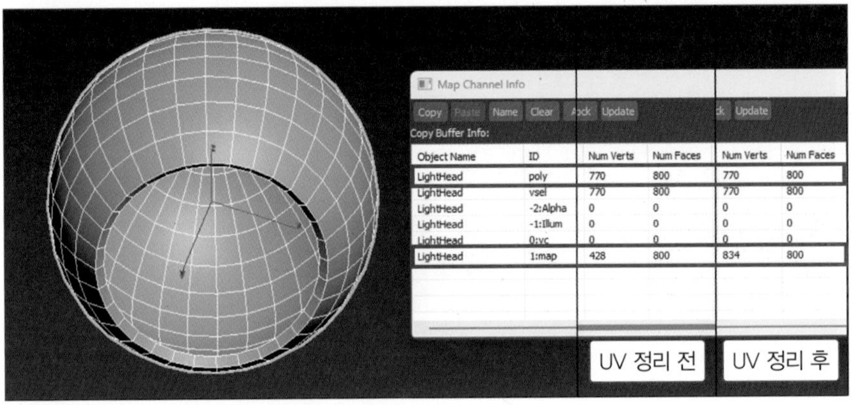

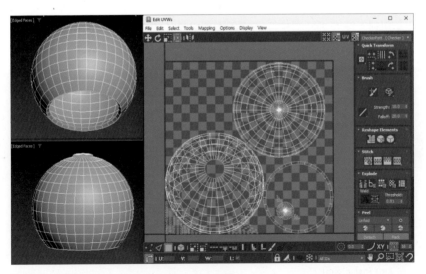

[그림 2.3-21] UV 정리 전후의 버텍스 개수 차이

[Unwrap UVW]에서 [Flatten by Smoothing Group] 버튼을 클릭해 UV 조각을 나누면서 안쪽과 바깥쪽의 경계를 나눠 줍니다.

[그림 2.3-22] [Flatten by Smoothing Groups] 적용

폴리곤 서브오브젝트를 선택한 후 안쪽 면에 해당하는 폴리곤을 더블클릭해 안쪽 면의 엘리먼트를 모두 선택합니다.

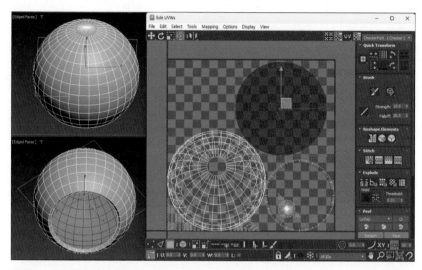

[그림 2.3-23] 안쪽 면 선택

[Projection-Cylindrical Map]을 클릭한 후 [Fit] 버튼을 클릭해 안쪽 면의 UV를 정리한 후 텍스처 영역 밖으로 우선 이동시킵니다. [Weld Selected Subobject] 버튼을 클릭해 불필요하게 가로로 나뉜 조각들을 붙입니다.

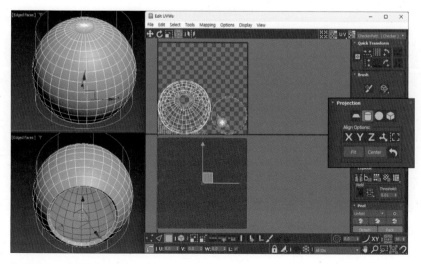

[그림 2.3-24] [Cylindrical]

메뉴 바에서 [Edit-Select Invert]를 클릭한 후 선택 반전해 나머지 조각들을 모두 선택하고 안쪽 면과 동일하게 [Projection-Cylindrical Map] 맵을 클릭한 다음 [Fit] 버튼을 클릭해 조명의 겉면에 해당하는 UV 조각을 빠르게 정리합니다. 이와 마찬가지로 [Weld Selected Subobject] 버튼을 클릭해 심(Seam)에서 가로로 나뉜 조각들을 붙입니다.

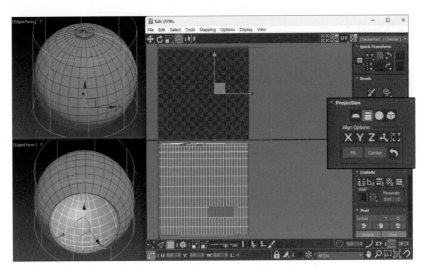

[그림 2.3-25] 조명 겉면 정리

서브오브젝트를 에지로 선택한 후 두께 부분이 말려 들어가 있는 UV의 에지를 이동시켜 펼칩니다.

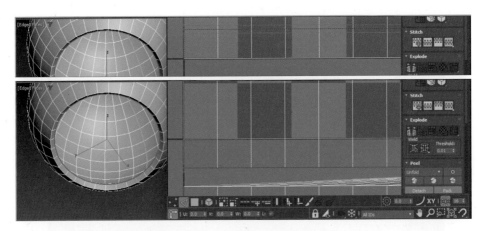

[그림 2.3-26] 안쪽으로 말려 들어간 UV 정리

이와 마찬가지로 [Smart Extrude]를 통해 모델링된 윗부분도 정리가 필요합니다. 서브오브젝트를 [Vertex]로 선택한 후 상단의 중심 버텍스 1개를 선택해 UV 창에서 위로 이동시킵니다.

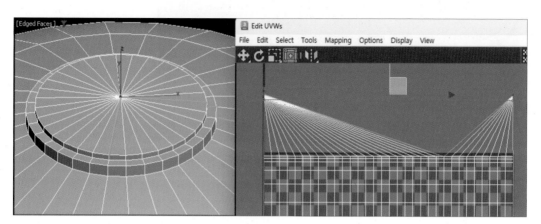

[그림 2.3-27] 위쪽을 중심으로 [Vertex]를 선택한 후 이동

Ctrl+에지 서브오브젝트를 클릭해 중심 버텍스와 연결된 에지들을 선택한 후 브레이크를 적용합니다.

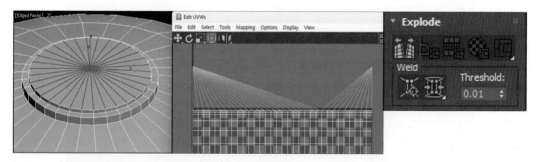

[그림 2.3-28] 에지로 선택 변환 후 브레이크

[Reshape Elements-Relax: Until Flat] 버튼을 여러 번 클릭해 상단 면을 정리합니다.

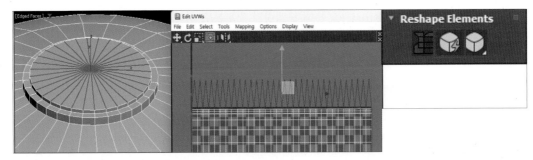

[그림 2.3-29] 릴렉스 다수 적용

[Ctrl]＋폴리곤 서브오브젝트를 클릭해 선택된 에지와 연결된 폴리곤이 선택되도록 한 후 선택 영역을 확장합니다. 그런 다음 위로 이동시켜 수평으로 누워 있는 면의 UV를 펼칩니다.

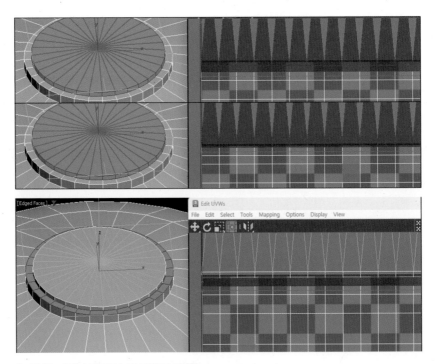

[그림 2.3-30] 수평으로 눌린 면의 UV 펼침

안쪽 면은 UV가 반대로 돼 있어 정리하기 전에 한 번 좌우 반전해야 합니다.

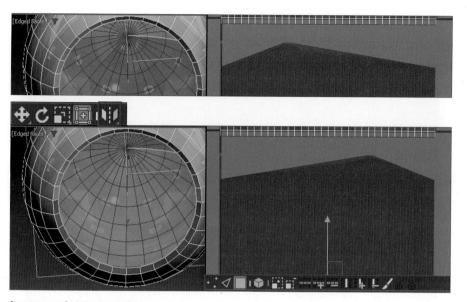

[그림 2.3-31] 안쪽 면 UV 반전

이후 과정은 겉면의 중심 버텍스와 마찬가지로 [선택-UV에서 이동-Ctrl+에지로 선택 영역 변환-브레이크-릴렉스:언틸 플랫]을 다수 적용해 펼쳐 겉면과 안쪽 면을 모두 정리합니다.

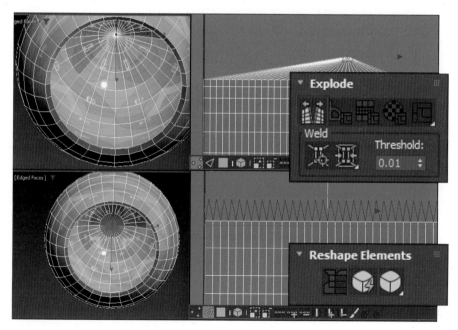

[그림 2.3-32] 안쪽 면 상단 UV 정리

마지막으로 크기를 조절해 다음과 같이 배치합니다.

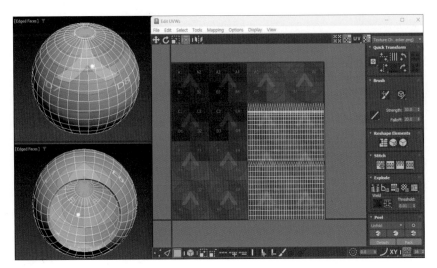

[그림 2.3-33] UV 배치 및 정리

→ 테이퍼를 이용한 디폼

테이퍼(Taper)는 오브젝트를 위아래로 조이거나 넓히는 효과입니다. 이러한 성질을 응용해 스피어를 기본으로 조명을 제작하겠습니다. 테이퍼를 이용하면 다음과 같이 다양한 변화를 만들 수 있습니다. 기본 형태를 제작한 후 디폼(테이퍼)을 적용하는 순서대로 제작합니다.

[그림 2.3-34] 테이퍼를 통한 변형

테이퍼(Taper)를 [Modifier]에 추가합니다.

- **Amount:** 0.5
- **Curve:** 0.3

[Amount]가 0보다 크면 위가 넓고 아래가 좁아지며 0보다 작으면 이와 반대로 적용됩니다.

[Curve]를 통해 형태를 직선으로 곧은 효과를 적용할 것인지, 부드럽게 휘어지는 효과를 적용할 것인지를 정할 수 있습니다.

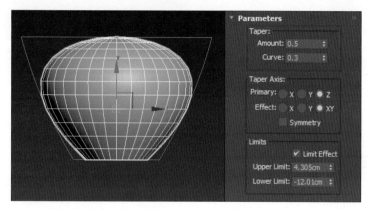

[그림 2.3-35] 테이퍼(Taper) 적용

[Hirerachy 패널-Affect Pivot Only]를 활성화해 피봇을 조명 상단으로 설정합니다. 적용할 패스 디폼은 피봇을 기준으로 위치와 방향을 정합니다. 미리 수정해 둬야 딱 맞물린 형태로 제작하기가 편리합니다.

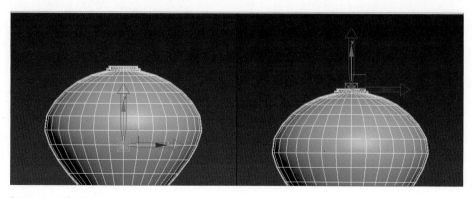

[그림 2.3-36] 피봇 이동

디폼에서 리미트 적용

테이퍼뿐 아니라 밴드(Bend), 트위스트(Twist)와
같은 디폼 기능 중 '리미트(Limts)'라는 파라미터가
있습니다. 사용 방법과 기능은 모두 동일합니다.
피봇을 기준으로 설정된 축(Axis) 방향으로 적용
할 범위를 지정합니다.

체크 박스를 활성화한 후 기본값인 0을 바꿔 보면
[Upper Limit]와 [Lower Limit]에 값에 따라 2개의
선이 생깁니다. 이 두 선 사이에 해당하는 부분
에만 효과가 적용됩니다.

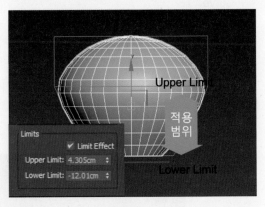

[그림 2.3-37] Limits 파라미터

스플라인으로 기본 경로 제작

[Create-Shape-Line]을 3개 포인트 생성한 후 [Front] 뷰에서 3개의 포인트를 클릭합니다. 그런
다음 스플라인의 이름을 'SplineBase'로 변경합니다.

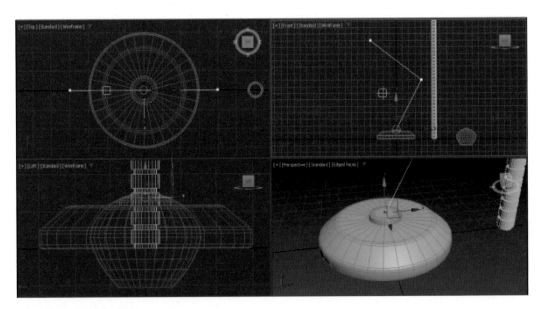

[그림 2.3-38] 스플라인 생성

[Line]의 서브오브젝트를 버텍스로 선택합니다. 전체 버텍스를 선택한 후 RMB를 클릭하고 버텍스의 속성을 [Bezier]로 설정해 곡선이 되도록 수정합니다. 곡선의 형태에 완만한 흐름이 생기도록 이동, 회전, 스케일을 통해 수정합니다.

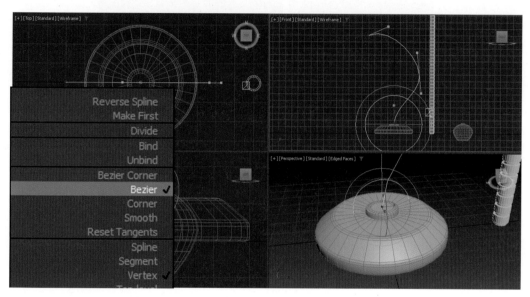

[그림 2.3-39] 버텍스 속성을 [Bezier]로 변경

편집 모드에서 빠져나온 후 스냅 기능을 활용해 스탠드 봉의 상단 끝부분에 위치시킵니다.

→ 패스 디폼 적용하기

이번에는 각 파트를 조립해 조명의 완성품으로 만들어 보겠습니다. 이때 '패스 디폼(Path Deform)'이라는 [Modifier]의 새로운 기능을 사용할 것입니다. 다음과 같은 기준으로 적용되므로 참고하기 바랍니다.

- · **3D 메시가 적용되는 방향은 Z+를 기준으로 한다**(이동 툴일 때, 파란색 화살표 방향).
- · **스플라인의 버텍스 1번부터 시작해 다음 번호를 향해 진행합니다**([Selection-Display-Show Vertex Numbers]를 활성화하면 버텍스의 순서가 보입니다).
- · **메시가 스플라인의 범위(마지막 버텍스)를 벗어나면 원래 형태가 됩니다.**

[Pipe]를 선택한 후 [Modifier]에서 [Path Deform]을 적용합니다. [None] 버튼을 클릭해

[Line001] 스플라인을 선택합니다(이름 및 번호는 이 책과 다를 수 있습니다).

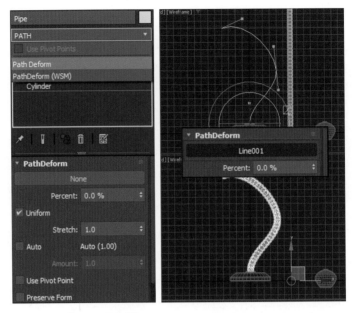

[그림 2.3-40] 패스 디폼 적용

Tip

패스 디폼 길이 자동 조절

패스 디폼이 적용된 상태에서 스플라인의 모양을 바꾸면 전체 길이가 달라집니다. 3D 메시가 스플라인 시작부터 끝까지 다 차오르게 하려면 [Auto]에 체크 표시를 해야 합니다. 적용된 메시가 늘어나거나 줄어드는 단점이 있습니다.

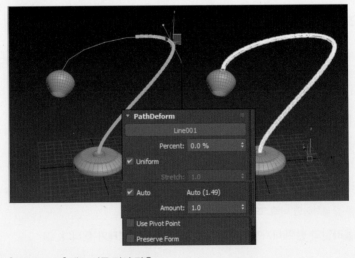

[그림 2.3-41] 패스 디폼 길이 맞춤

[Light Head] 오브젝트를 선택해 패스 디폼(Path Deform)을 추가한 후 [Percent] 항목을 '100%'로 수정합니다. [Percent]는 전체 스플라인에서 오브젝트의 위치를 비율로 지정하는 기능입니다.

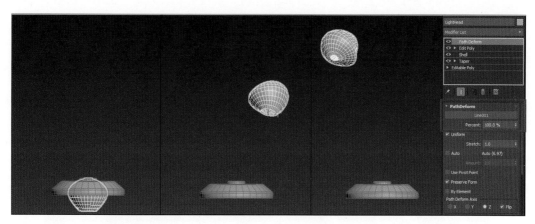

[그림 2.3-42] 패스 디폼의 위치 조정

[Preserve Form]에 체크 표시를 하면 스플라인을 따라 휘어지는 모양이 원형 그대로 유지됩니다. 방향이 잘못됐다면 [Flip] 기능 또는 조명 바깥이 끝을 향하도록 축을 선택합니다(처음 생성 시 [Top] 뷰 또는 [Perspective] 뷰가 아닌 다른 뷰에서 생성하면 조명이 바라보는 축의 방향이 다를 수 있습니다).

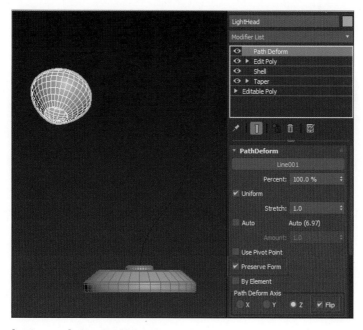

[그림 2.3-43] 패스 디폼 형태 수정

[Sweep]과 [Path Deform]

인테리어 및 건축 시각화 분야에서 스플라인의 활용은 매우 유용합니다. 특히, 건물 골조를 제작하거나 인테리어 내부의 몰딩, 프레임 표현 등 다양한 표현 방식에 스플라인이 사용됩니다. 다만, [Path Deform] 대신 [Sweep]을 사용하면 골조, 몰딩, 프레임을 표현할 수 있습니다.

- **[Path Deform]**: 메시를 스플라인의 형태로 변형 또는 위치시킵니다. 따라서 메시가 적용되는 주체가 됩니다.
- **[Sweep]**: 스플라인으로 만든 경로를 따라 단면의 형태를 또 다른 스플라인으로 지정하는 방식입니다. [Shape]에서 스플라인으로 경로를 먼저 그리고 [Sweep]을 적용한 후 프리셋으로 지정하거나 새로운 스플라인으로 단면의 형태를 만들면 입체적인 형태가 자동으로 적용됩니다.

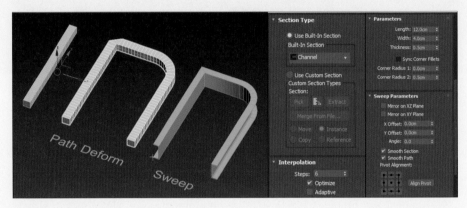

[그림 2.3-44] [Path Deform](좌)과 [Sweep](우)

<h2>2.3-2 인테리어 소품 제작하기</h2>

지금까지 만든 오브젝트는 기하학적인 형상이었습니다. 박스, 실린더, 스피어와 같은 기본 형태에서 크게 벗어나지 않고 여러 기하학적인 형태가 종합된 형태이므로 기하학적이라고 할 수 있습니다. 반면, 사람, 동물, 캐릭터 등 비기하학적인(유기적인 형상)은 폴리곤의 구조를 잡기 어렵습니다. 따라서 기하학적인 형상에서 기능들을 이용해 자유로운 유기적인 형태로 작업하게 됩니다. 간단한 인테리어 소품을 제작하면서 작업 과정을 실습해 보겠습니다.

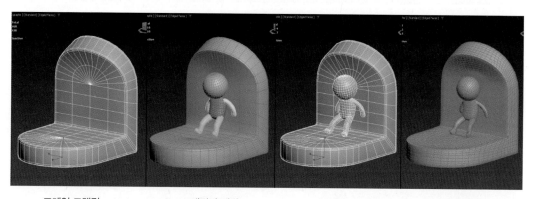

| 프레임 모델링 | 캐릭터 제작 | 불린 | 리토폴로지 |

[그림 2.3-45] 인테리어 소품 작업 순서

→ 벤드로 북엔드 기본 형태 제작하기

실린더를 생성합니다.

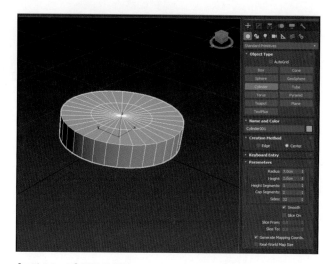

- **Radius:** 7.0cm
- **Height:** 3.0cm
- **Height Segments:** 1
- **Cap Segments:** 2
- **Sides:** 32

[그림 2.3-46] 실린더 생성

오브젝트의 이름을 'Frame'으로 변경한 후 [Editable Poly]로 변환합니다. 실린더의 Y– 방향으로 절반을 삭제합니다. 보더 서브오브젝트로 오픈 에지를 선택한 후 Shift+드래그해 면을 생성합니다.

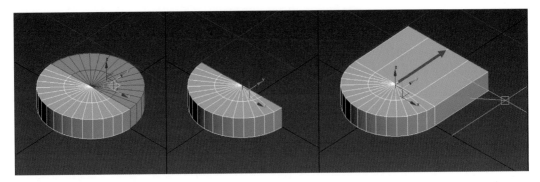

[그림 2.3-47] 실린더 모델링

에지 서브오브젝트로 생성된 면의 바닥에 에지 1개를 선택한 후 시메트리를 적용합니다. 다른 축이 선택돼 있다면 해제하고 Y축만 활성화합니다. 서브오브젝트로 선택한 후 시메트리를 적용하면 선택한 서브오브젝트를 기준으로 효과가 적용됩니다.

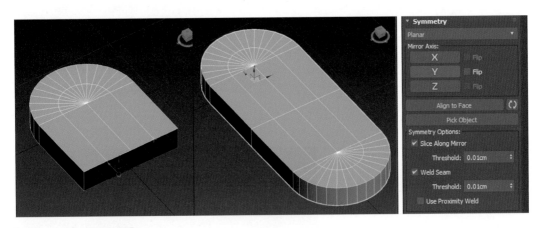

[그림 2.3-48] 시메트리 적용

시메트리의 미러(Mirror) 서브오브젝트를 선택한 후 90° 회전시켜 ㄴ자 모양으로 만듭니다.

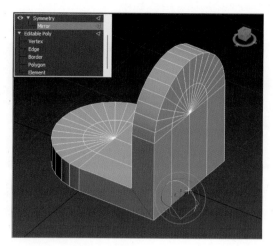

[그림 2.3-49] 시메트리 회전

[Edit Poly] 스택을 추가합니다. 확장된 부분의 에지를 [Ring]으로 선택한 후 [Connect]를 적용해 3개로 나눠 줍니다. 디폼 효과를 자연스럽게 적용하기 위해서는 에지가 많아야 합니다.

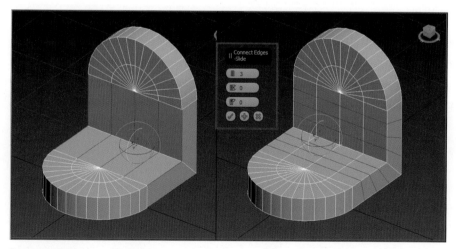

[그림 2.3-50] [Connect]로 분할

가장자리 에지와 90° 꺾인 부분의 에지를 루프로 선택해 챔퍼를 적용합니다. 두께에는 '0.3'을 입력합니다.

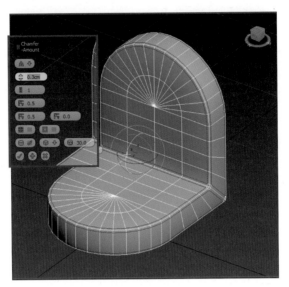

[그림 2.3-51] 가장자리에 챔퍼를 적용

상단의 반원은 [Soft Selection-Use Soft Selection] 항목을 체크해 기능을 활성화합니다. [Soft Selection]에서 적용하고자 하는 효과가 빨간색은 100%, 파란색은 0% 적용되는 기능입니다.

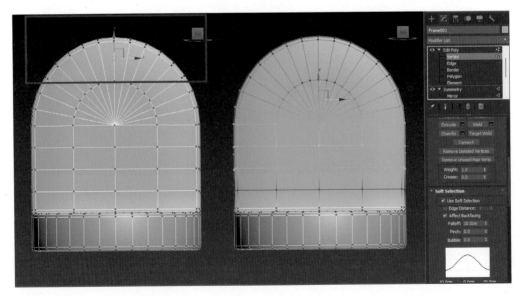

[그림 2.3-52] [Soft Selection] 활성화

[Frame] 오브젝트에 [Bend]를 적용합니다. [Limit Effect]를 활성화한 후 [Upper Limit]의 수치를 상단보다 높게 설정합니다.

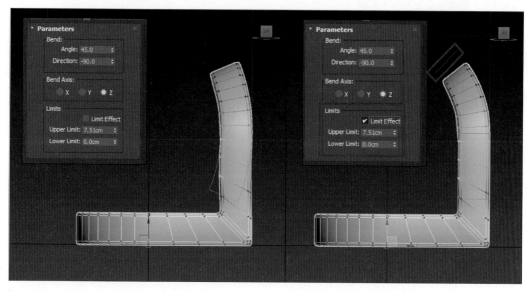

[그림 2.3-53] 벤드 효과 리미트 적용 전후

➜ FFD로 캐릭터 제작하기

박스를 생성한 후 [Editable Poly]로 변환합니다.

- **Length:** 2.0cm
- **Width:** 3.0cm
- **Height:** 4.0cm
- **Length Segs:** 2
- **Width Segs:** 4
- **Height Segs:** 4

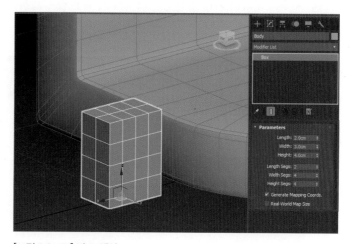

[그림 2.3-54] 박스 생성

[Frame] 안쪽에 위치시킨 후 폴리곤 서브오브젝트로 전체 선택을 합니다. [Geometry-Relax]를 여러 번 클릭해 박스의 둥글고 각진 느낌을 부드럽게 풀어 줍니다.

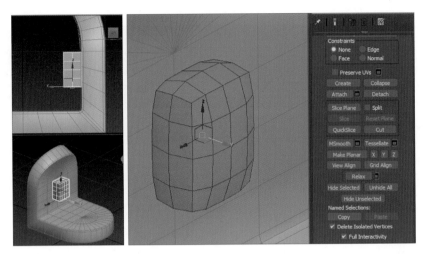

[그림 2.3-55] 릴렉스 적용

[Free Form Deformation]은 다수의 [Control Points]를 이용해 입체적인 형태를 자유롭고 부드럽게 변형시켜 주는 기능입니다. [Control Points]의 개수가 3×3×3, 4×4×4로 정해져 있는 것을 많이 사용하며 FFD Box, FFD Cyl을 통해 [Control Points]를 임의로 늘리거나 줄일 수 있습니다.

[Body] 오브젝트에 [FFD 3×3×3]을 추가한 후 서브오브젝트에서 [Control Points]를 선택합니다. 하단의 [Control Points]를 선택한 후 이동 및 회전으로 등을 기댄 것 같은 느낌을 표현합니다. 중간도 선택해 하단의 반대 방향으로 밀어서 기댄 느낌을 표현합니다. 이때 폴리곤이 [Frame] 오브젝트와 겹쳐도 상관없습니다.

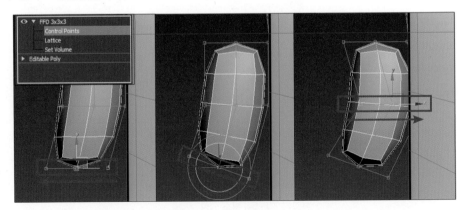

[그림 2.3-56] FFD 3×3×3 적용 후 편집

FFD 특징

FFD 2x2x2의 경우에는 포인트가 2개만 있기 때문에 곡선이 아닌 직선으로 변형됩니다.

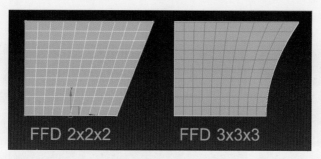

[그림 2.3-57] FFD

➜ 미러를 이용해 팔, 다리, 머리 제작하기

[Create 패널−Shape−Line]으로 3개의 버텍스를 클릭해 직선의 팔다리 기본 형태를 잡아 줍니다.

· Rendering−Enable In Viewport 활성화
· Radial: 0.7cm
· Cap 활성화
· Capping Options−Quad Cap 활성화
· Segment: 3

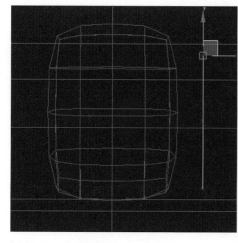
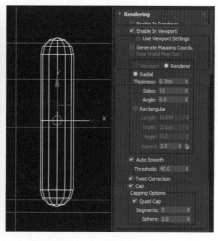

[그림 2.3-58] 라인 생성

레퍼런스로 복사한 후 [Edit Spline] 스택을 추가해 [Frame]을 지지하는 형태로 버텍스의 위치를 수정합니다. 위치를 수정한 후 버텍스의 타입을 [Bezier]로 변경하고 회전을 이용해 자연스럽게 변경합니다.

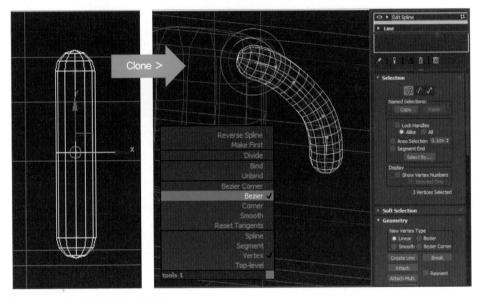

[그림 2.3-59] 라인을 복사한 후 수정

미러(Mirror)를 X축으로 이동시켜 반대쪽 팔도 제작합니다.

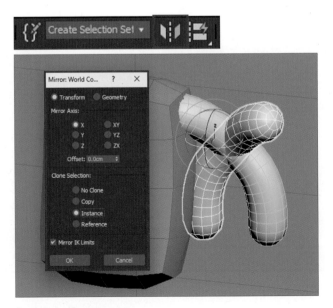

[그림 2.3-60] 미러로 복사

다리도 레퍼런스로 복사합니다. 팔과 동일하게 [Edit Spline] 스택을 추가합니다. 아래쪽 버텍스를 선택한 후 Shift+드래그해 라인을 연장합니다. 다리의 형태에 맞게 버텍스를 이동시킨 후 [Bezier]로 변경합니다.

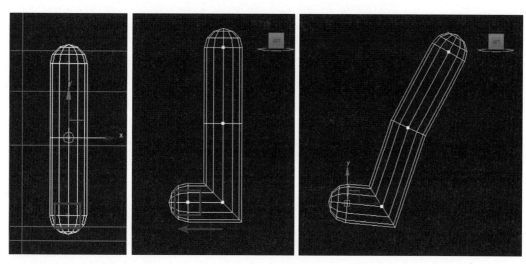

[그림 2.3-61] 다리 스플라인 수정

다리 라인을 이동시킨 후 [Edit Poly]를 추가합니다. 허벅지에 해당하는 에지를 루프로 선택합니다. 소프트 셀렉션의 [Fall off] 범위를 2cm로 설정합니다. 크기를 전체 축으로 조정해 증가시킵니다.

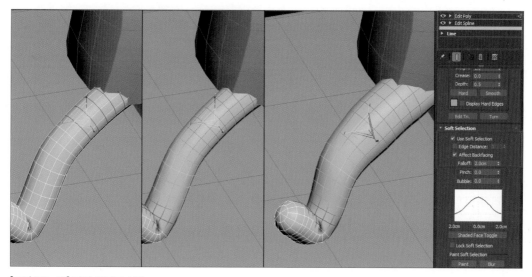

[그림 2.3-62] 다리 폴리곤 수정

다리를 미러로 복사한 후 이동시킵니다.

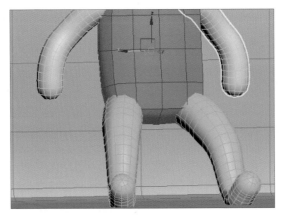

[그림 2.3-63] 다리 복사 후 이동

Tip

월드 영점을 기준으로 대칭 형태의 작업을 할 때

월드 영점을 기준으로 대칭 형태의 작업을 한다면 미러를 적용해 복사한 후 원하는 축의 + 또는 − 부호만 수정하는 것만으로 반대편에 이동시키기 편리합니다.

[그림 2.3-64] 부호 변경으로 대칭 배치

머리를 표현할 수 있는 스피어를 생성한 후 배치합니다. 몸통의 폴리곤의 밀도가 머리, 손, 발보다 낮기 때문에 폴리곤 서브오브젝트로 전체 선택을 한 후 [Geometry-MSmooth] 버튼을 클릭해 밀도를 높여 다른 부분들과 비슷하게 맞춰 줍니다. [MSmooth]는 폴리곤을 에지의 개수만큼 나눠 줍니다.

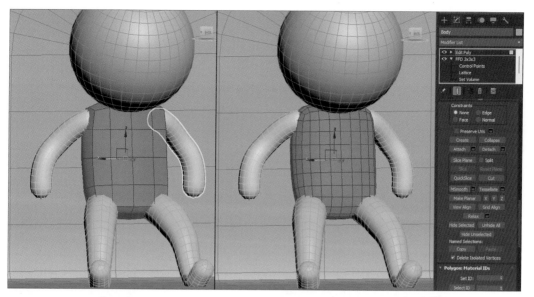

[그림 2.3-65] 머리 생성 및 몸통 밀도 증가

Tip

MSmooth와 Tessellate 차이

[MSmooth]와 [Tessellate]는 2가지 폴리곤을 나눠 준다는 기능은 같지만, 결과는 다릅니다. 세팅 기본값을 전제로 적용하면 [MSmooth]의 외형은 전체적으로 부드럽게 바뀌지만, [Tessellate]은 외형의 변화 없이 면만 나눠 주게 됩니다(이러한 원리는 '3장 하이 폴리곤 과정'에서 좀 더 자세히 다룹니다).

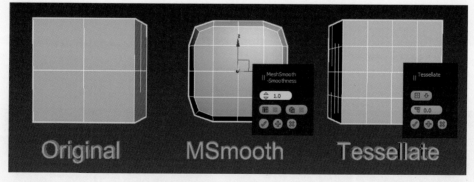

[그림 2.3-66] [MSmooth]와 [Tessellate] 차이

불린으로 오브젝트 병합하기

이제 이후 과정을 위해 지금까지 만든 오브젝트들을 1개의 메시로 합치겠습니다. [Create] 패널에서 [Compound]로 변경한 후 [Boolean]이라는 기능을 사용합니다. 본격적으로 작업하기 전에 기

능에 대한 간단한 예시와 용어들을 스피어와 박스가 있다는 전제로 설명하겠습니다. 효과를 적용해야 하는 기준이 되는 오브젝트를 선택한 후 [Boolean] 버튼을 클릭해 적용합니다.

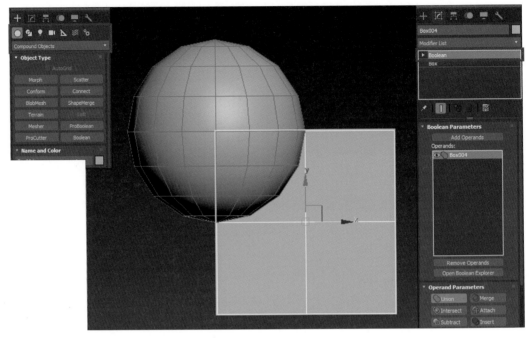

[그림 2.3-67] 불린 적용

[Boolean Parameters]에서 [Add Operands] 버튼을 클릭한 후 스피어를 추가하겠습니다. 목록에 스피어가 추가됩니다.

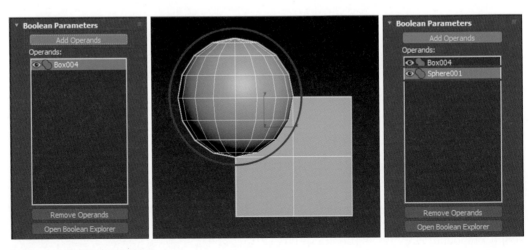

[그림 2.3-68] 불린 오브젝트 추가

겉으로 보기에는 차이가 없어 보이지만, [와이프레임] 뷰로 보면 폴리곤 구조의 차이가 보입니다.

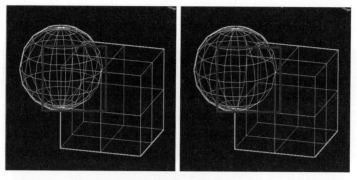

[그림 2.3-69] 불린 전후의 와이어 프레임 구조 변화

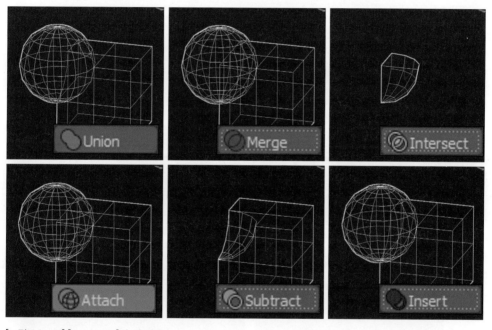

[그림 2.3-70] [Operands] 속성 비교

- **Union:** 겹치는 영역의 폴리곤이 지워지고 합쳐집니다(합집합).
- **Merge:** 겹치는 영역의 폴리곤을 유지시킵니다.
- **Intersect:** 겹치는 영역만 남겨 두고 나머지는 지웁니다(교집합).
- **Attach:** [Edit Poly]의 [Attach]와 같은 기능입니다.
- **Subtract:** [Operands] 목록의 [Subtract]로 설정된 오브젝트와 겹친 부분 만큼만 지웁니다(차집합).
- **Insert:** [Insert]와 겹친 부분의 다른 오브젝트 폴리곤만 지웁니다.

스플라인은 합칠 수 없기 때문에 불린에 포함시키기 위해서는 [Edit poly] 스택을 추가해야 합니다. 와이어 프레임의 구조는 합치는 방법에 따라 바뀔 수 있습니다.

[Frame] 오브젝트에 불린을 적용한 후 나머지 오브젝트들을 [Union]으로 붙여 줍니다.

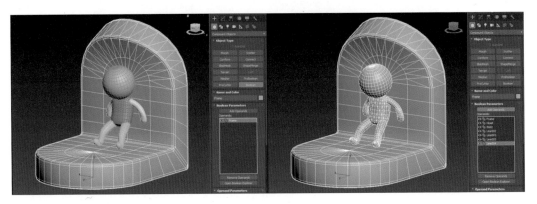

[그림 2.3-71] 불린 적용

불린이 적용된 후에는 폴리곤 구조가 엉망으로 잡히게 됩니다. [Edit poly] 스택을 추가한 후 리본 툴의 [Quad All] 효과를 적용해 쿼드로 변환합니다.

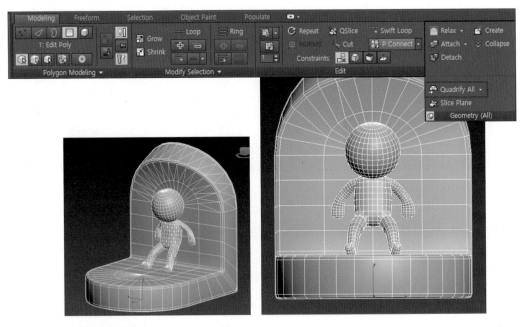

[그림 2.3-72] [Quad All] 적용

이후 과정으로 넘어가기 전에 [Unwrap UVW]를 적용해 간단하게 UV 조각들을 나눠 줍니다. 모든 폴리곤을 선택한 후 [Flatten by Smoothing Group]을 적용합니다.

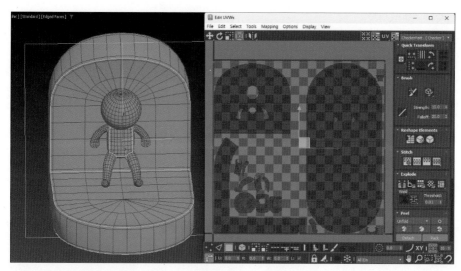

[그림 2.3-73] [Flatten by Smooting Group] 전체 적용

리토폴로지로 폴리곤의 구조 변경하기

현재 폴리곤은 다각형과 삼각형이 복잡하게 구성된 형태로, 편집이나 이후 작업이 어려운 형태입니다. 이러한 구조를 빠르게 잡아 내기 위한 기능에 대해 알아보겠습니다.

[Mesh Cleaner] 스택을 추가합니다. 메시 클리너는 현재 폴리곤 구조의 오류를 찾습니다. 특히, 불린의 경우 이러한 문제를 야기하는 기능 중 하나입니다. 스택을 추가한 후 [Detect Problems]를 클릭해 에지나 폴리곤 구조의 문제를 파악합니다. [Repair Selected]를 클릭해 문제가 되는 에지들을 정리합니다.

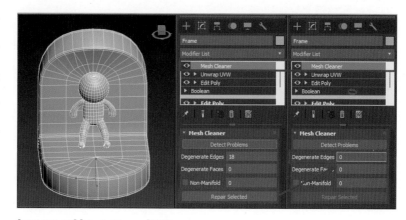

[그림 2.3-74] [Mesh Cleaner] 적용

[Retopology] 스택을 추가한 후 다음과 같이 파라미터를 수정합니다. 마지막으로 [Compute] 버튼을 클릭해 효과를 적용합니다.

- Face Count: 6000
- Quad Tolerance %: 10(기본값)
- Subdivision Factor: 1(기본값)
- Regularize: 0.5
- Anisotropy: 1.0
- Adaptivity: 1.0
- Auto Edge-Smoothing Groups 활성화(기본값)
- Auto Edge-UV Channel 활성화

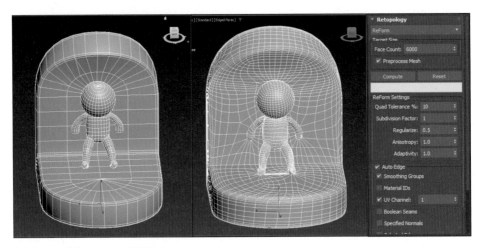

[그림 2.3-75] [Retopology] 적용

파라미터에 따라 폴리곤 구조의 모양과 개수가 달라지며 밀도에 대한 차이도 생깁니다. 기본값을 기준으로 단일 파라미터가 어떻게 변화하는지 살펴본 후 상황에 따라 설정해 사용하면 됩니다.

- [Face Count] 5000, 6000: 페이스 카운트 값은 절댓값이 아닌 근삿값입니다. 이후 비교에서는 카운트 결과가 더 잘 나오는 '6000'을 기본값으로 사용하겠습니다.

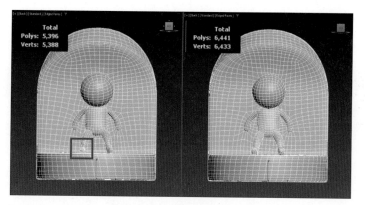

[그림 2.3-76] 페이스 카운터 5000과 6000 비교

- [Regularize] 0, 0.5, 1: 0.5로 설정했을 때 대칭의 형태가 상대적으로 잘 유지됩니다.

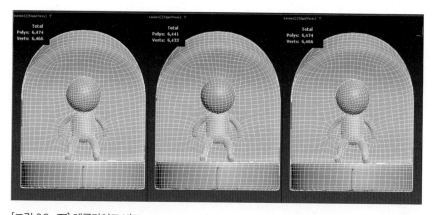

[그림 2.3-77] 레귤라이즈 비교

- [Anisotropy] 0, 0.5, 1: '비등방성'이라는 뜻으로, 곡면과 같이 묘사에 좀 더 필요한 경우 폴리곤의 밀도가 높아지고 상대적으로 평평한 경우 밀도를 낮춥니다.

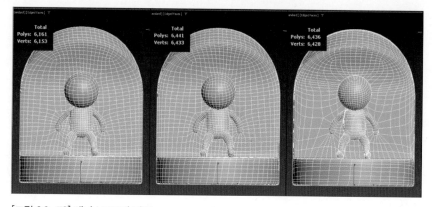

[그림 2.3-78] 애니스트로피 비교

- [Adaptivity] 0, 0.5, 1.0: 폴리곤의 정사각형 정도를 조절합니다. 0에 가까울수록 정사각형에 가까운 형태를 유지하려고 합니다.

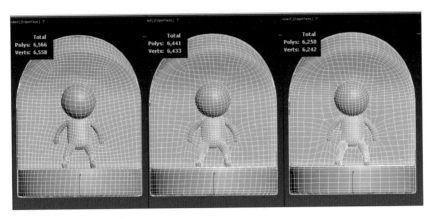

[그림 2.3-79] [Adaptivity] 비교

- **UV Channel:** 1 활성화

리토폴로지를 실행하더라도 이전의 UV 조각들을 유지하는 기능입니다. 리토폴로지를 적용하면 기존의 링이나 루프와 같은 연속된 선택에 제약이 생기는 경우가 많기 때문에 리토폴로지 전 미리 UV 조각들을 정리해 둔 후에 적용하는 것이 좋습니다.

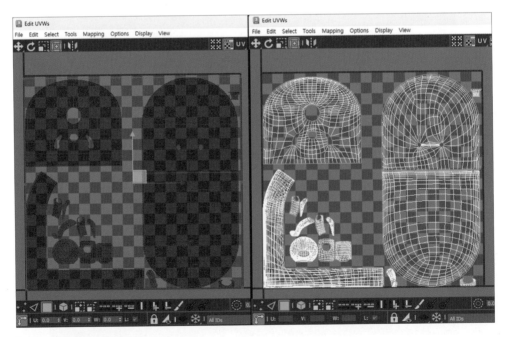

[그림 2.3-80] UV 채널 활성화

버텍스 카운트(버텍스 개수 확인)

뷰포트에서 실시간으로 버텍스나 폴리곤의 개수를 확인할 수 있습니다. 뷰포트의 [+]를 클릭한 후 [Configure Viewport-Statistics-Application] 항목의 [Show Statistics in Active View]를 활성화합니다.

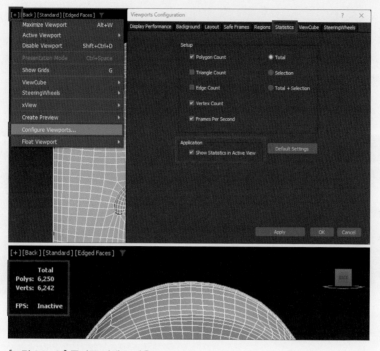

[그림 2.3-81] 폴리곤 버텍스 카운트

2.3-3 건물 제작 프로세스

　3D 인테리어에서 건축물(벽, 바닥 등)은 기초이자 핵심이라고 할 수 있습니다. 실내 표현에 필수적인 요소는 천장, 기둥, 벽, 바닥입니다. 건물 표현의 기본은 외장재(유리, 조적, 석재 등)로 감싸 표현하는 것입니다. 시뮬레이션을 위해서라면 내부 골조까지 전부 구현해야 할 것입니다. 하지만 시각화를 목적으로 한다면 눈에 보이는 시각적인 요소들만으로도 충분합니다. 이러한 기본 구조의 외형을 제작하기 전에 전체적인 구성을 빠르게 잡기 위한 과정을 알아보겠습니다.

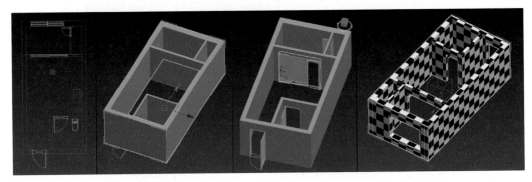

| 도면 데이터 | 구조물 제작 | 출입구 제작 | UVW map |

[그림 2.3-82] 구현 순서

→ [AEC Extended]를 활용한 화이트 박싱

건물이나 실내를 구성할 때 가장 기본이 되는 구조는 '바닥'과 '벽'입니다. 특히, 벽의 경우 구조적으로 제작하기 어렵습니다. 맞닿는 경계, 기둥과 출입구의 구분 등을 폴리곤으로 제작하는 것은 난도가 높은 작업이라기보다는 손이 많이 가는 작업입니다. [Architectural], [Engineering], [Construction]은 큰 구성을 할 때 편리하게 사용할 수 있는 기능입니다.

이러한 기본 구조를 잡는 과정을 리얼타임 엔진에서는 화이트 박싱(또는 그레이 박싱) 이라고 합니다. 화이트 박싱의 목적은 크게 3가지로 나눌 수 있습니다.

- 전체적인 모양, 동선, 느낌(거리감, 질감) 등을 빠르게 파악한다.
- 텍스처의 적정한 크기를 기준으로 정리한다(4장, 언리얼 엔진을 이용한 건축 시각화에서 다룹니다).
- 집중적으로 묘사해야 할 카메라 뷰를 설정한다. 카메라 뷰를 기준으로 배치하게 될 오브젝트 및 텍스처의 밀도를 설정한다.

'2-3-2_AECbase.max' 파일을 열면 간단한 형식의 원룸 도면이 있습니다. 이는 필자가 살았던 원룸의 형태를 예제로 따라 하기 쉽게 일부만 도면화해 제작한 것입니다. 일반적인 캐드(CAD)에서 제작한 도면 데이터는 .DWG 형식으로 저장되며 3ds Max에서 임포트해 사용합니다. 캐드의 선 데이터는 스플라인으로 인식됩니다. 별도의 레이어로 구분돼 있으며 컬러가 제대로 표시되지 않는 이유는 레이어가 프리즈돼 있기 때문입니다. 버텍스 스냅을 활성화한 상태에서 작업합니다.

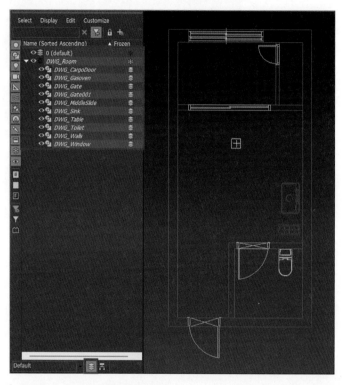

[그림 2.3-83] DWG 캐드 도면 데이터

[Create] 패널의 [Geometry-AEC Extended] 항목에서 [Wall]을 선택합니다. [Shape]의 라인과 동일한 방식으로 사용할 수 있습니다. 위치에 대한 스냅 기능을 활성화한 상태에서 직사각형의 원룸의 큰 외형을 제작합니다. [AEC]에서 선을 기준으로 벽의 두께를 생성합니다. 진행 방향을 기준으로 벽의 왼쪽(Left), 중앙(Center), 오른쪽(Right) 중 1개를 기준으로 벽으로 생성된 라인에 정렬시킵니다. 이 예제에서는 일관성 있게 모든 기준을 Left로 진행하겠습니다. 셰이프에서 라인과 같이 연달아 클릭하면서 모양을 만들고 마지막에 웰드 포인트를 적용합니다.

- **Width:** 25.0cm
- **Height:** 250.0cm
- **Justification:** Left

[그림 2.3-84] [AEC Extended Wall]의 제작 순서

[Modifier] 패널에서 [Wall]의 서브오브젝트를 [Segment]로 설정한 후 가장 위쪽의 세그먼트의 두께에 '35cm'를 입력합니다. 세그먼트마다 벽의 두께를 다르게 지정할 수 있습니다. 일반적으로 [Top] 뷰를 기준으로 위쪽(Y+ 방향)을 북쪽으로 설정해 제작합니다. 이후 방향을 지칭할 때 동(X+), 서(X-) 남(Y-), 북(Y+)으로 명시하겠습니다.

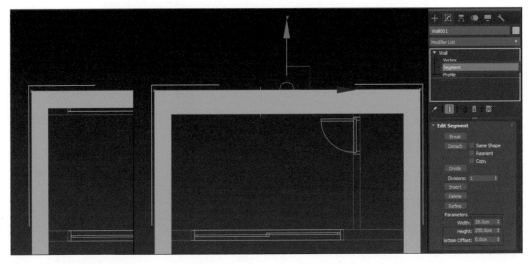

[그림 2.3-85] 벽면 두께 설정

안쪽의 벽면도 생성합니다. [그림 2.2-443]에서 색이 다르게 표시된 것은 연결되지 않았다는 의미입니다. 1, 2, 3번 벽은 15cm, 4번 벽만 20cm입니다.

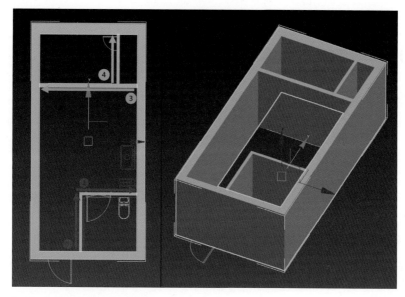

[그림 2.3-86] 기본 벽 구조 제작

외벽의 [Wall] 오브젝트를 선택한 후 [Attach Multiple]로 내벽을 합칩니다. 내벽을 합치더라도 설정된 두께는 그대로 유지됩니다.

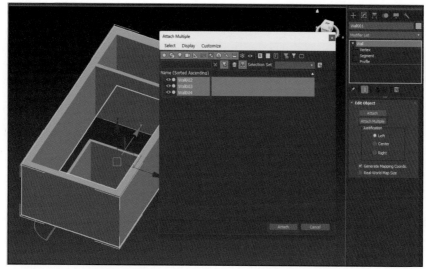

[그림 2.3-87] 외벽에 내벽을 어태치(Attach)

화이트 박싱의 목표는 정확한 구조를 빠르게 잡는 것이기 때문에 중간에 추가되는 벽을 표현할 때는 서로 다른 점을 클릭해 연결하더라도 클로즈(Close)시키지 않는 것이 형태를 잡는 데 불필요한 찌꺼기 오브젝트를 생성하지 않는 방법입니다.

→ Doors와 Windows를 이용해 출입구 제작하기

출입구나 창문을 만들기 위해 벽을 나누다 보면 본연의 작업 목적에서 벗어나 폴리곤을 정리하는 데 많은 시간을 쓰게 됩니다. AEC로 작업한 벽의 경우, [Edit Poly]로 넘어가기 전에 [Doors]나 [Windows]라는 오브젝트를 함께 활용하면 구조를 변경하는 시간을 절약할 수 있습니다.

도어 오브젝트의 종류는 다음과 같습니다.

- Pivot: 일반적으로 볼 수 있는 한쪽 면을 축으로 회전하는 문입니다.
- Sliding: 좌우로 밀어 여닫는 형태의 문입니다. 몇 개의 문으로 나눌 것인지를 결정할 수 있습니다.
- Folding: 주로 베란다나 외부로 통하는 발코니에 설치하는 접이식 문입니다.

[Create 패널]의 [Geometry-Doors] 항목에서 [Pivot]을 선택합니다. 생성 방법은 [Standard Primitives] 박스와 같습니다.

- **최초 클릭 후 드래그:** 문의 방향 설정
- **마우스 이동 후 클릭:** 문 프레임의 두께 설정
- **두 번째 클릭 후 마우스 이동 및 클릭:** 문의 높이 설정

문을 생성하고 나면 자동으로 벽면이 문의 프레임에 맞게 뚫리게 됩니다. 만약, 벽을 보이지 않도록 숨겨 놓았다면 문을 생성한 후 다시 보이게 하더라도 벽이 뚫리지 않을 수 있습니다.

- **Height:** 200.0cm
- **Width:** 83.0cm
- **Depth:** 25.0cm
- **Open:** 90.0deg
- **Frame-Width:** 3.0cm

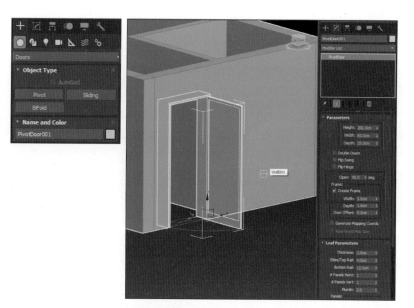

[그림 2.3-88] [Door – Pivot] 오브젝트 제작

피봇 도어를 화장실 방향으로 이동 및 복사(Shift+이동)한 후 [Depth]를 '15cm'로 수정합니다. 열리는 방향이 바뀌도록 [Flip Hinge]에 체크 표시를 합니다(이미지는 위치를 확인하기 쉽도록 벽을 가렸지만, 벽이 보이는 상태로 이동해야 합니다).

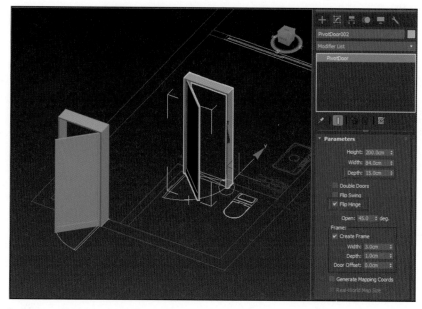

[그림 2.3-89] 화장실 문 복사 후 설정 변경

다용도실 문을 이동 및 복사합니다. 문이 서쪽(X-) 방향으로 열리도록 오브젝트를 회전합니다.

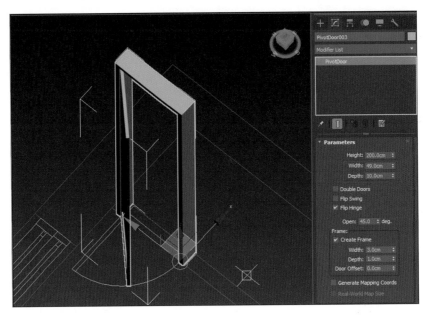

[그림 2.3-90] 다용도실 문

방 중앙은 슬라이딩 도어(Sliding Door)로 새로 생성합니다.

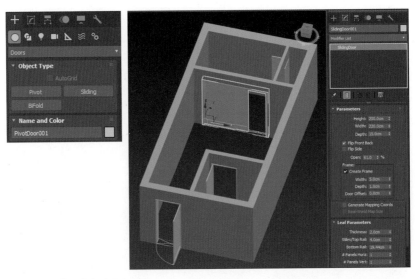

[그림 2.3-91] 중앙 슬라이딩 도어

마지막으로 북쪽(Y+) 벽은 [Create] 패널의 [Windows-Fixed Window]를 선택해 다음과 같이 생성합니다.

- **Height:** 160.0cm
- **Width:** 210.0cm
- **Depth:** 25.0cm

생성이 완료됐다면 이동 모드로 높이를 높여 벽 중앙에 위치하도록 수정합니다.

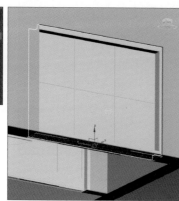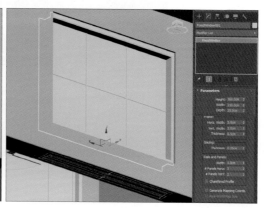

[그림 2.3-92] 창문 생성 및 위치 이동

전체적인 모양은 다음과 같습니다.

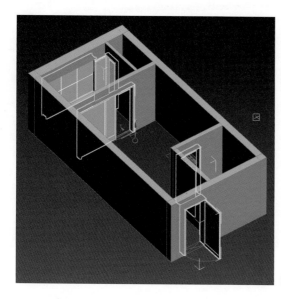

[그림 2.3-93] 문과 창문 제작 완료

→ UVW map을 활용해 정리하기

벽 오브젝트만 선택해 [UVW map Modifier] 스택을 추가합니다.

Box(Width, Height, Length 100.0cm)로 설정합니다.

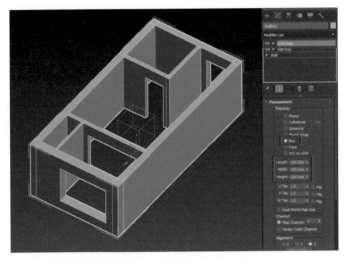

[그림 2.3-94] UVW map 추가

[Material] 창에서 [Physical Material]과 [General-Chacker]을 생성한 후 벽 오브젝트에 적용해 제대로 적용됐는지 확인합니다.

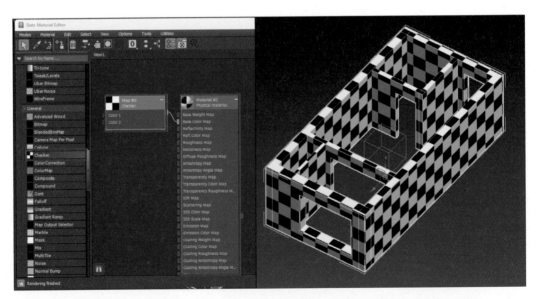

[그림 2.3-95] 체커(Chacker)를 이용한 UV 확인

텍스처를 적용하기 위해 모든 오브젝트의 크기를 균일하게 만드는 것입니다. 일반적으로 1m의 공간을 제작한다면 텍스처의 크기는 1024px을 기준으로 사용합니다. 이러한 텍스처에는 몇 가지 조건을 적용해 제작합니다.

- **그리드(격자):** 텍스처 내부의 크기를 알 수 있다.
- **텍스트:** 거리에 따른 선명도를 파악할 수 있다.
- **마커:** 텍스처의 방향을 파악할 수 있다.

[Material] 창에서 [Physically Material]과 [Bitmap] 노드를 사용해 재질을 생성합니다.

모든 오브젝트에 머티리얼을 적용해 작업을 마무리합니다.

> **Tip**
>
> **[Generate Topology]를 이용해 바닥 패턴 묘사하기**
>
> 화이트 박싱은 정교한 묘사를 하지 않기 때문에 제작 흐름의 목적에는 맞지 않지만, 정교한 바닥 묘사에 도움이 되는 기능을 언급하지 않을 수 없어서 팁으로 소개합니다. 바닥에 깔리는 타일, 장판 등은 일반적으로 텍스처로 묘사합니다. 다만, 필요에 따라 3D로 구체적인 모양을 잡는 경우도 있는데, 이러한 경우 [Ribbon] 툴에 있는 [Generate Topology]를 활용해 사용 빈도가 높은 바닥 타일의 형태 또는 벽의 타일과 같이 형태를 빠르게 제작하는 목적으로 사용합니다.
>
> [Create-Geometry-Standard Primitive]의 [Plane]을 선택합니다. [Length]와 [Width]의 세그먼트를 각 Length Segs: 44, Width Segs: 22로 설정합니다.
>
>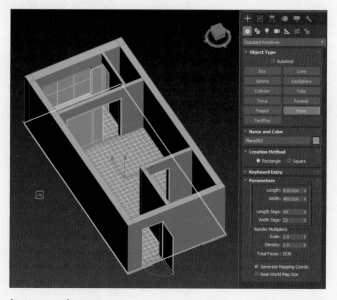
>
> [그림 2.3-96] 바닥면 생성

[Editable Poly]로 변환합니다. 폴리곤 서브오브젝트를 선택한 후 화장실 영역만큼 선택해 디테치(Detach)해 줍니다. 오브젝트 단위로 나눠지도록 합니다. 서로 다른 형태의 타일, 패턴을 만든다면 오브젝트 단위로 나뉘어 있어야 합니다.

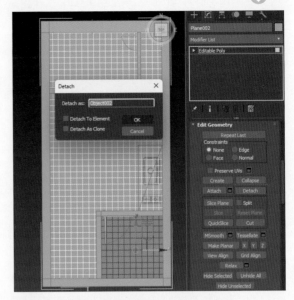

[그림 2.3-97] 화장실 바닥 분리

[Ribbon] 툴의 [Modeling-Polygon Modeling] 항목을 클릭해 숨어 있는 메뉴가 나타나게 한 후 [Generate Topology]를 선택해 창을 활성화합니다.

[그림 2.3-98] 토폴로지 툴

에지 1개만 선택한 후 바닥의 타일을 원하는 패턴의 버튼으로 클릭합니다. 선택한 에지의 방향에 따라 같은 효과라도 타일의 방향이 다르게 생성됩니다. 가로 방향의 에지를 선택한 후 [Brick]을 클릭합니다. 방의 전체 방향과 타일의 방향을 같게 하면 좀 더 길고 넓어 보이는 효과가 있습니다.

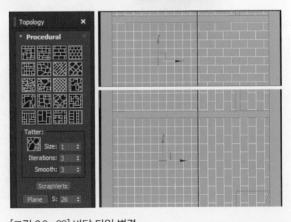

[그림 2.3-99] 바닥 타일 변경

화장실 타일도 타일이 쌓인 것과 같은 효과로 제작합니다. 이번에는 에지를 선택하지 않고도 효과를 적용할 수 있습니다. 효과에 따라 모서리 부분이 [그림 2.3-100]과 같이 잘릴 수 있으므로 효과를 적용할 때는 주의가 필요합니다.

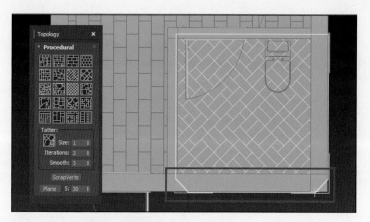

[그림 2.3-100] 화장실 타일 적용

입체적인 표현을 위해 [inset-extrude]를 클릭해 홈이 약하게 파인 효과를 만들어 줍니다.
[Gnerate Topology] 기능을 활용하면 바닥과 같이 일부 타일처럼 반복되는 효과를 빠르게 적용할 수 있습니다. 바닥 타일에 입체감을 주는 방법에는 크게 2가지가 있습니다. 적용 방식에 따라 2가지 결과에 따른 단면의 변화가 있습니다.

· Inset: [By Polygon-Extrude]
요철 모양으로 줄눈, 실리콘 등과 같은 마감 처리까지 재질로 보여 줄 수 있다는 장점이 있지만, 폴리곤의 수가 많이 늘어납니다.

· Bevel: [By Polygon]
베벨만 적용한 경우라면 상대적으로 적은 폴리곤으로 입체감을 표현할 수 있지만, 마감처리에 대한 표현은 어려울 수 있습니다.

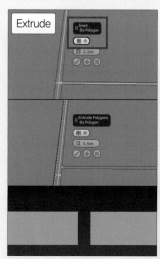
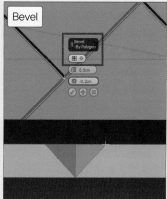

[그림 2.3-101] 바닥 타일의 입체 표현과 단면 비교

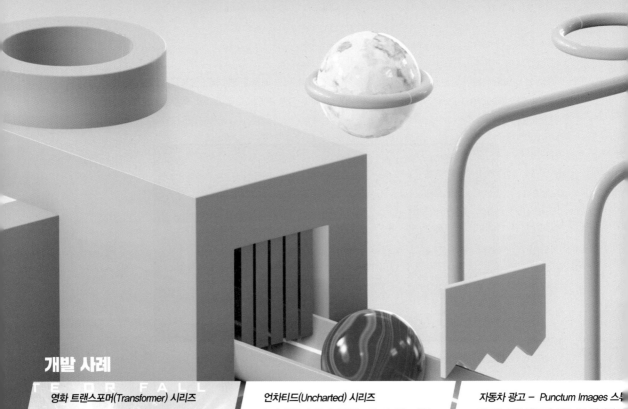

개발 사례

영화 트랜스포머(Transformer) 시리즈

자동차가 로봇으로 변신하는 장면이 환상적인 영화입니다. 변신할 때 현란하게 사용되는 부품들의 효율적인 제작과 실사 합성을 위한 목적으로 고품질의 폴리곤 데이터를 제작합니다.

언차티드(Uncharted) 시리즈

소니 컴퓨터 엔터테인먼트의 비디오 게임 시리즈로, 탐험과 퍼즐을 중심으로 한 액션 어드벤처 게임입니다. 주인공이 세계 각지를 돌아다니며 보물을 찾는 이야기를 다루며 영화로 제작되었습니다.

자동차 광고 – Punctum Images 스튜

자동차 산업 광고의 경우 3D 렌더링 작업은 실사 영화 촬영의 한계 (예산, 시간 제약)가 거의 존재하지 않으세계 에이전시와 유명한 자동차 제조업체 표준이 됐습니다.

출처: https://www.imdb.com

출처: https://www.autodesk.com/campaigns/ autodesk-for-games

출처: https://area.autodesk.com/inspire/ articles/8E87TSaR0

출처: https://stories/

하이 폴리곤
모델링

Chapter 3에서는 퀄리티를 향상시키고자 할 때 빼놓을 수 없는 하이 폴리곤 모델링 기법에 대해 다룹니다. 하이 폴리곤을 직접 다루는 오프라인 렌더링 분야와 달리, 리얼 타임엔진에서는 최적화하는 방법으로 텍스처를 추출(베이킹)하는 방법을 사용합니다. 상대적으로 낮은 성능의 모바일 게임이나 메타버스, VR, AR과 같은 비게임 분야에서도 최적화 및 퀄리티 향상을 위해 사용되는 보편적인 기술입니다.

3.1 하이 폴리곤 모델링 소파 만들기

3.1-1 하이 폴리곤 모델링 이해하기

하이 폴리곤 모델링은 다양한 기법을 통해 로우 폴리곤보다 디테일하게 묘사하는 방법입니다. 이러한 모델링 기법에 가장 기본이 되는 규칙들에 대해 알아보고 하이 폴리곤 모델링을 그대로 사용할 수 없는 환경에서 최적화를 하기 위한 3D 데이터를 텍스처 파일로 추출하기 위한 과정에 대해 알아보겠습니다.

> ✕ **학습 목표**
>
> 하이 폴리곤 모델링 기법을 이해할 수 있다.

➔ 하이 폴리곤과 서브디비전

하이 폴리곤은 '많은 수의 폴리곤' 또는 '몇 만 개 이상의 폴리곤' 등으로 구분됐습니다. 리얼타임 엔진에 직접 사용하는지의 여부로 구분하기도 했는데, 리얼타임에 사용하는 '로우 폴리곤'과 적은 폴리곤으로 부족해진 입체적인 묘사를 텍스처로 추출(Bake Texture)하는 것을 목적으로 제작하는 '하이 폴리곤'으로 구분하기도 했습니다. 하지만 언리얼 엔진 5에 'Lumen'과 'Nanite'라는 2가지 시스템이 탑재되면서 고사양의 PC에서는 과거 리얼타임 엔진에 직접 불러오지 못하는 수천 만 개로 이뤄진 하이 폴리곤을 직접 사용할 수 있게 됐습니다.

따라서 폴리곤의 개수에 대한 기준이나 리얼타임 엔진에서의 사용 여부와는 다른 분류 기준이 필요해졌습니다.

새로운 기준을 설명하기 위해 서브디비전(Subdivision)이라는 기술을 이해할 필요가 있습니다.

서브디비전을 단순히 정의하면 '폴리곤을 나누는 기술'이라고 할 수 있습니다. 원본은 레벨 0, 한 번은 레벨 1, 두 번은 레벨 2 식으로 각 단계를 표현합니다. 단계마다 폴리곤을 더 잘게 나누게 됩니다. 사용하는 기능에 따라 사각형이나 삼각형으로 나뉩니다.

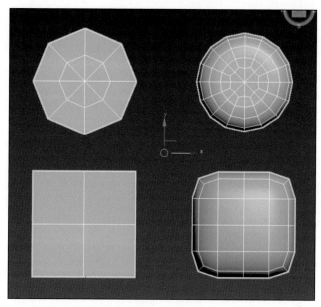

[그림 3.1-1] 실린더와 박스 서브디비전 적용 전후

서브디비전이 적용될 때 각 버텍스 간의 장력(Tension)이 작용해 레벨이 높아짐에 따라 원에 가까운 형태가 됩니다. 하이 폴리곤 모델링은 이러한 서브디비전의 면 분할과 텐션을 응용하는 모델링 기법이라고 할 수 있습니다.

서브디비전과 관련해 3ds Max의 [Modifier] 스택은 다음과 같습니다.

- **터보 스무스(Turbo Smooth):** 가장 보편적으로 사용하는 서브디비전으로, 기능 레벨별 단계 조절이 가능합니다.
- **오픈 섭디(Open SubD):** 픽사의 마야를 기반으로 사용하기 위한 인하우스 툴로, 3ds Max에도 탑재돼 있습니다. 에지의 크리스 값을 이용해 텐션 조절이 가능합니다. Open SubD의 경우, [Crease Set]과 함께 사용하는 것이 편리합니다.

- **테셀레이트(Tessellate):** 텐션을 조절할 수 있지만, 레벨 4까지만 조절할 수 있습니다.
- **서브디바이드(Subdivide):** 길이를 기준으로 폴리곤을 나누는 기능입니다.

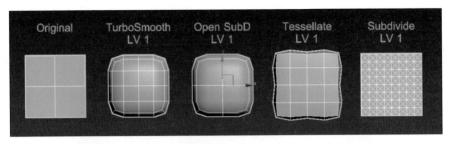

[그림 3.1-2] 서브디비전 스택의 종류와 기본값의 형태

➜ 하이 폴리곤의 작업 흐름

하이 폴리곤 작업부터 리얼타임 엔진에 사용할 데이터 제작까지의 흐름은 크게 2가지로 나눌 수 있습니다. 앞에서 설명한 여러 서브디비전 기능 중 가장 보편적인 터보 스무스를 적용하는 방식을 설명하면 다음과 같습니다.

❶ **하이 폴리곤 모델링:** 서브디비전과 펜스 작업을 활용해 폴리곤을 제작합니다.
❷ **로우 폴리곤 모델링:** 하이 폴리곤의 디테일한 정보를 추출하기 위한 폴리곤을 제작합니다.
❸ **케이지 설정:** 하이 폴리곤의 표면을 추출하기 위한 데이터를 생성합니다.
❹ **텍스처 베이킹:** 하이 폴리곤 표면의 데이터를 텍스처(2D 이미지)로 추출 및 합성합니다.

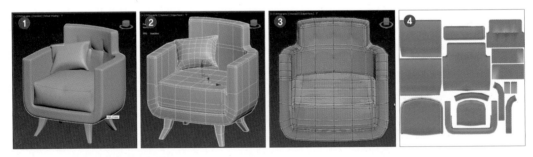

[그림 3.1-3] 하이 폴리곤의 작업 흐름

이렇게 정리된 텍스처를 로우 폴리곤과 함께 언리얼 엔진에서 머티리얼 제작을 통해 활용하는 구조입니다. 이러한 작업 흐름에 맞춰 각 공정에 부가적인 설명과 팁을 정리했습니다.

폴리곤을 정교하게 제작하기 위해서는 다음과 같이 폴리곤의 구조적인 변화에 익숙해지는 것이 좋습니다. 폴리곤의 구조가 변하면 링이나 루프의 흐름도 변합니다. 구조를 알고 있다면, 툴은 크게 문제가 되지 않습니다. 커넥트, 컷, 챔퍼, 브리지 등 다양한 [Edit Poly]의 기능을 활용해 면을 늘릴 것인지, 줄일 것인지를 정하면 되고 이러한 흐름의 변화에는 중간 단계의 폴리곤들이 하나씩 필요합니다. [그림 3.1-4]에는 이러한 폴리곤 흐름이 변화하는 곳에 빨간색으로 표시했습니다. 줄이는 것은 위에서 아래로의 변화, 늘리는 것은 아래에서 위로의 변화를 참고하면 됩니다.

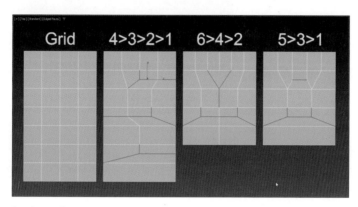

[그림 3.1-4] 폴리곤 구조 예시

Tip 3D 스캐닝 폴리곤의 특징

3D 스캐닝 데이터의 경우, 하이 폴리곤 과정을 대체한다고 알려져 있습니다. 하지만 3D 스캐너의 정밀도가 높지 못하기 때문에 하이 폴리곤을 완전히 대체하기는 어렵습니다. 수백만 원대의 광학용 스캐너의 오차 단위가 밀리미터(mm)~센티미터(cm) 수준으로 스캔 공간이 넓어질수록 오차가 늘어납니다. 기초도 없이 작업하는 것보다 편하게 하이 폴리곤 작업이 가능하겠지만, 도면과 밀리미터(mm) 단위로 맞춰야 하는 건축, 제품, 공학에는 어울리지 않고 정밀함보다 사실적인 느낌만 전달하면 되는 소품, 영상, 체험용 콘텐츠에는 적합할 수 있습니다. 필요한 콘텐츠의 종류에 따라 도입 여부를 잘 선택해야 합니다.

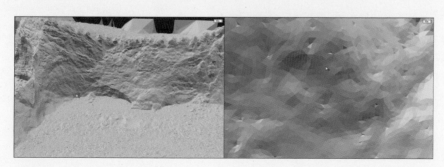

[그림 3.1-5] 3D 스캔 데이터 확대 전후

→ 펜스 처리

서브디비전 적용 전후에 내가 원하는 곡률(휘어지는 정도)을 조절하기 위해 중간에 에지를 추가해 막는 것을 '펜스(울타리) 처리'라고 합니다. 펜스 처리를 위해서는 크게 커넥트 (Connect), Ribbon Tool의 Swift Loof를 사용합니다. 이 밖에도 에지를 생성할 수만 있다면, 앞에서 배운 [Inset], [Extrude] 등과 같은 다양한 기능을 통해 펜스 처리를 할 수 있습니다.

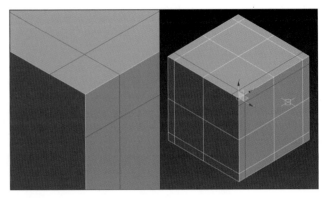

[그림 3.1-6] 펜스 처리 기본 형태

만약, 다리 부분과 같이 원기둥의 형태라면 양끝을 펜스 처리하기 어려운 이러한 방법 외에도 다양한 에지 처리 방식이 있지만, 각 모서리, 원형을 참고해 형태를 다듬어 나가는 것이 중요합니다.

3.1-2 하이 폴리곤 의자 제작

✕ 학습 목표

하이폴리곤 모델링 기법을 통해 소파를 제작하고 싶다.

✕ 순서

❶ 의자 제작하기 – 펜스 처리
❷ 쿠션 제작하기 – Cloth 시뮬레이션
❸ 다리 제작하기 – 챔퍼와 커넥트를 이용한 펜스 처리 기법

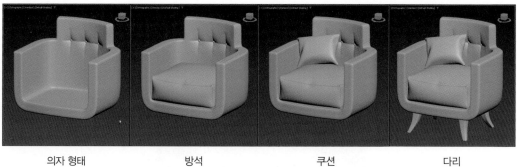

| 의자 형태 | 방석 | 쿠션 | 다리 |

[그림 3.1-7] 하이 폴리곤 의자 제작 순서

→ 기본 형태 제작

월드 영점에 플랜(Plane)을 생성합니다. 여기서 만든 플랜은 의자의 바닥면에 해당합니다. 오브젝트의 이름은 'High_Frame'으로 변경합니다.

- **Length:** 50.0cm ・ **Width:** 50.0cm
- **Length Segs:** 4 ・ **Width Segs:** 4

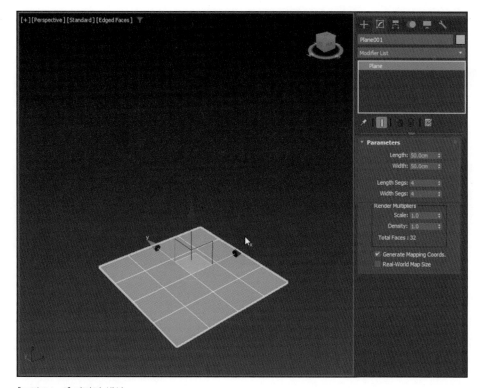

[그림 3.1-8] 바닥면 생성

[Editable Poly]로 변환한 후 버텍스를 조절해 뒤쪽이 라운딩되도록 묘사합니다.

[그림 3.1-9] 뒷면 버텍스 수정

의자 등받이에 해당하는 부분의 에지를 선택한 후 Shift + 드래그로 확장해 생성합니다. 꺾인 부분의 에지에 챔퍼를 3.5cm 간격이 되도록 적용합니다.

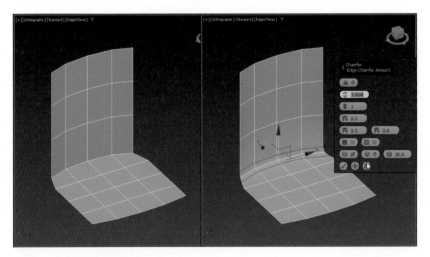

[그림 3.1-10] 등받이 생성

팔걸이에 해당하는 에지도 같은 요령으로 확장합니다. 조금씩 회전하면서 확장해 앞쪽이 벌어지는 형태로 묘사합니다. 마지막으로 등받이와 브리지를 연결합니다.

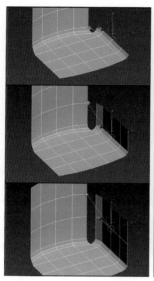
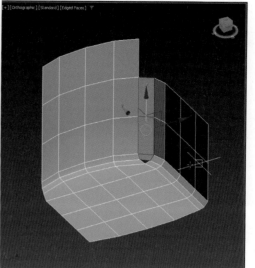

[그림 3.1-11] 팔걸이 생성 및 연결

브리지로 연결된 면의 가로축을 커넥트로 나눈 후 자연스럽게 폴리곤의 흐름을 이동시켜 잡아 줍니다. 구멍이 뚫린 부분을 보더 서브오브젝트로 선택한 후 캡으로 메워 줍니다.

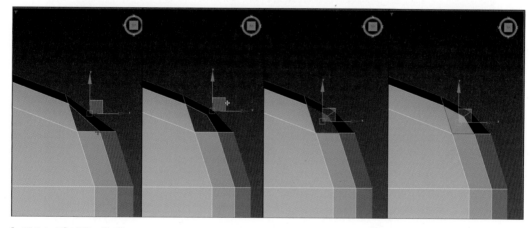

[그림 3.1-12] 커넥트 후 캡

서브오브젝트를 해제하고 셸(shell) 스택을 추가합니다.

- Inner Amount: 8.0cm
- Outer Amount: 0.0cm
- Straighten Corners: 활성화

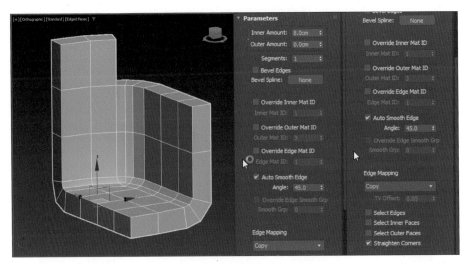

[그림 3.1-13] 셸 적용

두께로 생긴 안쪽 면을 삭제합니다.

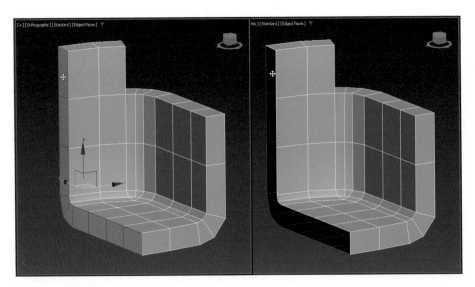

[그림 3.1-14] 셸 안쪽 면 삭제

뒷면에 연결되지 않은 버텍스들을 선택한 후 스케일 모드에서 X축으로 축소하고 웰드(Weld)시킵니다.

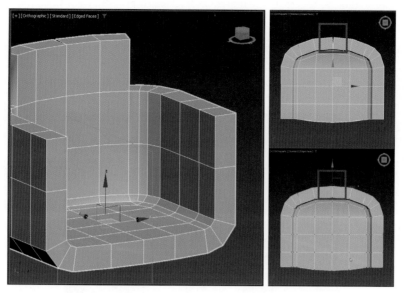

[그림 3.1-15] 뒷면 틈새 연결

터보 스무스를 적용한 후 [Separate by: Smooting Groups]를 활성화해 스무딩 그룹끼리만 부드럽게 폴리곤의 흐름이 잡히도록 수정합니다.

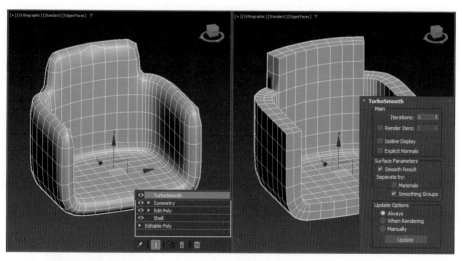

[그림 3.1-16] 스무딩 그룹 체크

서브디비전 중 가장 많이 사용되는 [Turbo Smooth] 기능을 통해 기본 도형이 서브디비전 적용 시 어떻게 변하는지 확인해 보겠습니다. 이것이 바로 박스 오브젝트의 특징입니다. 정육면체의 박스 오브젝트가 있다면, 서브디비전 레벨에 따라 점점 원형에 가까운 형태로 정리됩니다. 다만, 완벽한 원의 형태는 아닙니다. 또한 부피도 줄어드는 것을 알 수 있습니다. 이러한 이유로 펜스 처리를 해서 두께를 조절해야 합니다.

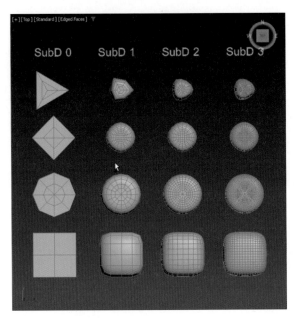

[그림 3.1-17] 서브디비전 변화

등받이에 쿠션감이 느껴지도록 주름을 잡는 작업을 하겠습니다. [그림 3.1-18]과 같이 십자 모양으로 선택한 후 챔퍼를 적용합니다.

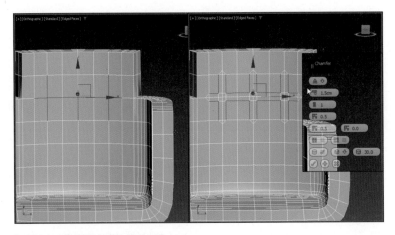

[그림 3.1-18] 등받이 주름 챔퍼 적용

안쪽 면을 선택한 후 스케일을 전체 축으로 적용해 크기를 줄입니다.

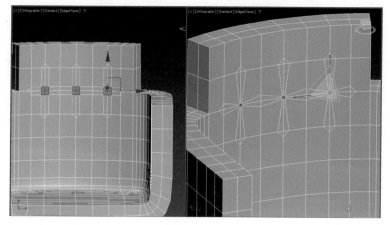

[그림 3.1-19] 생성된 면 중심 스케일 축소

중심 십자선을 기준으로 Z축으로 밀어 넣은 후 범위를 줄여 버텍스를 선택하고 마지막으로 중심의 버텍스만 잡고 한 번 더 밀어 넣는 식으로 서서히 중심으로 갈수록 안쪽으로 밀어 넣어 줍니다.

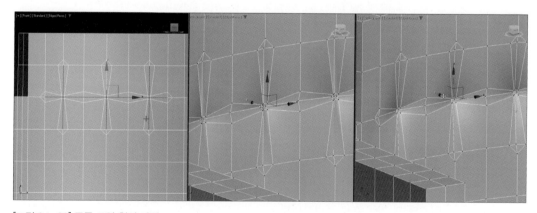

[그림 3.1-20] 주름 모양 형성 과정

터보 스무스가 적용됐을 때 부드럽게 곡선 모양이 잡히도록 [그림 3.1-21]과 같이 가로로 한 번 더 나눠 줍니다. 다시 한번 중심을 밀어 넣어 줍니다.

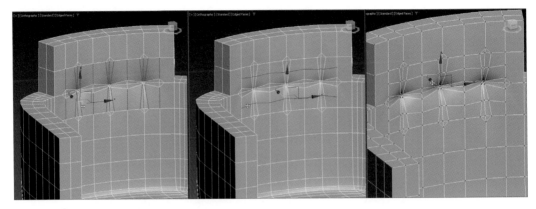

[그림 3.1-21] 에지 분할 후 중심 밀어 넣기

나눠진 중심선을 쿼드 형태가 되도록 주변을 정리합니다. [링으로 선택-커넥트]를 적용합니다. 이후 버텍스를 선택해 커넥트로 이어 줍니다.

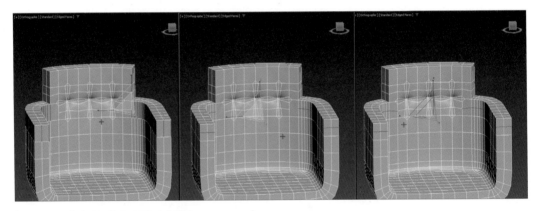

[그림 3.1-22] 에지 분할 후 중심 밀어 넣기

나머지 세로축의 양끝과 가로축을 정리합니다.

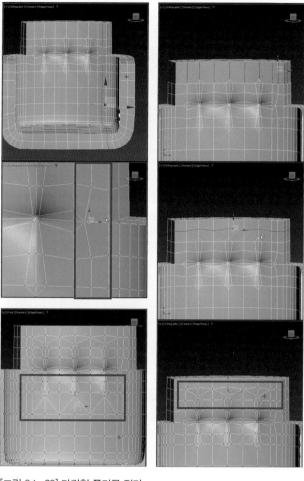

[그림 3.1-23] 다각형 폴리곤 정리

아직 하이 폴리곤으로 넘어가기 전이지만, 하이 폴리곤으로 적용된다면 십자가 같던 모양이 주름진 쿠션 모양으로 보일 것입니다.

[그림 3.1-24] 하이 폴리곤 적용 예상 모습

➜ 펜스 처리 및 터보 스무스 적용하기

펜스 처리를 위한 [Edit Poly]
스택을 추가한 후 그 위에 터보
스무스를 추가합니다. 에지가 원
하는 곡률(휘어지는 정도)을 조절
하기 위해 중간에 에지를 추가해
막는 것을 '펜스(울타리) 처리'라
고 합니다. 펜스 처리를 위해서
는 크게 2가지 툴을 사용하는데,
일반적으로 에지와 에지 사이
를 연결하는 Connect와 Ribbon
Tool의 Swift입니다. 이 밖에도
에지를 생성할 수만 있다면, 앞
서 배운 [Inset], [Extrude] 등 다
양한 기능을 통해 펜스 처리를
할 수 있습니다.

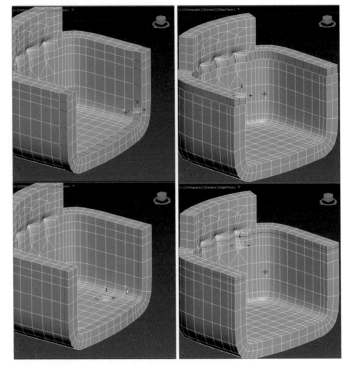

[그림 3.1-25] 펜스 처리

팔걸이 가장 앞의 수평 에지를 선택한 후 링 추가를 선택하고 커넥트를 적용해 수직면에 대한 펜
스 처리를 합니다. 팔걸이 수직 에지를 선택한 후 [링 추가 선택-커넥트] 적용으로 수평 축도 펜스
처리를 합니다.

> ### Tip 스위프트 루프를 이용한 펜스 처리
>
> 커넥트 외에도 리본 툴의 스위프트 루프 기능으로 빠르게 펜스 처리를 할 수 있습니다. 녹색 선으로 적용
> 하기 전의 상태를 볼 수 있고 녹색 선을 클릭하면 루프로 에지가 추가됩니다. 하이 폴리곤 결과를 보면서
> 작업하기 위해서는 스택 아래에 있는 [Show Result] 버튼을 활성화한 후 [Edit Poly] 모드의 [Show Cage]
> 버튼을 활성화합니다. 터보 스무스 전의 로우 폴리곤의 형태를 보면서 펜스 처리를 할 수 있습니다.

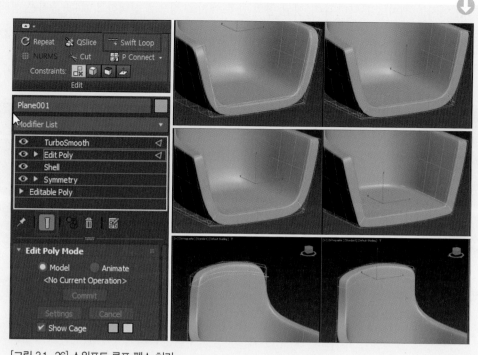

[그림 3.1-26] 스위프트 루프 펜스 처리

펜스는 결국 에지 간의 거리에 따라 경계가 얼마나 날카롭게 생기는지를 결정하는 과정입니다. 부드럽게 묘사하고 싶다면 간격을 멀게, 날카롭게 묘사하고 싶다면 가깝게 하면 됩니다. 팔걸이 안쪽의 에지를 선택해 커넥트를 적용할 때 핀치(Pinch) 값을 이용해 두께가 생긴 부분의 펜스 처리를 하면 전체적인 간격을 조절하기가 편리합니다.

팔걸이 부분에 스티치 (바느질)를 묘사하기 위해 추가로 묘사해 보겠습니다. 바느질을 묘사하는 부분은 표현의 특징상 펜스 처리와 동일한 접근 방식과 원리를 응용한 것으로, 펜스 처리에서 진행하겠습니다.

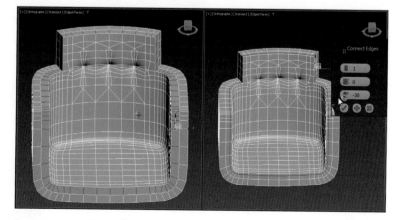

[그림 3.1-27] 커넥트를 이용한 에지 추가

추가된 에지를 챔퍼로 분할한 후 분할된 면의 안쪽 에지를 링으로 선택하고 Ctrl + 폴리곤 선택으로 선택 영역을 면으로 변환합니다. 그런 다음 [Extrude: Local Normal] 옵션을 이용해 면을 확장합니다.

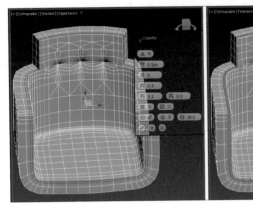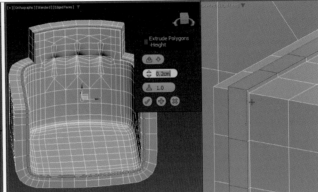

[그림 3.1-28] 에지 분할 후 폴리곤 Extrude

바깥쪽 에지를 선택한 후 Ctrl + Backspace로 삭제합니다.

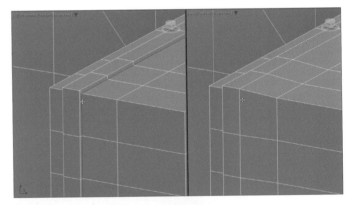

[그림 3.1-29] 에지 분할 후 폴리곤 [Extrude]

안쪽 에지는 링으로 선택하고 에지 상태에서 [Extrude]를 적용해 안쪽으로 파고들어가 천이 말려들어간 것 같은 효과를 만들어 줍니다.

[그림 3.1-30] 안쪽 에지 [Extrude]

터보 스무스를 적용해 보면 천이 말려들어간 부분처럼 묘사되고 90°로 꺾인 모서리가 둥글게 묘사된 것을 확인할 수 있습니다.

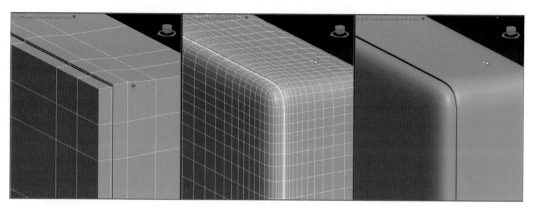

[그림 3.1-31] 터보 스무스 적용 비교

바깥쪽 에지도 루프로 선택한 후 [Extrude]를 적용합니다. 터보 스무스를 적용하면 안쪽과 달리, 명암이 깊게 생기지 않습니다. 면이 안쪽으로 말려들어가지 않았기 때문입니다.

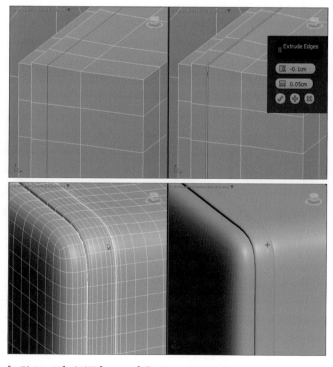

[그림 3.1-32] 바깥쪽 [Extrude] 후 터보 스무스 결과

터보 스무스 스택 위에 [Edit Poly]를 추가합니다. 에지로 안쪽 중심선을 링으로 선택합니다. [Create Shape]를 클릭해 선택한 에지대로 스플라인을 생성합니다. 바느질 땀을 생성하기 위해 패스디 폼을 사용할 것입니다. 즉, 패스 디폼에 필요한 스플라인을 생성하는 것입니다.

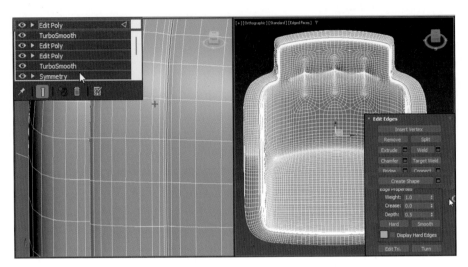

[그림 3.1-33] 바느질 땀을 표현하기 위한 에지 선택

[Shape Type] 항목의 [Linear]를 클릭한 후 이름을 'StitchShape'로 변경합니다.

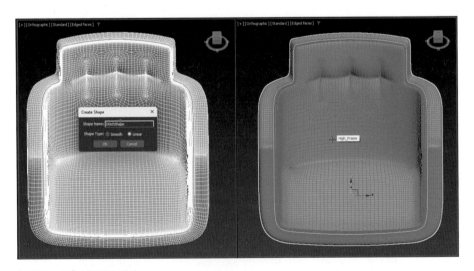

[그림 3.1-34] 스플라인 생성

바느질 땀을 실린더를 생성해 모델링한 후 실린더 오브젝트의 이름을 'High_Stitch'로 설정합니다. 추가로 터보 스무스도 적용합니다.

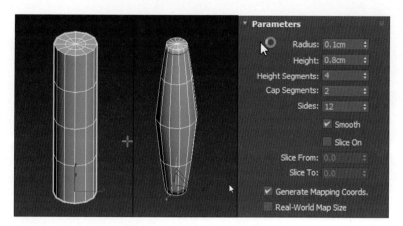

[그림 3.1-35] 바느질 땀 모델링

[Array] 스택을 실린더에 추가합니다. [Grid]의 기본 옵션 중 [Count Z]에 '300'을 입력해 위를 향해 반복되도록 설정합니다. 간격도 벌려 둡니다.

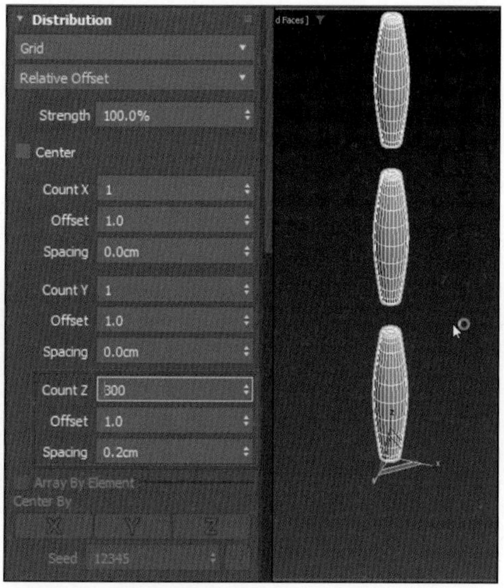

[그림 3.1-36] 어레이 적용

패스 디폼을 추가로 적용한 후 [Shape] 항목에 미리 만들어 둔 'Stitch_Shape' 스플라인을 설정합니다.

Auto를 활성화한 후 '0.999'를 입력해 시작과 끝의 간격이 벌어질 수 있도록 설정합니다.

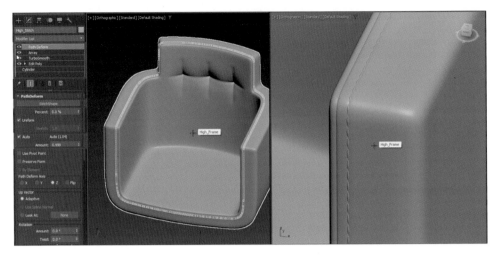

[그림 3.1-37] 패스 디폼 적용

등받이 쿠션 부분에 버튼을 추가해 의자의 묘사를 마무리한 후 'High_Button'으로 스피어를 생성합니다.

❶ [Hemisphere]에 '0.5'를 입력해 스피어를 반구 형태로 생성
❷ 어레이의 [Center]를 활성화, Count X: 3, 간격 조절
❸ 벤드로 등받이 곡률에 맞춰 디폼
❹ 터보 스무스 적용

[그림 3.1-38] 등받이 버튼 제작

클로즈를 이용해 자연스러운 천 재질 표현하기

인테리어 요소 중 쿠션, 이불, 커튼 등 다양한 천(Cloth) 재질을 시뮬레이션하기 위한 기능이 있습니다. 이 기능은 다른 모델링 방식과 달리, 기본 형태만 주어지면 이후 디테일한 모양은 설정된 값에 따라 컴퓨터가 시뮬레이션하는 편리한 방식입니다.

'High_Frame' [Modifier] 스택에서 최종 터보 스무스 적용 전, 펜스처를 위한 [Edit Poly]를 선택합니다. 폴리곤으로 바닥면만 선택한 후 [Detach As Clone]을 활성화하고 바닥면을 오브젝트로 복사합니다. 이름은 'High_Down'으로 변경합니다.

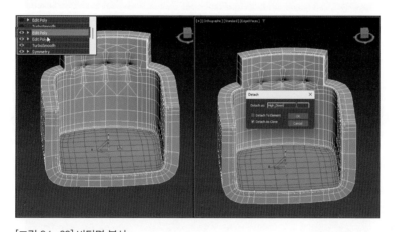

[그림 3.1-39] 바닥면 복사

[Outer Amount]에 '1cm'를 적용합니다. [Edit Poly] 스택을 추가한 후 폴리곤으로 윗면을 선택합니다.

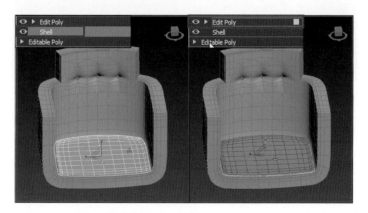

[그림 3.1-40] 셸을 적용한 후 폴리곤 선택

선택된 면을 들어올린 후 수직면을 링으로 선택해 커넥트로 나눠 줍니다.

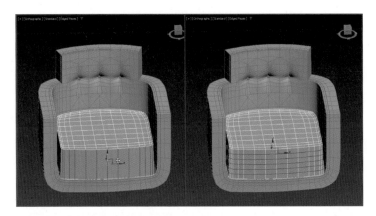

[그림 3.1-41] 커넥트로 수직 면 분할

터보 스무스를 적용한 후 [Cloth] 스택을 추가합니다. [Object Properties] 버튼을 클릭해 [클로즈 설정] 창을 엽니다.

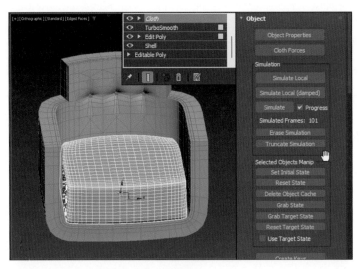

[그림 3.1-42] 터보 스무스 및 클로즈 추가

[클로즈 설정] 창에서 해야 하는 작업은 다음과 같습니다.

- 'High_Down' 오브젝트 설정
  - [Cloth] 체크 표시
  - **Presets:** Heavy Leather
  - **Pressure:** 50.0

- [Add Object] 버튼– 'High_Frame' 오브젝트 추가
  - Collision Object로 설정

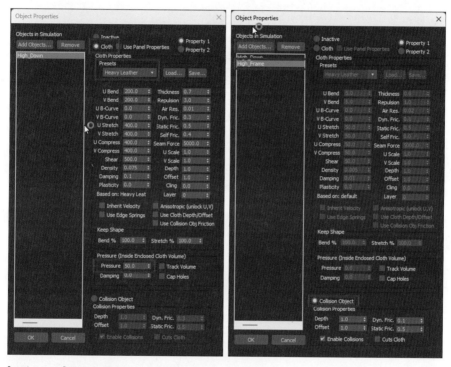

[그림 3.1–43] 클로즈 설정

　설정을 마친 후 [OK] 버튼을 클릭하고 [파라미터] 창의 [Simulate] 버튼을 클릭하면 'High_Down' 오브젝트가 부풀어 오르면서 보다 자연스러운 형태의 방석 쿠션 모양으로 바뀝니다. 시뮬레이션 진행을 보여 주는 창과 함께 쿠션 형태로 서서히 바뀔 것입니다. 시뮬레이션을 진행하는 도중 언제든지 Esc를 눌러 중단할 수도 있고 [Erase Simulation] 버튼을 통해 시뮬레이션 결과를 지우고 다시 시뮬레이션할 수도 있습니다.

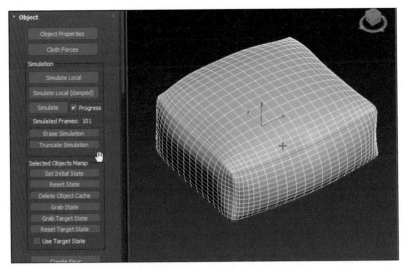

[그림 3.1-44] 클로즈 시뮬레이션 실행 결과

[Edit Poly] 스택을 추가합니다. 에지로 박스 형태였을 때 모서리에 해당하는 에지들을 모두 선택합니다. [Create Shape] 버튼을 클릭해 스플라인을 생성합니다. 오브젝트의 이름은 'High_ DownFrame'으로 변경합니다. 스플라인의 [Enable In Viewport]를 활성화해 방석의 테두리를 생성합니다.

- **Thickness:** 0.3cm
- **Sides:** 12

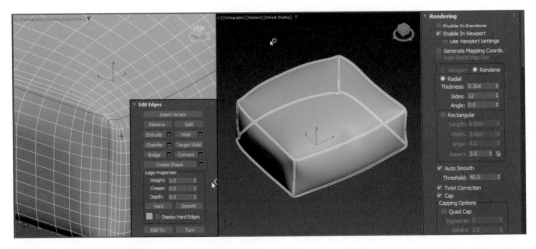

[그림 3.1-45] 방석 테두리 생성

마지막으로 'High_Down', 'High_DownFrame'에 터보 스무스를 적용합니다.

[그림 3.1-46] 방석에 터보 스무스 적용

쿠션을 제작하기 위해 박스를 하나 생성합니다. 오브젝트의 이름은 'High_Cushion'으로 설정합니다.

- **Length:** 1cm
- **Width:** 45cm
- **Height:** 35cm

- **Length Segs:** 2
- **Width Segs:** 40
- **Height Segs:** 30

[그림 3.1-47] 쿠션 제작을 위한 박스 생성

[Cloth] 스택을 추가합니다. [Object Properties] 버튼을 클릭해 설정 창을 엽니다.

- **Presets:** Heavy Leather
- **Pressure:** 70.0

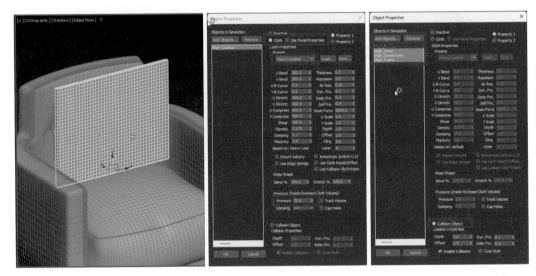

[그림 3.1-48] 쿠션의 클로즈 설정

[Modifier] 패널에서 [Simulate Local] 버튼을 누르면 클로즈의 속성을 가진 'High_Down'도 함께 시뮬레이팅될 것입니다. 이 경우 내가 선택한 오브젝트만 시뮬레이트(Local Simulate)할 수 있습니다. 로컬 시뮬레이트의 경우, 타임라인에서 원하는 형태를 갖춘 프레임이 선택되지 않기 때문에 [Esc]를 눌러 정지시켜야 합니다.

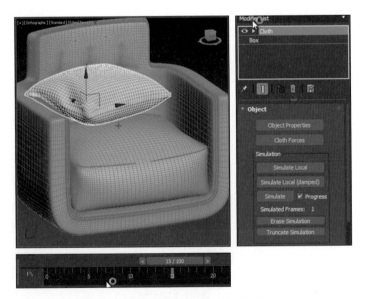

[그림 3.1-49] 클로즈 로컬 시뮬레이션 및 시뮬레이션 삭제

현재는 메시를 이동하거나 편집할 수 있는 상태가 아닙니다. [Edit Poly]를 추가해 편집하더라도 타임라인의 슬라이더를 따라 계속 애니메이션되기 때문입니다. 일정한 상태에서 모델링을 추가로 작업하고 싶다면, 유지하고 싶은 프레임에 타임라인의 슬라이더를 위치시키고 [Modifier] 스택을 마우스 오른쪽 버튼으로 클릭한 후 [Collapse All]을 선택해 [Cloth]와 그 아래의 기능을 합쳐 줘야 고정됩니다. 각종 스택들이 합쳐진 후에는 [Editable Poly] 스택으로 변환됩니다.

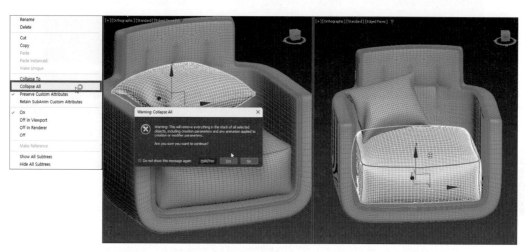

[그림 3.1-50] 쿠션에 콜랩스(Collapse) 적용

➡ 의자 다리 제작하기

다리 부분 제작에서 펜스 처리를 할 때 커넥트와 챔퍼를 사용하는 경우, 어떠한 장단점이 있는지를 알아보겠습니다. 우선 박스를 생성한 후 [Editable Poly]로 전환합니다. 이름은 'High_Leg'로 변경합니다.

- **Length:** 6cm
- **Width:** 6cm
- **Height:** −15cm
- **Length Segs:** 1
- **Width Segs:** 1
- **Height Segs:** 1

비교를 하기 위해 기본 형태를 먼저 만들어 보겠습니다. 아랫면의 스케일을 줄이고 바깥쪽으로 이동합니다.

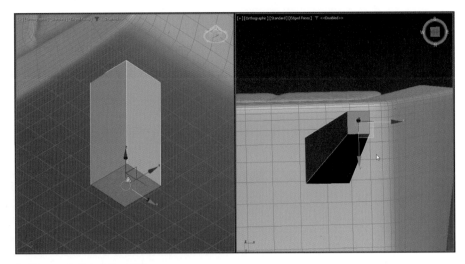

[그림 3.1-51] 의자 다리 모델링

[에지 서브오브젝트] 모드에서 링으로 세로 에지들을 선택한 후 [Connect]를 클릭하고 이동해 휘어진 느낌을 만들어 줍니다.

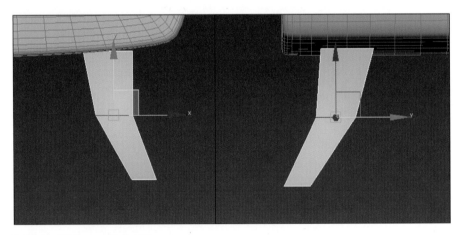

[그림 3.1-52] [Connect] 후 이동

에지가 선택된 상태로 챔퍼를 적용해 부드럽게 풀어 준 후 시메트리에 Y축, [Flip]을 적용합니다. 서브오브젝트를 [Mirror]로 선택한 후 미러의 위치를 Y축 방향으로 이동시켜 뒤쪽 다리의 모양을 잡아 줍니다. 모서리에 펜스처리를 위해 [Edit Poly]를 추가 합니다.

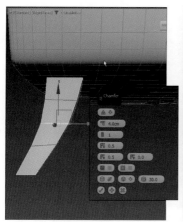
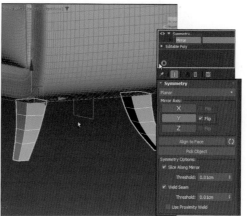

[그림 3.1-53] 챔퍼 후 시메트리

의자 앞다리에는 챔퍼를 사용해 펜스 처리하겠습니다. 수직 에지를 [루프-링으로 선택-챔퍼]를 0.5cm 간격으로 적용합니다. 챔퍼는 적용되는 에지에 일정한 수치를 적용할 수 있기 때문에 목재나 금속 가공처럼 큰 형태를 제작한 후 마감 처리되는 방식의 제품을 표현하기가 편리합니다.

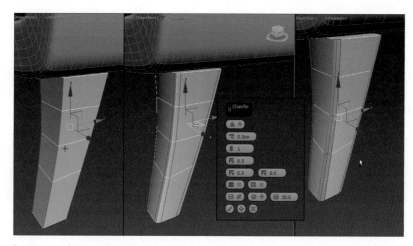

[그림 3.1-54] 앞다리를 챔퍼로 펜스 처리

이번에는 뒷다리를 커넥트로 펜스 처리하겠습니다. 앞다리와는 반대로 수평인 에지들에 [루프-링으로 선택-커넥트 세그먼트 2, 핀치 50]을 적용합니다. 커넥트는 비율로 적용됩니다.

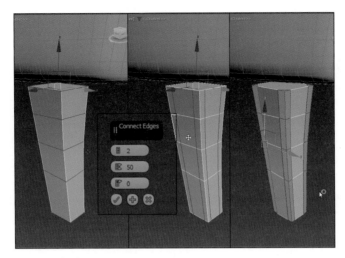

[그림 3.1-55] 뒷다리를 커넥트로 펜스 처리

다리에 대한 폴리곤을 정리해 줍니다. 상단 면과 하단 면 그리고 수평에 대한 펜스 처리를 합니다.

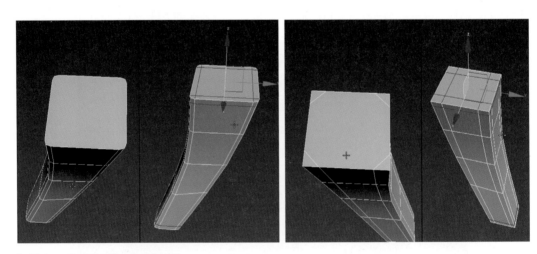

[그림 3.1-56] 다리 모델링 폴리곤 정리

FFD 4×4×4를 이용해 의자 바닥면에 붙을 수 있도록 수정합니다. 시메트리에 X축을 적용한 후 Mirror 서브오브젝트의 위치를 X: 0으로 설정해 반대편 다리로 생성합니다.

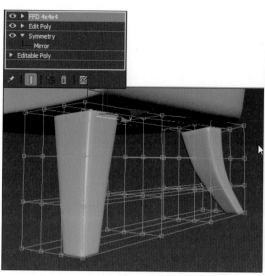
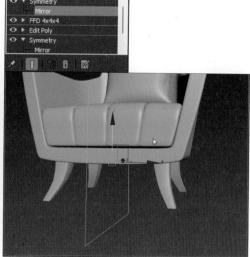

[그림 3.1-57] FFD 후 시메트리 적용

마지막으로 터보 스무스까지 적용합니다.

[그림 3.1-58] 하이 폴리곤 의자 완성

3.1-2 로우 폴리곤 제작

✕ 학습 목표

하이 폴리곤을 베이킹할 수 있는 로우 폴리곤을 제작하고 싶다.

✕ 순서

❶ 의자 로우 폴리곤 제작하기
❷ 리토폴로지를 활용해 쿠션 로우 폴리곤 제작하기
❸ 다리 로우 폴리곤 제작하기

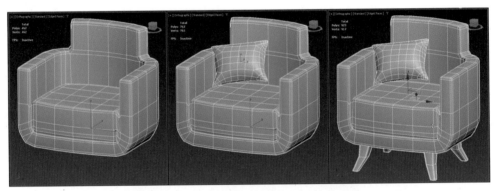

| 의자 로우 폴리곤 | 쿠션 로우 폴리곤 | 다리 로우 폴리곤 |

[그림 3.1-59] 로우 폴리곤 제작 순서

로우 폴리곤 작업을 진행하기 전에 하이 폴리곤의 각 부위별 명칭을 정리하겠습니다.

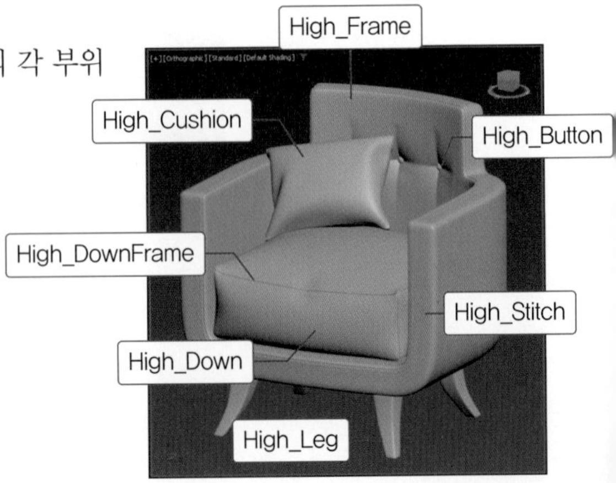

[그림 3.1-60] 하이 폴리곤 오브젝트 명칭 정리

➜ 의자 로우 폴리곤

하이 폴리곤에서 기본 형태를 잡고 [Edit Poly]
스택을 추가해 펜스 처리를 하면 로우 폴리곤의
기본 형태를 바로 얻을 수 있는 장점이 있습니다.
[High_Frame] 오브젝트를 클론((Ctrl)+(V))에서 복
사합니다. 이름은 'Low_Frame'으로 변경합니다.

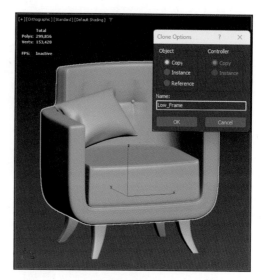

[그림 3.1-61] 하이 폴리곤 카피

[Modifier] 스택에서 펜스 처리하기 전 상태의 시메트리까지만 남겨 놓고 그 위의 스택을 삭제합
니다.

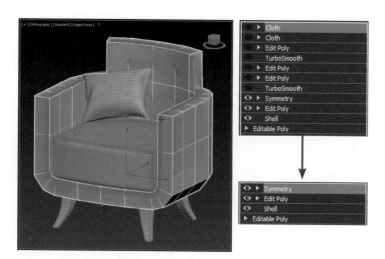

[그림 3.1-62] 불필요한 스택 제거

프레임 뒤쪽에 셸 적용 시 붙지 않는 부분이 있습니다. [Edit Poly] 스택을 추가한 후 보더 서브오

브젝트를 선택하면 얇은 틈이 보입니다. 스케일을 X축으로 줄여 밀착시킨 후 웰드(Weld)를 적용해 붙여 줍니다. 시메트리 적용 시 생긴 불필요한 버텍스는 삭제합니다.

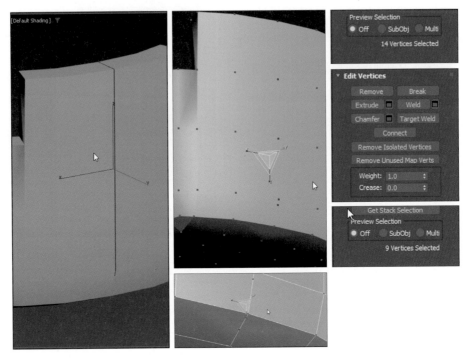

[그림 3.1-63] 오픈 에지 정리

하이 폴리곤의 외형을 보면서 작업하는 것이 편리하기 때문에 [See-Through] 기능을 Alt + X 를 눌러 활성화합니다. [Object Properties](마우스 오른쪽 버튼 클릭 시 우측 하단 패널)를 열어 활성화할 수도 있습니다.

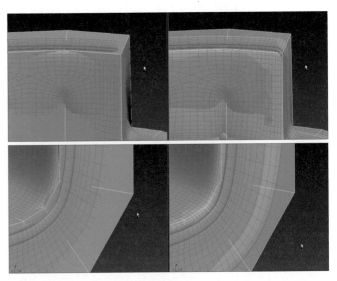

[그림 3.1-64] [See-Through] 기능 활성화

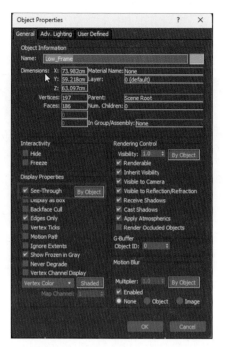

[그림 3.1-65] [Object Properties]에서 시스루(See-Through)

[그림 3.1-66]의 에지를 루프 선택한 후 챔퍼를 적용해 면을 추가로 분할해 줍니다. 우측의 그림처럼 분할된 에지와 기존의 에지가 겹쳐진 상태가 되더라도 과감하게 적용합니다. 로우 폴리곤의 표면과 하이 폴리곤과의 간격이 멀수록 좋은 결과를 얻기 힘듭니다. 이후 버텍스를 전체 선택한 후 웰드(Weld)해 겹친 부분들의 에지를 합쳐 줍니다.

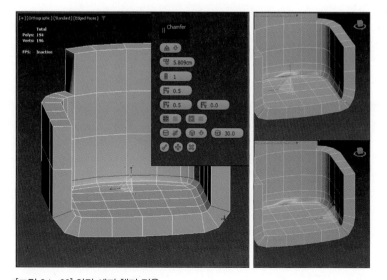

[그림 3.1-66] 하단 에지 챔퍼 적용

나머지 90°로 꺾인 부분도 동일하게 작업합니다. 눈대중으로 맞춰도 되므로 수치는 따로 기입하지 않습니다.

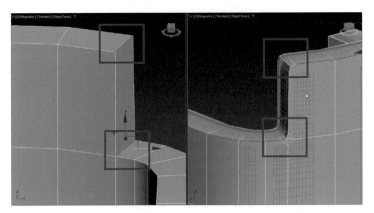

[그림 3.1-67] 챔퍼 추가 적용

이후 특별한 설명이 없다면 챔퍼, 커넥트 등 다양한 버텍스 수정 작업의 방향은 다각형을 쿼드 형태로 정리하는 데 집중합니다. 시메트리를 적용할 것이기 때문에 절반만 적용합니다. [그림 3.1-68]은 링 선택을 커넥트-에지 이동-다각형 버텍스와 커넥트로 연결하는 순서로 상단과 하단 두 번 진행됩니다.

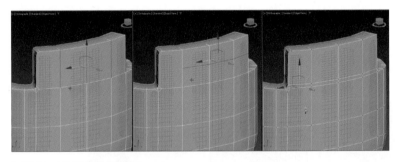

[그림 3.1-68] 하단 쿼드 정리 1

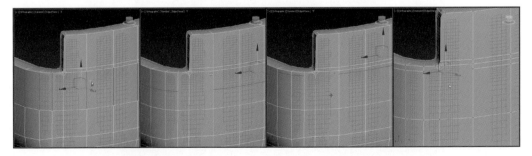

[그림 3.1-69] 하단 쿼드 정리 2

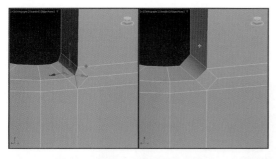

[그림 3.1-70] 에지 삭제

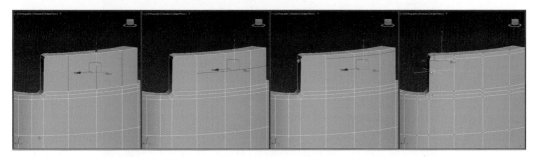

[그림 3.1-71] 상단 쿼드 정리

다각형을 정리하기 위해서는 컷, 커넥트, 챔퍼와 같이 나누는 기능과 웰드(Weld)나 콜랩스 (Collapse)와 같이 합치는 기능, 삭제가 빈번하게 사용됩니다. [그림 3.1-72]와 같이 컷으로 나눈 후 생긴 삼각형의 에지를 삭제해 쿼드 형식으로 만들기도 합니다.

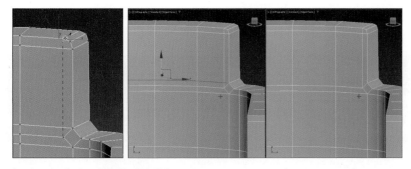

[그림 3.1-72] 세로 정리 후 에지 삭제

'High Frame'과 'High_Down'의 경우, 각각을 로우 폴리곤으로 제작해 베이킹하는 방법이 있고 2개를 1개의 오브젝트인 것처럼 1개의 메시로 작업하는 방법도 있습니다. 'High_Cushion'과 방법 이 비슷하기 때문에 이번에는 하나의 메시로 작업하는 방법을 설명하겠습니다.

바닥면을 선택한 후 [Detach-Detach To Element]로 분리시키고 위로 이동합니다. 앞쪽 면만 브리지로 연결합니다.

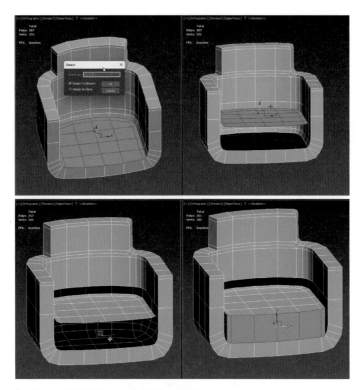

[그림 3.1-73] 엘리먼트로 디태치 후 브리지

삭제된 오픈 에지를 브리지로 연결합니다.

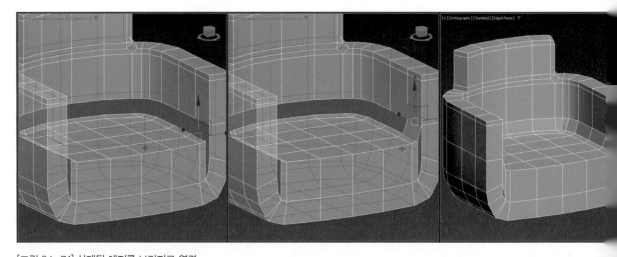

[그림 3.1-74] 삭제된 에지를 브리지로 연결

전면부는 에지를 커넥트로 추가해 개수를 맞춘 후 브리지로 연결합니다.

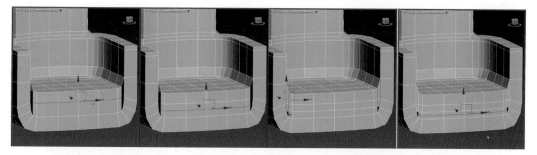

[그림 3.1-75] 폴리곤의 개수를 맞춘 후 브리지로 연결

하이 폴리곤을 보면서 최대한 방석 부분이 밀착되도록 버텍스나 에지 등을 이동합니다. 가장 자리도 아래로 내려 틈새에 밀착되도록 수정합니다.

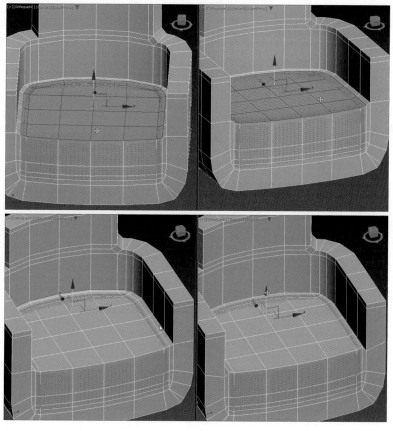

[그림 3.1-76] 폴리곤의 위치 수정

틈새 부분에 폴리곤을 추가해 안쪽으로 밀어 넣는 작업을 해야 합니다.

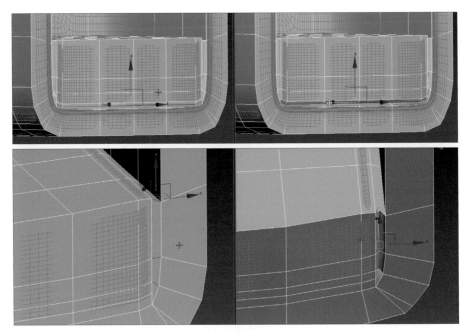

[그림 3.1-77] 틈새 정리

방석 앞부분의 모서리에 챔퍼를 적용합니다.

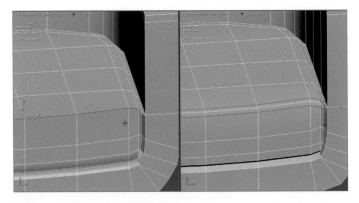

[그림 3.1-78] 방석 모서리에 챔퍼 적용

챔퍼 간격이 짧다면, 버텍스가 옆까지 충분히 붙지 않을 수 있습니다. [Target Weld]를 사용해 붙여 줍니다. 이때 웰드(Weld)나, 콜랩스(Collapse)처럼 중간 거리로 끌어당겨 붙이는 기능은 팔걸이 부분의 버텍스도 움직여 수직이 흔들릴 수 있기 때문에 사용하면 안 됩니다.

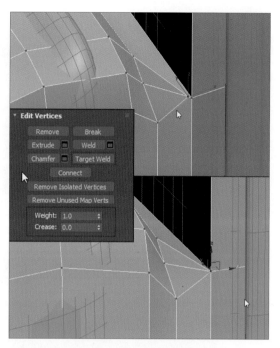

[그림 3.1-79] 타깃 웰드(Target Weld) 적용

시메트리를 X축으로 적용해 대칭이 되도록 합니다. 시메트리를 적용한 후 [Edit Poly] 스택을 추가합니다.

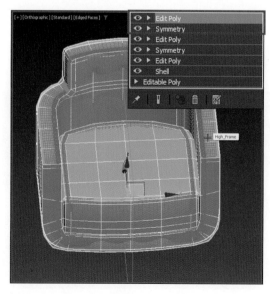

[그림 3.1-80] 시메트리 적용

의자의 외형에 에지들을 선택한 후 챔퍼를 적용합니다.

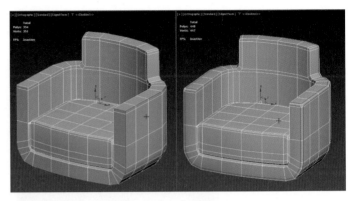

[그림 3.1-81] 외형 챔퍼 적용

안쪽 모서리에도 챔퍼를 적용합니다.

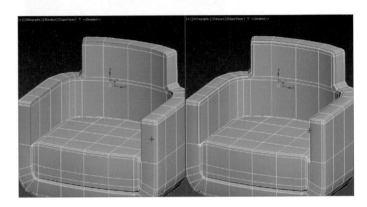

[그림 3.1-82] 안쪽 모서리 챔퍼 적용

챔퍼를 적용한 끝단에 있는 에지들을 선택한 후 콜랩스를 적용하거나 너무 붙어 있다면 드래그해 선택한 후 웰드를 적용해 하나로 합쳐 줍니다.

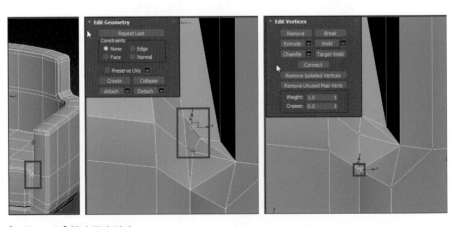

[그림 3.1-83] 챔퍼 끝단 정리

정면 하단의 프레임에 커넥트를 적용한 후 슬라이드의 수치를 조절해 간격을 맞춥니다. 그런 다음 안쪽 챔퍼와 버텍스 커넥트를 이용해 연결합니다.

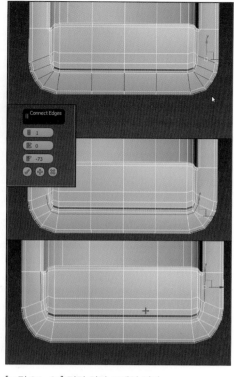

[그림 3.1-84] 정면 하단 프레임 정리

프레임과 방석 경계의 폴리곤을 콜랩스로 정리합니다.

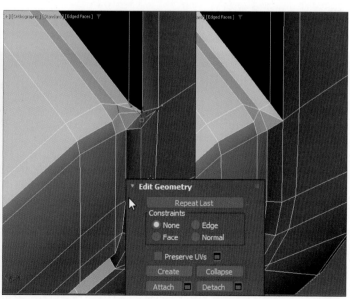

[그림 3.1-85] 폴리곤 정리

프레임의 상단 부분을 정리합니다. 중간의 마름모꼴을 기준으로 링을 선택한 후 콜랩스합니다. 앞면과 뒷면 모두 같은 방식으로 작업합니다.

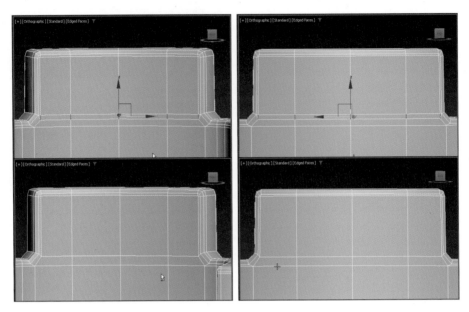

[그림 3.1-86] 상단 마름모꼴 정리

챔퍼를 통해 다각형 폴리곤이 생긴 4개의 모서리를 정리합니다. 편의상 [그림 3.1-87]을 기준으로 1~4번 모서리라고 하겠습니다.

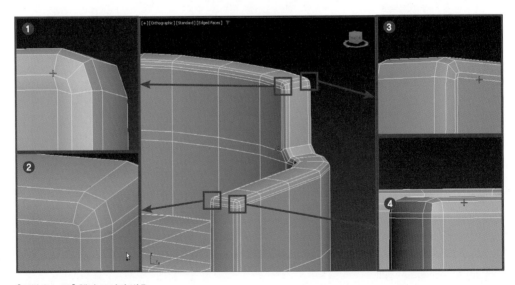

[그림 3.1-87] 챔퍼 모서리 번호

1번 모서리는 마름모를 콜랩스한 후 대각선을 삭제합니다.

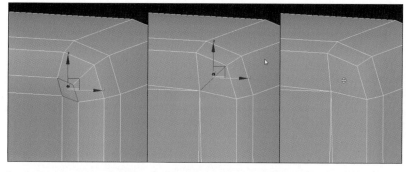

[그림 3.1-88] 1번 모서리 정리

2번 모서리는 3번 모서리와 이어지는 에지를 선택해 삭제 (Ctrl)+(Backspace)한 후 [타깃 웰드-콜랩스] 순으로 작업해 정리합니다.

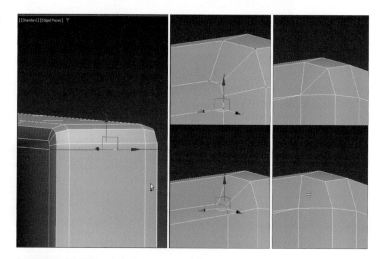

[그림 3.1-89] 2번 모서리 정리

3번은 마름모꼴 콜랩스, 4번은 타깃 웰드로 붙여 주면 됩니다.

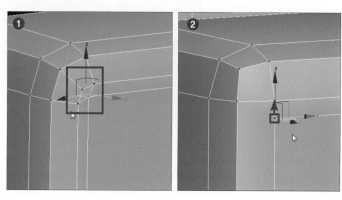

[그림 3.1-90] 3, 4번 모서리 정리

1

1.1

2

2.1

2.2

2.3

3

3.1

3.2

4

4.1

4.2

모서리를 정리하고 나면, 모서리의 양끝 사이에 틈새처럼 벌어진 에지들을 링으로 선택한 후 콜랩스해 줍니다. 1번과 2번 모서리(안쪽), 3번과 4번 모서리(바깥쪽)의 처리 방식은 모두 같습니다.

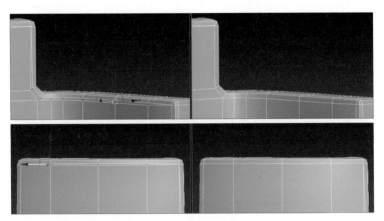

[그림 3.1-91] 모서리 틈새 정리

전체적으로 정리된 모습입니다.

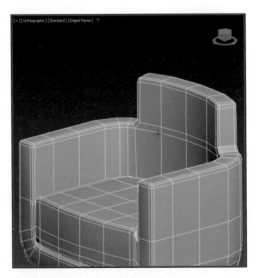

[그림 3.1-92] 모서리가 정리된 모습

마지막으로 방석 부분에 버텍스들을 이동해 하이 폴리곤과 밀착되도록 합니다. 수정되기 이전의 기본 형태와 비교해 보면 그 차이를 알 수 있습니다.

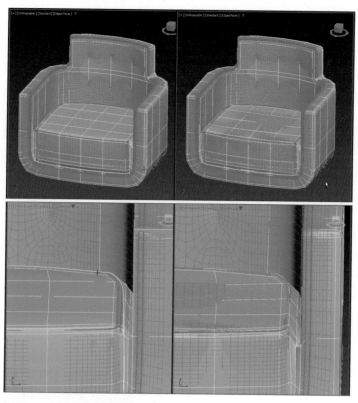

[그림 3.1-93] 버텍스 이동 전후 비교

UV 정리는 이후 과정에서 다루겠습니다.

→ 부품 로우 폴리곤 제작

'High_Cushion' 오브젝트를 클론-복사
(Copy)합니다. 이름을 'Low_Cushion'으로
변경합니다.

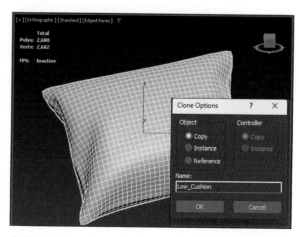

[그림 3.1-94] 쿠션 복사

[Unwrap UVW]를 추가합니다. 지금 정리하는 UV는 텍스처를 위한 것이 아니라 이후 UV 작업에서 각 조각들을 빠르게 얻어 내기 위한 목적으로 정리하는 것입니다. [Flatten By Smoothing Groups]를 적용합니다. 정면과 뒷면의 넓은 면을 각각 [Quick Planar]를 적용해 펼칩니다.

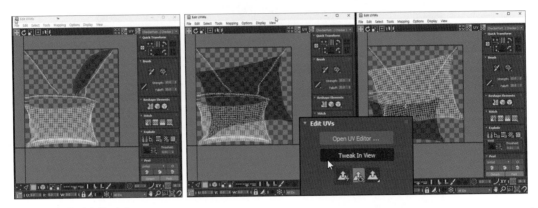

[그림 3.1-95] 언랩 후 정리

전체를 선택해 릴렉스를 적용한 후 대략적인 위치만 잡아 줍니다.

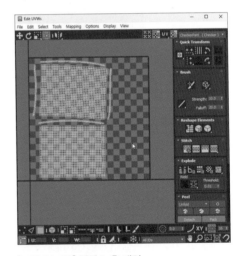

[그림 3.1-96] 릴렉스 후 배치

리토폴로지 스택을 추가한 후 다음과 같이 설정하고 [Compute] 버튼으로 적용합니다. 값이 적혀 있지 않다면 기본값입니다. 효과를 적용한 후 Unwrap UVW를 확인해 보면 배치된 그대로 적용된 것을 알 수 있습니다.

- Face Count: 300
- Anistropy: 1
- Adaptivity: 1
- UV Channel: 1 활성화

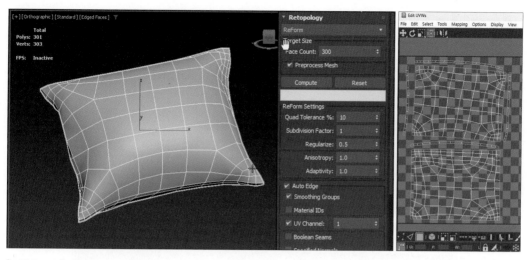

[그림 3.1-97] 리토폴로지 적용 후 UV

'High_Leg'도 클론-복사한 후 이름을 'Low_Leg'로
변경합니다. 다리 오브젝트는 크게 묘사된 것도 없고
불필요한 폴리곤만 정리하면 됩니다.

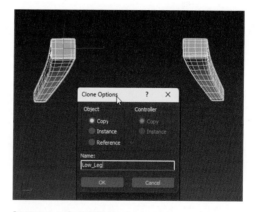

[그림 3.1-98] 다리 복사

터보 스무스를 삭
제한 후 펜스 처리했
던 [Edit Poly] 스택
으로 이동합니다. 그런
다음 상단 면과 하단
면의 중앙을 선택하고
콜랩스해 줍니다.

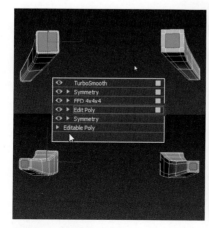
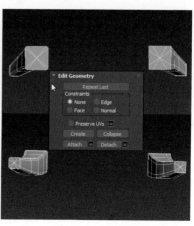

[그림 3.1-99] 상·하단 면을 선택한 후 콜랩스

펜스 처리해 뒀던 에지를 삭제합니다.

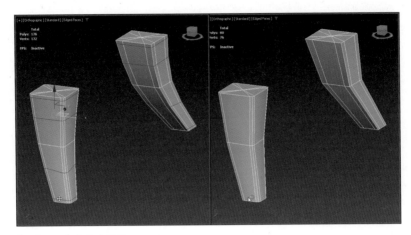

[그림 3.1-100] 에지 삭제

중간 에지들을 하이 폴리곤과 비교해 보면서 면이 겹치도록 이동합니다.

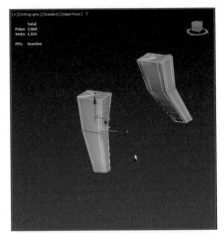

[그림 3.1-101] 중간 에지 이동

이제 로우 폴리곤 모델링을 완료하고 텍스처 베이킹 단계로 넘어가겠습니다. 텍스처 베이킹 단계에서는 결과에 따라 부분적인 수정이 이뤄질 수 있습니다.

[그림 3.1-102] 로우 폴리곤 완성

3.2 텍스처 베이킹 (하이 폴리곤 데이터 추출)

이 책에서 다루는 리얼타임 렌더링 작업 과정에서 가장 중요한 부분은 '모델링(Modeling)과 '렌더링(Rendering)'입니다. 이 밖에도 텍스처링(Texturing)이나 최적화, 기능 개발 등의 요소는 있지만, 모델링과 렌더링에 집중해야 하는 이유는 무엇이고 전체적인 작업 흐름을 통해 기초를 다지기 위해서는 어디에 집중해야 하는지에 대해 알아보겠습니다.

3.2-1 PBR 머티리얼과 텍스처의 종류

> ✖ **학습 목표**
>
> 머티리얼의 성질과 텍스처 종류를 파악하고 싶다.

본격적인 베이킹에 앞서 우리가 사용하는 머티리얼의 성질과 각 성질에 맞춰 사용하는 텍스처의 종류에 대해 알아보겠습니다.

➡ 머티리얼과 PBR

머티리얼은 재질을 나타내기 위한 데이터입니다. 머리티얼은 셰이더와 파라미터로 이뤄져 있는데, 셰이더는 '공식', 파라미터는 '공식에 입력되는 구체적인 수치'로 비교할 수 있습니다. 이러한 공식 중 하나가 바로 '물리 기반 렌더링(PBR, Physically Based Rendering)' 또는 '물리 기반 셰이더(PBS, Physically Based Shader)'입니다.

- X × Y = Z (공식=셰이더)
- 컬러(파라미터) × 텍스처(파라미터) = 렌더링 결과

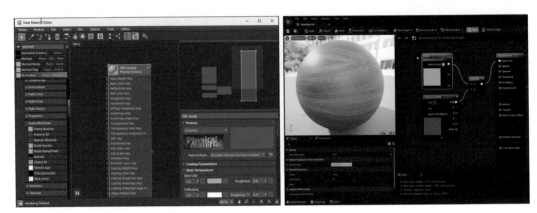

[그림 3.2-1] 머티리얼 구성

→ PBR의 기본 구성

PBR은 여러 가지 물리적인 특징을 살려 개발된 기능이지만, 그중 아티스트들이 알고 있어야 하는 3가지 특성은 다음과 같습니다.

- **BaseColor:** 물체의 고유 색상
- **Metallic(또는 Metalness):** 금속성, 재질이 금속을 함유하는 비율
- **Roughness(또는 Smoothness):** 거칠기, 재질을 이루는 입자의 거친 정도(1: 거칠다, 0: 매끈하다)

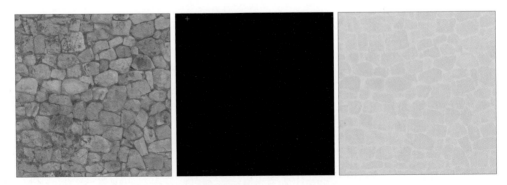

[그림 3.2-2] 좌측부터 BaseColor, Metallic, Roughness

3ds Max의 피지컬 머티리얼이나 언리얼 모두 위치가 다를 뿐, 이러한 3가지 특징은 공통적으로 갖고 있습니다.

[그림 3.2-3] PBR의 기본 구성

이러한 머티리얼에 적합한 데이터를 넣을 수 있도록 텍스처를 제작하는 작업을 '텍스처링(Texturing)'이라고 하며 텍스처 링으로 얻어진 결과물(텍스처)을 용도에 맞춰 '베이스 컬러 맵', '러프니스 맵', '메탈링 맵'이라고 부릅니다. 최근 하이 폴리곤 모델링 작업을 할 수 있는 컴퓨터 스펙이 낮아지고 편리한 모델링, 텍스처링 프로그램들이 늘어나면서 순수하게 로우 폴리곤 작업보다 늘어나는 추세입니다.

이러한 텍스처 제작을 위해 다양한 텍스처를 활용해 최종 결과물로 '베이스 컬러 맵', '러프니스 맵'과 같이 직접적인 결과물을 얻는 것이 아니라 다양한 하이 폴리곤의 표면 데이터를 텍스처로 추출하고 여기서 얻어진 다양한 텍스처를 합성해 최종 결과물로서 머티리얼에 사용하는 텍스처를 얻게 됩니다.

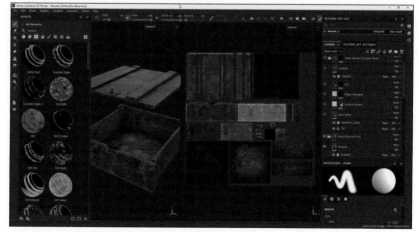

[그림 3.2-4] 다양한 텍스처를 활용한 질감 묘사

이렇게 다양한 효과를 만들기 위한 작업 순서와 텍스처의 종류에 대해 알아보겠습니다.

텍스처 베이킹의 원리

앞에서 하이 폴리곤과 로우 폴리곤을 제작했습니다. 간단한 세팅이라면 2개의 데이터만 있어도 텍스처를 베이킹할 수 있지만, 정교한 작업을 위해서는 '케이지(Cage)'라는 데이터가 하나 더 필요합니다. 케이지는 로우 폴리곤이 커버하지 못하는 영역을 부피를 확장해 사용하는 폴리곤 데이터입니다.

이를 간단하게 그림으로 표현하면 [그림 3.2-5]와 같습니다.

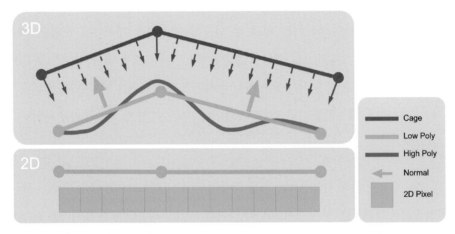

[그림 3.2-5] 텍스처 베이킹의 원리

케이지는 하이 폴리곤을 충분히 감쌀 수 있을 만큼 충분해야 하지만, 너무 과도하면 오히려 추출된 데이터가 왜곡이 생기는 문제가 있기 때문에 여러 번의 베이킹을 통해 최종 결과물을 얻게 됩니다. 올바른 결과를 얻어 내는 과정 중 로우 폴리곤의 구조가 바뀌거나 UV 수정을 하는 등의 작업은 빈번하게 발생할 수 있습니다.

노멀 맵의 원리

텍스처 베이킹으로 얻을 수 있는 가장 활용 빈도가 높은 텍스처를 '노멀 맵(Normal map)'이라고 합니다. 여기서 '노멀(Normal)'이라는 용어는 3D에서 면과 수직인 방향 또는 면이 바라보는 방향으로 해석됩니다. 노멀 맵은 하이 폴리곤이 바라보는 방향을 로우 폴리곤의 노멀과 비교해 '기울어진 정도'를 텍스처로 저장한 데이터로 저장합니다.

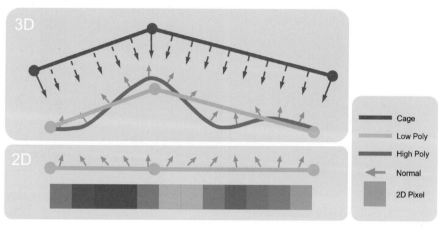

[그림 3.2-6] 노멀 맵의 생성 원리

X축은 좌우 기울기, Y축은 세로의 기울기를 의미하고 그림에서 X축은 Red 채널, Y축은 Green 채널에 저장됩니다. Z축은 사용하지 않지만, 구성 요소로서 Blue 채널에 할당됩니다.

따라서 베이스 컬러(RGB 컬러), 러프니스(그레이 스케일, 흑백), 메탈릭(그레이 스케일, 흑백)과는 달리 푸른색을 띠고 있습니다.

[그림 3.2-7] 베이스 컬러 맵과 노멀 맵

또한 리얼타임 엔진의 종류, 정확하게는 리얼타임 엔진에서 사용하는 그래픽 라이브러리의 종류에 따라 같은 효과라도 약간 다른 느낌이 됩니다. 언리얼 엔진에서는 윈도우 기반의 다이렉트

X(Direct X)에 맞춰 사용해야 하며 리얼타임 엔진의 또 다른 대표격인 유니티 엔진에서는 오픈 GL(Open GL) 형식에 맞는 데이터를 사용해야 합니다.

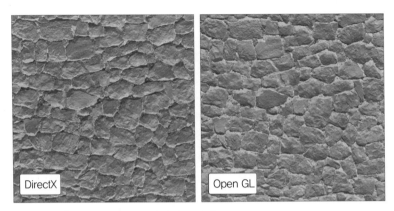

[그림 3.2-8] 그래픽 라이브러리에 따른 노멀 맵

노멀 맵을 베이킹할 때도 이러한 규칙이 적용되는데, 간단하게 구분할 수 있는 방법이 있습니다. [그림 3.2-9]와 같이 위로 볼록한 하이 폴리곤을 아래의 평평한 로우 폴리곤에 노멀 맵을 베이킹했다면, DX는 아래가 밝게, 오픈GL은 위가 밝게 표현됩니다.

이러한 이유는 Y축의 기준이 달라 생기는 문제입니다. 텍스처의 좌표 공간의 기준이 다르기 때문입니다. DX는 아래로 내려갈수록 수치가 높아지고 오픈 GL은 위로 올라갈수록 수치가 높아집니다. 텍스처에서 수치가 높다는 말은 흰색에 가까워지기 때문에 각자의 좌표 공간에서 밝은 부분이 서로 다르다는 것을 의미합니다.

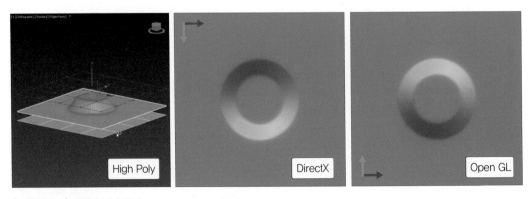

[그림 3.2-9] 베이킹 결과 차이

텍스처 무료 제공 사이트

필자가 예시로 사용한 텍스처는 폴리해븐(Poly Haven)의 https://polyhaven.com/a/stone_wall 데이터를 사용하였습니다. 폴리해븐의 경우 무료로 텍스처를 제공하며 일부 텍스처만 후원자들에게 먼저 공개되는 형식으로 상업적인 이용도 가능한 웹 사이트입니다.

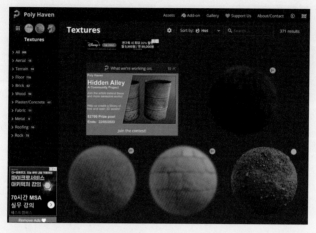

[그림 3.2-10] 폴리해븐 사이트

→ 헤이트 맵의 원리

노멀 맵과 함께 직접 머티리얼에 사용하기도 하며 텍스처링에서 디테일한 효과를 만들 때 자주 사용되는 텍스처 중에는 '헤이트 맵(Height map)'이 있습니다. 이름에서도 알 수 있듯이 높이를 나타내는 텍스처입니다. 로우 폴리곤을 기준으로 더 하이 폴리곤의 표면의 높고 낮음을 그레이 스케일(Gray Scale, 흑백 이미지)로 표현합니다.

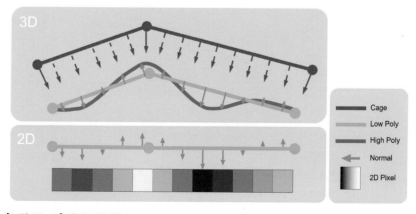

[그림 3.2-11] 헤이트 맵 원리

노멀 맵의 효과를 강조하기도 하며 텍스처에서 웨더링(Weathering, 오래 사용해 낡은 느낌)을 낼 때 사용하기도 합니다. 다만, 높이 값의 기준을 어떻게 설정하느냐에 따라 결과가 달라질 수 있기 때문에 높이에 대한 기준을 여러 시행착오를 거쳐 설정해야 합니다.

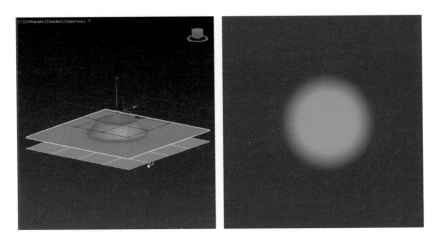

[그림 3.2-12] 헤이트 맵 결과

→ AO의 원리

AO(Ambient Occlusion) 맵의 경우, 경계를 찾거나 더 현실감 있는 표현을 위해 많이 사용하며 빛에 대한 차폐(열리고 닫힌 정도)를 그레이 스케일로 표현합니다. 일상적으로 같은 조명 아래에 있어도 면의 구성에 따라 빛을 받는 정도가 다른데, 이러한 정보를 그레이 스케일로 저장한 텍스처입니다. [그림 3.2-13]과 같이 면의 꺾인 정도에 따라 빛을 더 많은 각도에서 받는 정도가 결정됩니다.

[그림 3.2-13] AO의 원리

현실에서는 물체가 겹쳐진 위치나 꺾인 면과 같은 곳이 더 어두워지는 것을 알 수 있습니다.

[그림 3.2-14] AO 사례

→ 스무딩 그룹의 원리

앞서 언급한 텍스처 베이킹을 위해 로우 폴리곤의 노멀 정보가 정리돼 있어야 합니다. 이러한 노멀 정보는 그룹별로 저장되는데, 이를 '스무딩 그룹(Smoothing Groups)'이라고 합니다.

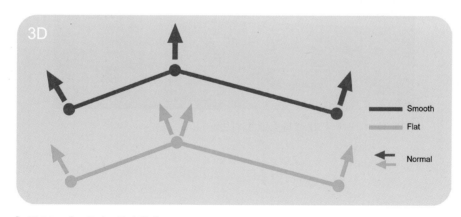

[그림 3.2-15] 스무딩 그룹의 원리

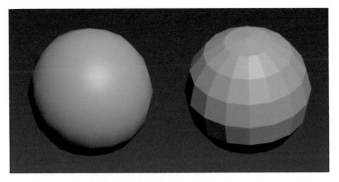

[그림 3.2-16] 스무스와 플랫 상태 비교

[Edit Poly]의 폴리곤 서브오브젝트에서 메뉴가 활성화되며 그룹에 따라 셰이딩(빛이 물체에 맺히는 흐름)이 바뀌게 됩니다. 폴리곤을 선택한 후 원하는 그룹을 선택하거나 [Auto Smooth] 버튼을 누르면 각도에 따라 나눠 줍니다. 하나의 폴리곤은 다수의 그룹에 포함될 수 있습니다.

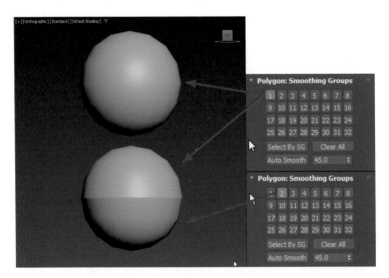

[그림 3.2-17] 스무딩 그룹에 따른 셰이딩의 변화

텍스처 베이킹 규칙

✕ 학습 목표

텍스처를 베이킹하기 위한 규칙을 알고 싶다.

✕ 순서

❶ 폴리곤의 구조 잡기
❷ 스무딩 그룹 정리하기
❸ UV 영역에서 처리하기

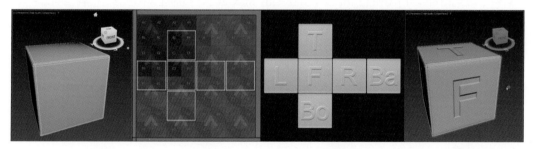

| 로우 폴리곤 정리 | UV 정리 | 베이킹 | 결과 확인 |

[그림 3.2-18] 베이킹 작업 흐름(예제 파일: part3/3-2/3-2-3_FirstBake.FBX)

→ 3ds Max에서 베이킹 준비하기

체험판의 경우, 아놀드렌더러가 설치되지 않습니다. 렌더러는 화면이나 텍스처를 그려 주는 화가와 같은 역할을 합니다. 오토데스크 사의 아놀드렌더러 웹사이트(https://arnoldrenderer.com/)에 접속한 후 체험판을 다운로드해 설치할 때는 3ds Max를 종료하고 설치가 완료된 후에 실행해야 합니다.

[Try-DownLoad Page]를 클릭합니다.

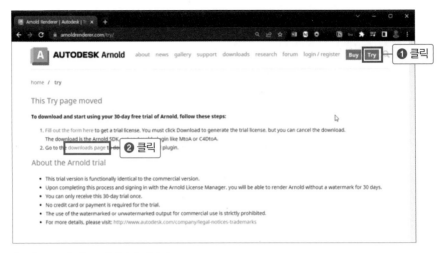

[그림 3.2-19] 아놀드렌더러 홈페이지

다운로드 페이지에서 [Arnold for 3ds Max−3ds Max 2024] 버전을 다운로드한 후 설치합니다. 체험판은 30일 동안 사용할 수 있고 유료 사용자는 3ds Max 기본 설치 시 자동으로 설치됩니다.

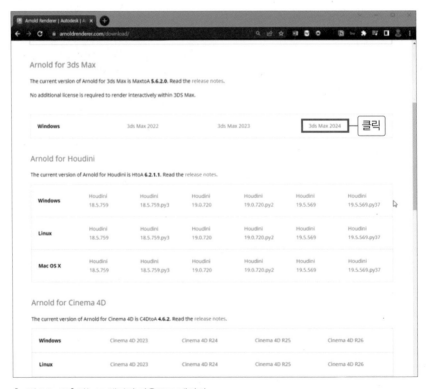

[그림 3.2-20] 아놀드 렌더러 다운로드 페이지

마지막으로 3ds Max를 실행한 후 기본 렌더러를 수정해야 합니다. [Rendering-Render Setup]을 클릭해 [렌더 셋업] 창을 엽니다. [Renderer] 항목을 'Arnold'로 변경합니다.

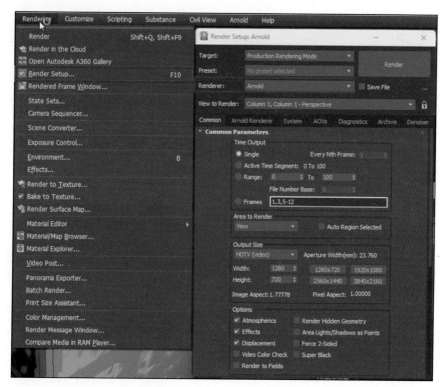

[그림 3.2-21] 렌더러 설정 변경

예제 파일을 열면 알록달록한 'High_Cube' 오브젝트가 있습니다.

[그림 3.2-22] FirstBake 예제 파일

월드 영점에 100cm 큐브를 제작합
니다. 이름은 'Low_Cube'로 변경합
니다.

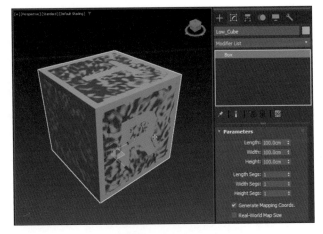

[그림 3.2-23] Low_Cube 생성

[Editable Poly]로 변환한 후 에지 전체의 챔퍼에
'2.5cm'를 입력합니다.

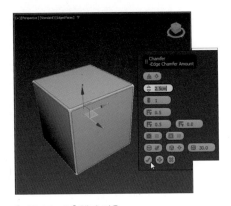

[그림 3.2-24] 챔퍼 적용

Unwrap UVW를 추가해 플래튼 바이 스무딩 그룹으로 UV 엘리먼트가 겹쳐친 것을 정리합니다.

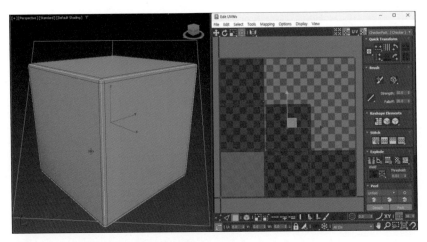

[그림 3.2-25] 플래튼 바이 스무딩 그룹 적용

우측 상단의 텍스처 설정을 'Texture Checker'로 변경합니다.

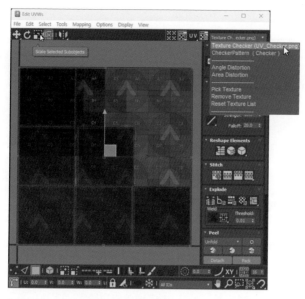

[그림 3.2-26] Texture Checker 설정

이는 UV 방향을 보면서 진행하기 위한 것인데, 이때는 뷰 큐브도 함께 보면서 작업하는 것이 좋습니다. 전체 UV를 텍스처 공간의 밖에 위치시킵니다. [Front] 뷰에 해당하는 UV 엘리먼트를 선택해 UV 화면의 정가운데에 놓습니다.

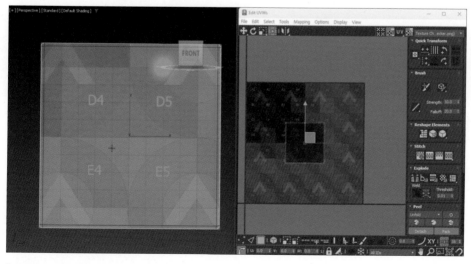

[그림 3.2-27] 프론트 UV 위치 수정

나머지 UV 조각들도 뷰큐브의 텍스트 방향과 텍스처 체커의 방향이 일치하도록 배치합니다. 방향이 맞지 않으면 회전시켜 맞춰 줍니다.

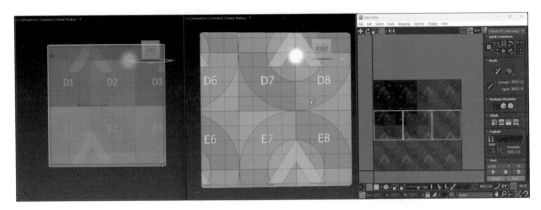

[그림 3.2-28] 좌우측 뷰에서 본 UV

뒷면은 의도적으로 텍스처 공간(0.0~1.1)의 밖에 배치한 것입니다. 이는 원리를 설명하기 위한 것으로, 그대로 따라 해도 됩니다.

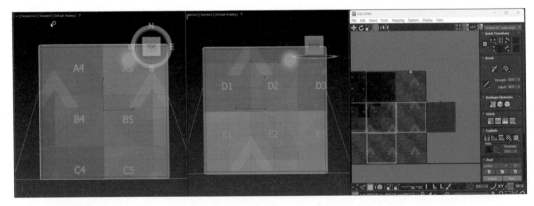

[그림 3.2-29] 위와 뒷면 UV

바닥(Bottom)의 경우, 뷰 큐브와 UV 방향이 일치하지 않습니다. 회전시켜 뷰 큐브와 방향을 일치시킵니다.

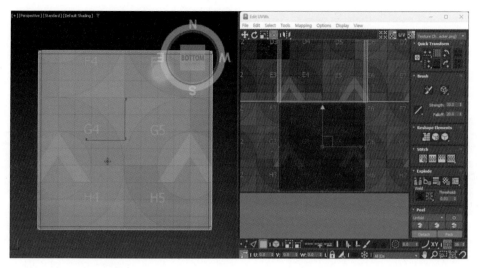

[그림 3.2-30] 바닥면 회전

노멀 맵 베이킹하기

'Low_Cube'를 선택한 상태에서 메뉴 바의 [Rendering-Bake To Texture] 항목을 클릭합니다. 그런 다음 [Common Maps-Normal Map]을 클릭하고 [+Add Maps to Selected Objects] 버튼을 클릭해 노멀 맵 베이킹을 리스트에 등록합니다.

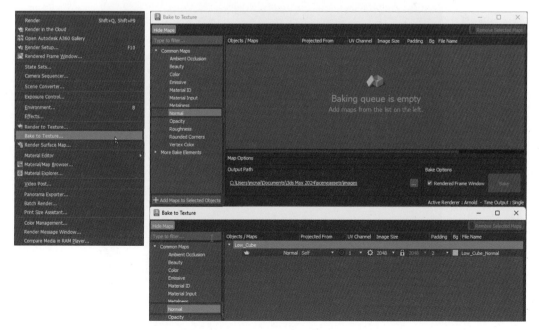

[그림 3.1-31] 베이킹 목록 등록

[Projection From]의 [Self]를 클릭한 후 [Pick From List]를 클릭합니다. 목록에 'High_Cube'가 나오지 않는 이유는 [hide]돼 있기 때문입니다. [리스트] 창을 닫은 후 뷰포트를 마우스 오른쪽 버튼으로 클릭하고 [Unhide All]을 클릭한 다음 [High_Cube]가 보이도록 하고 선택하면 됩니다.

[그림 3.2-32] 프로젝션 옵션 선택

Low_Cube에 프로젝션 스택이 추가됩니다. 스택의 이름이 '[Proj] High_Cube'로 돼 있고 파란색의 케이지가 보이는 것을 알 수 있습니다. 레퍼런스 지오메트리 목록에 High_Cube가 등록돼 있는 것을 확인할 수 있습니다.

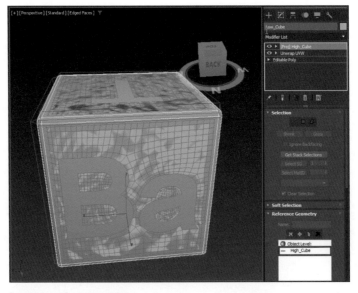

[그림 3.2-33] 프로젝션 등록

버텍스 서브오브젝트를 선택한 후 전체 선택을 합니다. [Cage] 항목의 [Percent]를 끝까지(-100) 내려 로우 폴리곤에 케이지를 밀착시킵니다.

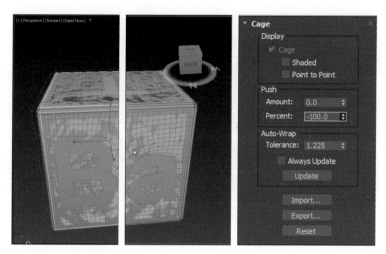

[그림 3.2-34] 케이지 밀착

케이지의 푸시되는 양(Amount)을 1 정도로 늘려 케이지가 로우 폴리곤보다 부풀도록 합니다.

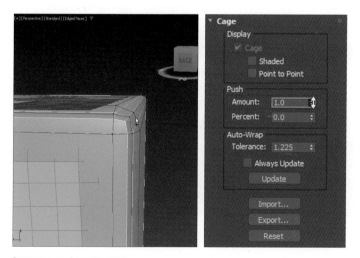

[그림 3.2-35] 케이지 푸시

[베이크 투 텍스처] 창에서 [Normal Map] 항목을 선택해 [Tangent] 옵션을 [Unreal]로 바꿔 줍니다. [Bake] 버튼을 클릭해 렌더링을 시작합니다.

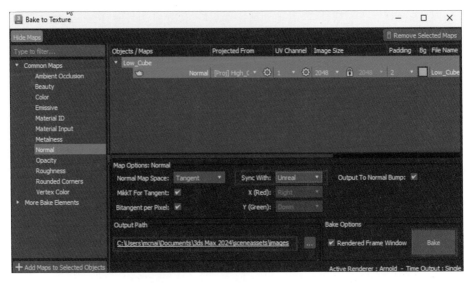

[그림 3.2-36] 베이킹 시작과 저장 경로

    진행 상황을 알려 주는 창이 나타납니다. 종료되면 [Complate]라고 알려 줍니다. [베이크 투 텍스처] 창에서 파일 경로를 클릭하면 베이크가 완료된 텍스처를 확인할 수 있습니다. 텍스처 영역의 밖에 있는 뒷면은 베이크되지 않은 것을 확인할 수 있습니다.

Low_Cube_Normal.png

[그림 3.2-37] 노멀 맵 렌더링 결과

    프로젝션 스택이 있는 상태에서 아래쪽에 있는 [Unwrap UVW] 스택에서 수정 작업을 하더라도 다시 베이크 버튼만 누르면 동일한 설정으로 렌더링됩니다.

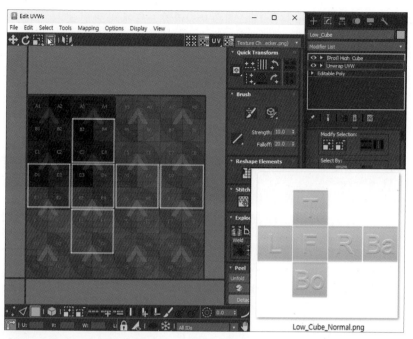

[그림 3.2-38] UV 수정 후 베이크

1

1.1

2

2.1

2.2

2.3

3

3.1

3.2

4

4.1

4.2

Tip

베이킹 시 생성되는 창의 종류

두 번째 베이크부터는 이미 파일이 존재하기 때문에 다시 덮어 쓸 것인지 물어보는 창이 나타나는데, 이 경우, [Overwrite File]을 클릭하면 됩니다. [Skip Existing Files]는 파일이 존재하면 베이킹을 하지 않고 넘어간다는 뜻입니다.

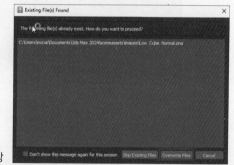

[그림 3.2-39] 파일 중복 확인 창

렌더링을 하면, 렌더뷰(RenderView)를 통해 나타나는 화면이 있습니다. 이를 '컴플리트 맵(complete map)'이라고 하며 현재 머티리얼, 조명 상태를 한 장의 이미지에 담아 표현하는 텍스처입니다.

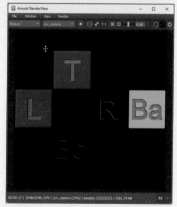

[그림 3.2-40] [Render] 뷰 창

노멀 맵의 결과를 확인하기 위해서는 텍스처를 머티리얼 노드에 바로 연결하는 기존 방식과는 다른 절차가 필요합니다. [Normal Bump]라는 노드를 거쳐 머티리얼에 연결해야 합니다. 노멀의 기본값이 '0.3'이 돼 효과가 약하게 들어가기 때문에 [Special Maps—Bump Map] 항목의 값을 '1'로 설정합니다. 그런 다음 'Low_Cube'에 머티리얼을 적용합니다.

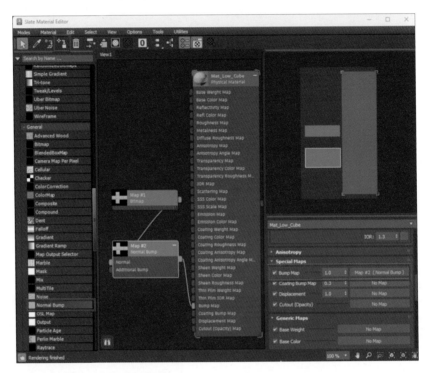

[그림 3.2-41] 머티리얼 노멀 맵 연결

뷰포트의 설정을 [High Performance]로 바꿔야 노멀 맵의 결과를 확인할 수 있습니다.

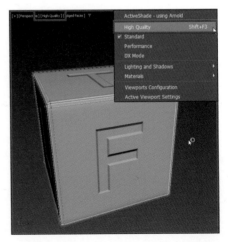

[그림 3.2-42] 노멀 맵 효과 확인

3.2-3 의자 오브젝트 텍스처 베이킹

✕ **학습 목표**

소파의 텍스처 데이터를 베이킹하고 싶다.

✕ **순서**

❶ Unwrap UVW 작업하기

❷ 텍스처 베이킹하기

❸ 합성 및 표현하기

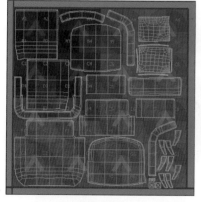 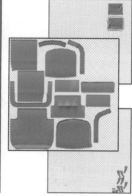 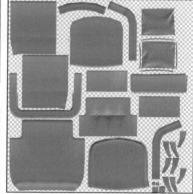

언랩 UVW   텍스처 베이킹   텍스처 합성

[그림 3.2-43] 의자 베이킹 작업 과정

이번에는 앞에서 제작한 의자를 베이킹하겠습니다. 다수의 오브젝트가 있기 때문에 각 오브젝트별로 UV를 빠르게 가편집하고 나중에 합친 후 베이크하는 과정으로 진행합니다(예제 파일: part3/3-2/3-2-3_SingleChair_Bake.max).

→ Low_Frame UV 편집

이번에는 로우 폴리곤 의자를 빠르게 폅니다. 우선 [Edit Poly] 스택을 쌓아 폴리곤을 전체 선택한 후 [Polygon: Smoothing Groups−Auto Smooth]를 클릭합니다.

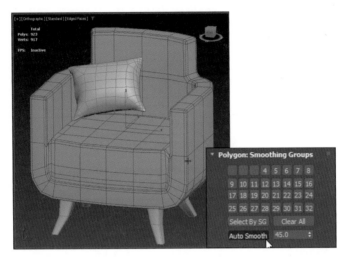

[그림 3.2-44] 오토 스무스 적용

[Unwrap UVW]를 추가한 후 플래튼 바이 스무딩 그룹을 적용해 UV 조각들을 나눠 줍니다.

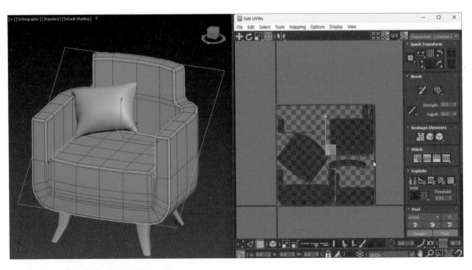

[그림 3.2-45] 플랫튼 바이 스무딩 그룹

3D 뷰포트와 비교하면서 한 덩어리로 정리해야 할 UV 조각들을 함께 선택한 후 [Quick Planar]를 적용해 부위별로 조각내 줍니다.

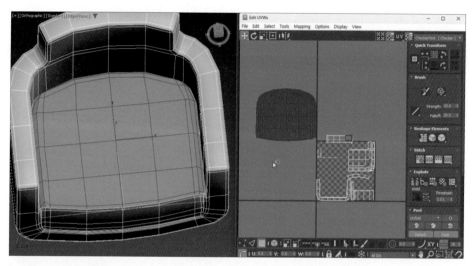

[그림 3.2-46] UV 정리

UV 조각들을 텍스처 공간에 모아 줘야 하는데, 쿠션이나 다리가 들어갈 공간은 당장 고민하지 않아도 되므로 우선 모아 줍니다.

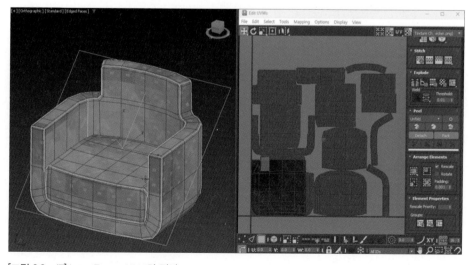

[그림 3.2-47] Low_Frame UV 1차 정리

→ Low_Cushion UV 편집

Low_Cushion은 리토폴로지 전에 UV 정리가 돼 있기 때문에 다른 오브젝트들과 UV를 합치는 과정에서 선택하기 편리하도록 텍스처 영역 밖으로 옮기기만 하겠습니다.

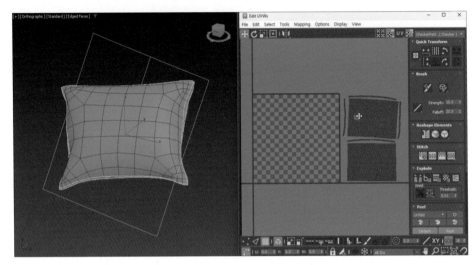

[그림 3.2-48] Low_Cushion UV 이동

→ Low_Leg UV 편집

시메트리, 어레이, 클론-인스턴스와 같이 오브젝트 복제하는 방식으로 제작하면, 여러 단계에 걸쳐 UV 수정이 이뤄집니다.

처음은 1개의 다리만 있을 때를 기준으로 UV을 폅니다. 간단하게 [플래튼] 메뉴를 이용해 펼치도록 합니다. 로우 폴리곤만 작업할 때는 가능한 텍스처 편집이 편리하도록 한 덩어리로 뭉치는 것이 좋습니다. 베이킹을 위한 작업을 할 때는 각도가 급격하게 꺾이는(스무딩 그룹도 달라지는 부수적인 효과가 있음) 폴리곤을 조각 내는 것이 좋지만, 이후의 과정에서 합쳐질 때 조각이 너무 많으면 관리하기 어렵기 때문에 우선은 붙였다가 나중에 다른 오브젝트와 합쳐 주는 과정에서 분리하는 것이 편리합니다.

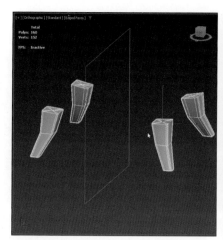
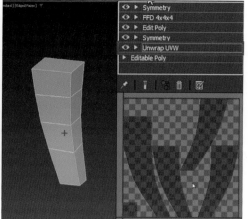

[그림 3.2-49] Low_Leg UV 언랩 적용

다리의 경우, 같은 형태가 4개이기 때문에 UV를 겹쳐 작업하게 됩니다. 당장 릴렉스를 적용하지 않아도 무방하며 합치고 난 후 다시 정리에 들어가는 것이 좋습니다.

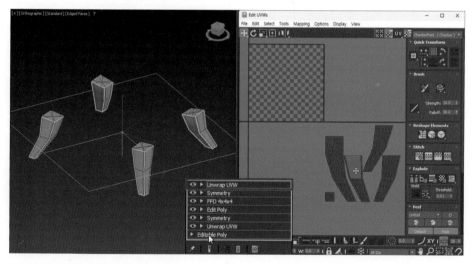

[그림 3.2-50] 최상단에 언랩 추가 적용

➜ UV 패킹

UV를 텍스처 영역 한곳에 몰아넣는 작업을
'UV 패킹'이라고 합니다. [Low_Frame], [Low_
Cushion], [Low_Leg] 오브젝트를 선택한 후
[Unwrap UVW]를 추가합니다.

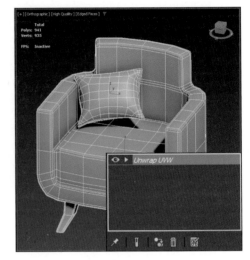

[그림 3.2-51] 로우 폴리곤 Unwrap UVW 추가

[Pack Normalize] 버튼을 누르면 다리는 크기가
작고 여러 조각이기 때문에 나중에 빈자리에 찾아
넣기가 좋습니다. UV 조각들의 위치와 방향이 확인
됐다면 빈틈에 Low_Leg UV 조각을 넣습니다. 이
러한 정리 과정을 'UV Layout 작업'이라고 합니다.

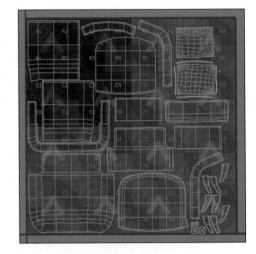

[그림 3.2-52] UV 레이아웃 정리

3D 뷰포트상에서 베이크할 다리만 제외하고 나머지 다리들을 선택합니다.

[Unwrap UVW 에디터 좌표] 창에 'U:1'을 입력합니다. 여기서 '1'은 텍스처 1장의 거리를 의미하
기 때문에 오른쪽으로 이동해 배치됩니다. 이렇게 텍스처 영역 밖의 UV 엘리먼트는 베이킹되는 대
상에서 제외됩니다.

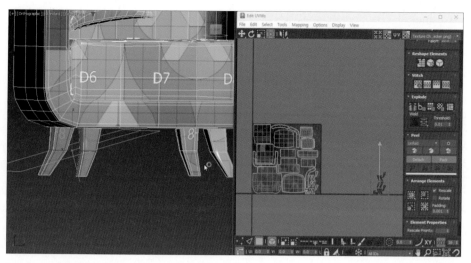

[그림 3.2-53] 다리 UV 이동

➜ 베이킹 및 합성

UV 패킹 과정에서 왜 어태치(Attach)하지 않고 개별로 진행하는지 의문이 드는 분들이 있을 것입니다. 만약, 한 번에 합성해 베이크할 경우, 쿠션에 의해 의자가 베이크되지 않거나 프레임에 파묻힌 다리 부분이 시커멓게 나오는 등의 문제들이 있기 때문에 우선은 개별적으로 베이킹한 후 포토샵과 같은 프로그램을 통해 합성하는 과정으로 진행합니다.

베이킹은 각 오브젝트마다 연결된 하이 폴리곤으로 진행합니다.

Low_Frame = High_Frame + High_Stitch + High_Down + High_DownFrame + High_Button
Low_Cushion = High_Cushion
Low_Leg = High_Leg

[그림 3.2-54] 베이킹을 위한 오브젝트 목록

Low_Cushion과 Low_Leg은 단일 메시만 추가하기 때문에 바로 베이크를 진행합니다. 여러 개의 오브젝트를 나눠 베이크해야 할 때는 설정값이 같도록 주의해야 합니다. 이미지 크기, 패딩, 각 맵별 옵션에 꼭 체크 표시하세요.

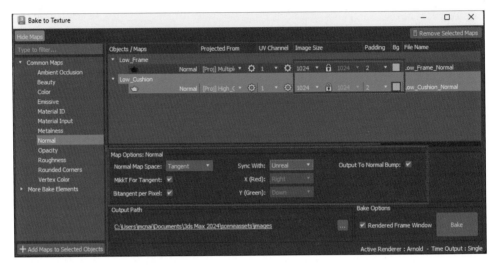

[그림 3.2-55] 베이크 투 텍스처 노멀 맵 옵션

[Low_Cushion]을 선택한 상태에서 [프로젝션 프롬] 항목에 [Pick From Scene] 또는 [List]로 High_Cushion 오브젝트를 선택합니다. Low_Cushion에 프로젝션 스택이 추가되면서 High_Cushion이 등록된 것을 확인할 수 있습니다.

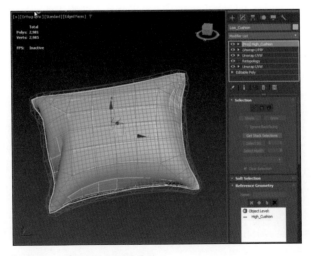

[그림 3.2-56] 쿠션 프로젝션 추가

버텍스 서브오브젝트를 선택합니다. [Cage-Push: Percent]를 '-100'까지 줄여 케이지를 로우 폴리곤에 밀착시킵니다.

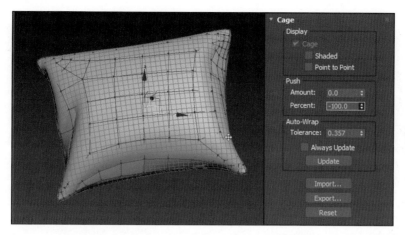

[그림 3.2-57] 케이지 밀착

케이지의 푸시(Push): 양(Amount)을 조절하다 보면, 전체적으로는 넉넉한데 부분적으로만 케이지가 폴리곤에 겹쳐 선이 끊어진 것 같이 보이는 상황이 발생합니다.

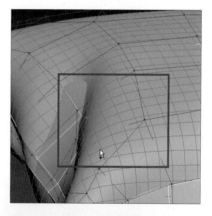

[그림 3.2-58] 케이지 겹침

이렇게 케이지가 겹치는 상황에서는 개별 버텍스를 수정하거나 처음부터 로우 폴리곤을 부풀려 작업하는 방식으로 해결하면 됩니다.

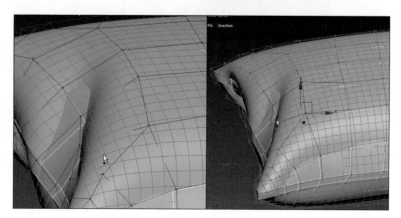

[그림 3.2-59] 케이지 개별 버텍스 이동

[그림 3.2-60]과 같이 베이크된 결과물에 구멍이 난 것처럼 보이는 이유는 케이지의 위치가 하이 폴리곤보다 낮기 때문입니다.

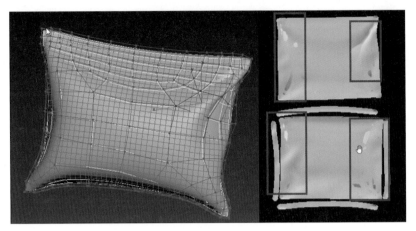

[그림 3.2-60] 낮은 케이지로 손상된 베이크 결과물

그리고 수정하다 보면 멀리서 볼 때는 괜찮지만, 가까이에서 확인해야 겹쳐 있는지 확인할 수 있는 경우들이 발생합니다. 실제 케이지가 늘어나거나 줄어드는 것은 아니기 때문에 가까이에서 보고 수정하는 것이 좋습니다. 무작정 가까이에서 보는 것보다는 중간중간 베이크를 하면서 수정하는 것이 좋습니다.

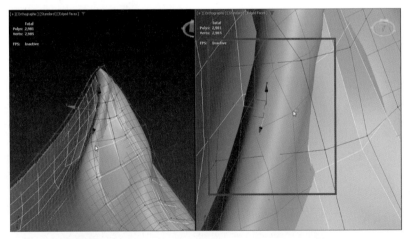

[그림 3.2-61] 낮은 케이지로 손상된 베이크 결과물

머티리얼 노드가 접혔을 때 파라미터 연결

머티리얼을 확인할 때 파라미터 목록이 너무 길어서 찾기 힘들거나 화면 범위에 나타나지 않는 경우가 있습니다. 머티리얼의 우측에 있는 − 아이콘을 클릭해 목록을 줄여 놓은 후 연결하고 싶은 노드의 핀을 머티리얼 위에 올려놓고 마우스에서 손을 떼면 파라미터의 목록이 나타나 고를 수 있습니다.

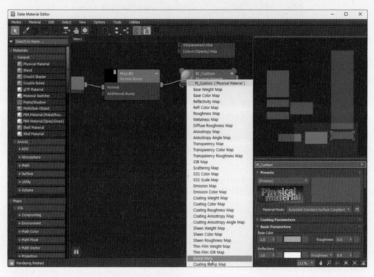

[그림 3.2-62] 머티리얼 목록으로 연결

Low_Leg도 위와 동일한 과정으로 베이크합니다.

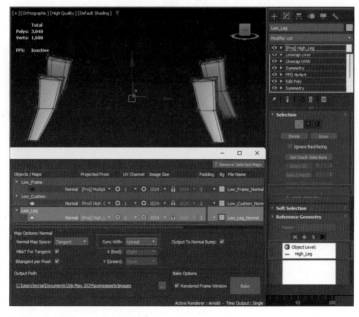

[그림 3.2-63] Low_Leg 베이크

[그림 3.2-64] Low_Leg 베이크 결과물

Low_Frame는 하이 폴리곤 오브젝트를 빼먹지 말고 프로젝션 리스트에 등록시켜 작업합니다. 시간을 들여 큰 크기로 베이크할 필요 없이 케이지의 오류가 가장 잘 드러나는 노멀 맵으로 테스트 베이크하고 결과를 보면서 케이지 수정이나 모델링을 일부 수정하는 것이 좋습니다. 실제로 사용할 텍스처 크기로 수정한 후 다시 3개를 모두 베이크하면 시간이 절약됩니다.

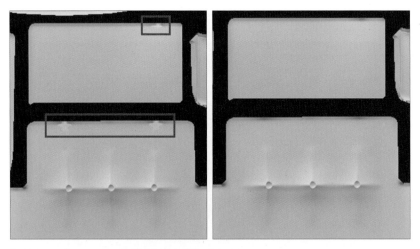

[그림 3.2-65] Low_Frame 케이지 정리 전후 결과 비교

[그림 3.2-66]과 같이 급격히 꺾이는 구간은 케이지만으로 개선되지 않으면 폴리곤을 좀 더 늘리는 것이 결과를 개선하는 데 도움이 됩니다.

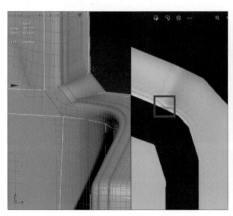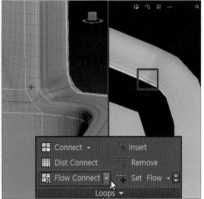

[그림 3.2-66] 모델링으로 베이킹 결과를 개선

Tip

포토샵에서 붙여넣기 종류와 차이

png 파일로 베이킹을 하면, 투명도가 적용되어 단순 붙여넣기(Paste)를 하면 이미지 한가운데 추가됩니다. 이와 같이 해서는 UV와 위치 차이가 생기기 때문에 사용할 수 없게 됩니다. [Edit_Paste Special_Paste In Place]를 해야 원본 위치에 붙여넣기됩니다.

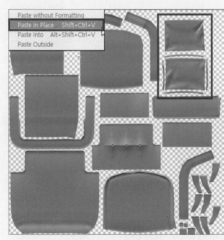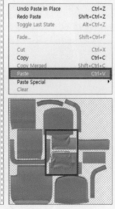

[그림 3.2-67] 포토샵에서 [Paste In Place]와 [Paste]의 차이

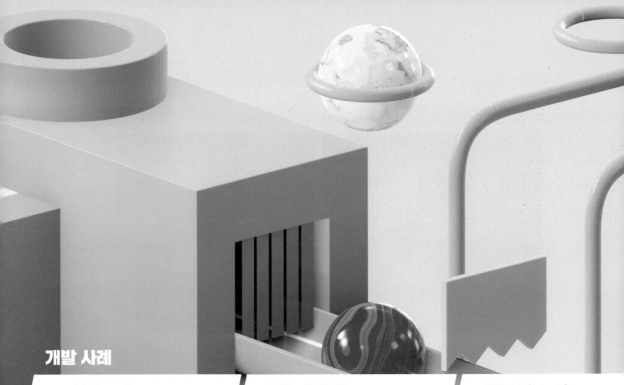

개발 사례

포트나이트(Fortnite)

에픽 게임즈의 대표 게임으로, 단순한 배틀 로얄 장르를 넘어 대규모 네트워크 플레이임에도 높은 수준의 완성도와 최적화를 보여주며, 트래비스 스콧의 콘서트로 메타버스의 포문을 열게 된 게임이기도 합니다.

스타워즈: 만달로리안

언리얼 엔진이 게임을 벗어나 영화라는 장르에서도 활용될 수 있을 만큼 정교한 연출과 표현이 가능하다는 것을 세계적으로 각인 시켜준 스타워즈 드라마 시리즈입니다.

해비타트 67(Haitat 67)

해비타트 67은 60년대의 중요한 건축 하나로, 합리적인 주거에 대한 영감을 비전이었으나, 사업 규모와 예산으로 인ᄒ 완의 꿈으로 남았다가, 가상 세계에서 인ᄐ 티브 가이드 투어로 경험할 수 있습니다.

출처: https://www.epicgames.com/fortnite

출처: https://www.unrealengine.com/ko/blog/forging-new-paths-for-filmmakers-on-the-mandalorian

출처: https://www.unrealengine.com/ko/hillside

출처:
metaho

4

언리얼 엔진 5 건축 시각화

언리얼 엔진 5는 기존의 리얼타임 모델링의 패러다임을 바꾼 혁신적인 기능들이 포함돼 있습니다. 영상, 건축 등 비게임 분야에서 활용되는 영역이 확대되고 작업 흐름의 전반에 큰 변화를 만들어 내고 있습니다. Chapter 4에서는 이러한 언리얼 엔진 5를 사용하기 위한 체계적인 방법들을 실습을 통해 알아보겠습니다.

4.1 언리얼 엔진 5 시작하기

4.1-1 언리얼 엔진 5 설치하기

이번에 설치할 언리얼 엔진은 5.2 버전을 기준으로 진행합니다. 언리얼 엔진의 기본적인 구성은 버전에 상관없이 적용할 수 있지만, 특정 기능(루멘, 나나이트(Nanite) 등)와 5.0 이상의 버전에서만 사용할 수 있습니다.

> ✖ **학습 목표**
>
> 언리얼 엔진의 사이트 및 런처를 설치할 수 있다.

➡ 언리얼 엔진 웹사이트 가입하기

에픽 게임즈 사에서 개발한 언리얼 엔진은 수십년의 역사를 가진 리얼타임 엔진 중에서도 명품이자 원조격인 엔진입니다. 다행스럽게도 언리얼 엔진 4에서부터 기능뿐 아니라 소스 코드까지 모두 무료로 공개돼 일반인들도 사용할 수 있게 됐습니다. 언리얼 엔진 웹사이트(https://unrealengine. com)를 통해 가입하면 누구나 다운로드할 수 있습니다.

[그림 4.1-1] 언리얼 엔진 홈페이지

→ 언리얼 엔진 및 런처 설치하기

언리얼 엔진은 런처를 통해 설치하게 됩니다. 가입이 완료된 후 웹사이트의 우측 상단에 있는 [Download]를 클릭하면 런처 설치 파일을 다운로드할 수 있게 됩니다. 언리얼 엔진의 실행 파일은 런처가 설치된 폴더에 하위 폴더로 자동 설치됩니다. 실행 파일의 크기가 크고 마켓플레이스에서 받게 되는 에셋들이 저장되기 때문에 저장 용량이 넉넉한 곳에 설치하는 것이 좋습니다.
설치가 완료되면 런처를 실행합니다. 런처에서 웹사이트에 가입했던 계정으로 로그인합니다.

[그림 4.1-2] 런처 실행 후 로그인 화면

로그인 하면 [그림 4.1-3]과 같이 런처의 모습이 나타납니다. 언리얼 엔진의 개발사가 게임 개발로 시작했던 회사이므로 런처에서 게임 서비스도 같이 진행하고 있습니다. 따라서 로그인 후 런처의 첫 화면은 게임 서비스 화면으로 시작됩니다.

[그림 4.1-3] 런처 초기 화면

언리얼 엔진을 사용하기 위해서는 좌측에 있는 [언리얼 엔진] 탭을 누릅니다.

[그림 4.1-4] [언리얼 엔진] 탭 화면

런처의 언리얼 엔진 탭의 구성은 [그림 4.1-5]와 같습니다.

[그림 4.1-5] [언리얼 엔진] 탭 화면 구성

❶ 에픽 게임즈 사의 제품과 관련된 목록입니다. 스토어를 통해 에픽 게임즈 사에서 제공하는 게임들을 구입할 수 있고 라이브러리를 통해 구입한 게임들을 관리할 수 있습니다. 마지막으로 언리얼 엔진 항목이 있습니다. 이 책에서는 언리얼 엔진만 다루겠습니다.

❷ 좌측 탭에 따라 구성이 달라지는데, 현재는 언리얼 엔진이 선택된 상태입니다. 언리얼 엔진에 관련된 메뉴들이 배치돼 있습니다.

❸ 홈페이지처럼 2번의 각 탭을 누르면 아래 페이지에 관련 내용이 나타납니다. 간단하게 하나씩 살펴보겠습니다.

첫째, [새 소식] 탭은 언리얼 엔진과 관련한 최신 소식들과 이슈들을 뉴스나 블로그 형식으로 보여 줍니다. 이 탭의 내용 중 'UE' 또는 'UE5'라는 용어는 'Unreal Engine'의 약자로, UE5는 언리얼 5 버전, UE4는 언리얼 4 버전을 말합니다.

둘째, [샘플] 탭은 에픽 게임즈 사에서 제공하는 언리얼 엔진 학습 페이지입니다. 에픽 게임즈 사에서는 개발자 스스로 언리얼 엔진을 배울 수 있도록 문서와 영상 등을 직접 만들어 공개하고 있습니다. 새로운 기술도 업데이트되면 관련 튜토리얼을 만들어 공개하고 있습니다.

셋째, [마켓플레이스]는 콘텐츠 개발에 필요한 에셋들을 사고팔 수 있는 장터입니다. 간단한 에셋부터 고퀄리티 에셋까지 종류가 다양하고 무료로 사용할 수 있는 에셋들도 많아서 프로토타입을 제작할 때 많이 찾게 됩니다.

넷째, [라이브러리]는 여러분이 개발하고 있는 프로젝트를 관리하는 탭입니다. 엔진 버전과 프로젝트, 마켓플레이스에서 구매한 에셋 등을 관리합니다. 앞으로 콘텐츠를 개발할 때 많이 사용될 페이지입니다.

마지막으로 [트윈모션]은 언리얼 엔진을 베이스로 한 건축 시각화 프로그램으로, 유료로 서비스하는 툴입니다. 트윈모션을 포함한 이후의 탭들은 트윈모션처럼 언리얼과 관련돼 제작되거나 새로운 버전의 언리얼 엔진이 나오면 추가돼 유저들에게 소개할 수 있도록 하는 등 에픽 게임즈의 필요에 따라 변경돼 사용되는 영역입니다.

❹ 현재 다운로드 상태를 볼 수 있는 [다운로드] 메뉴와 런처의 언어를 포함한 각종 시스템 설정을 할 수 있는 [설정] 메뉴와 계정을 관리하는 [계정] 메뉴가 있습니다.

런처의 우측 상단을 보면 엔진이 설치되지 않았다고 돼 있습니다. 언리얼 엔진을 사용하기 위해서는 설치를 해야 합니다.

[그림 4.1-6] 엔진이 설치되지 않음 표시

상단에 있는 [라이브러리] 탭을 클릭합니다.

[그림 4.1-7] [라이브러리] 탭 클릭

[라이브러리] 탭은 [그림 4.1-8]과 같이 총 세 부분으로 나뉘어 있습니다.

[그림 4.1-8] [라이브러리] 탭 화면 구성

❶ [엔진 버전]은 런처에 설치돼 있는 엔진 버전을 슬롯 형태로 모아 보여 줍니다. 엔진을 추가하면 슬롯이 자동으로 추가됩니다.

❷ 내 프로젝트는 생성한 프로젝트를 보여 줍니다. 학습하면서 프로젝트를 추가로 생성하면 이곳에 엔진 버전이 표시된 섬네일이 추가됩니다.

❸ 보관함은 사용자가 마켓플레이스에서 구입한 내역이 섬네일과 함께 정렬됩니다.

그럼 이제 본격적으로 언리얼 엔진을 설치해 보겠습니다. 최신 버전인 5.2.0 버전을 사용해 학습하기 때문에 5.2.0 버전을 설치해야 합니다. 엔진을 설치하기 위해서는 [그림 4.1-9]와 같은 순서대로 진행해야 합니다.

① 엔진 버전 옆의 [+] 버튼을 클릭
② 엔진 버전이 표시된 슬롯이 생성됩니다.
③ 5.2.0이 선택된 상태에서 아래에 있는 설치 버튼을 클릭합니다(버전 옆에 있는 화살표를 클릭해 다른 버전을 선택할 수도 있습니다).

[그림 4.1-9] [+] 버튼 클릭, 엔진 버전을 선택한 후 [설치] 클릭

그러면 [라이선스 동의] 창이 열리고 라이선스를 수락하고 나면 [그림 4.1-10]과 같이 엔진을 설치할 경로를 묻는 창이 나타납니다.

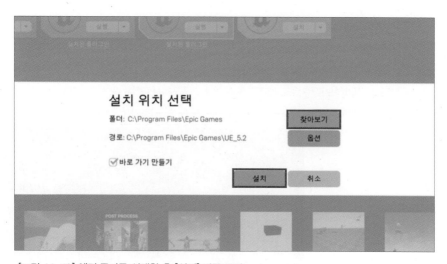

[그림 4.1-10] 엔진 폴더를 선택한 후 [설치] 버튼 클릭

[찾아보기] 버튼을 눌러 엔진을 설치할 폴더를 선택한 후 [설치] 버튼을 클릭해 설치를 시작합니다. 언리얼 엔진은 많은 디스크 공간을 차지합니다. 엔진 버전마다 20GB 정도는 필요하기 때문에 반드시 설치 전에 디스크 공간이 충분한지 확인해야 합니다. 또한 설치 크기가 큰 만큼 설치 시간도 오래 걸립니다.

[그림 4.1-11] 엔진 설치 중

만약, 사용하지 않는 엔진 버전이 있다면 [그림 4.1-12]와 같이 [설치] 버튼 옆에 있는 화살표를 클릭한 후 [제거]를 클릭해 삭제합니다.

[그림 4.1-12] 엔진 제거

설치가 완료되면 [그림 4.1-13]과 같이 슬롯 색이 파란색이 되면서 [실행] 버튼으로 바뀝니다.

[그림 4.1-13] 언리얼 엔진 설치 완료

> **Tip**
>
> **마켓플레이스의 활용**
>
> 마켓플레이스는 에픽 게임즈 사 외에도 일반 기업, 개인들이 리소스 및 기능들을 업로드하고 판매할 수 있는 플랫폼입니다. 주기적으로 무료로 배포되는 에셋들도 있으며 언리얼 러닝 웹사이트에서 진행하는 교육용 콘텐츠들도 다운로드할 수 있습니다. 에셋을 구매할 때 무료는 카드 등의 결재 수단을 요구하지 않으므로 무료 에셋을 구입하는 과정을 알아보겠습니다.

[그림 4.1-14] 런처의 마켓플레이스 화면

[그림 4.1-15] [에픽 게임즈 콘텐츠] 창

가지고 싶은 무료 에셋을 선택한 후 [무료] 버튼을 클릭합니다.

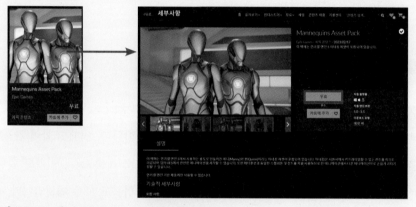

[그림 4.1-16] 에셋 목록 선택 및 무료 버튼 클릭

결재를 진행합니다. 결재 수단이 등록돼 있지 않아도 가능합니다.

런처 상단의 [라이브러리] 항목으로 이동하면 [그림 4.1-17]과 같이 프로젝트 아래에 있는 보관함에 내가 구매한 에셋 목록이 나타납니다.

[그림 4.1-17] 구매 후 보관함에서 확인

구매 항목에 따라 '프로젝트 추가' 또는 '프로젝트 생성'이라는 2가지 방법으로 사용할 수 있습니다.

- **프로젝트 추가**: 기존 프로젝트에 에셋으로 추가
- **프로젝트 생성**: 새로운 프로젝트를 생성할 때 해당 에셋 추가

프로젝트를 생성해야 하는 에셋의 경우, 기존 프로젝트에 추가할 수는 없고 프로젝트 대 프로젝트로 마이그레이션해 가져올 수 있습니다.

[그림 4.1-18] 프로젝트 추가 및 생성

→ 언리얼 엔진의 구성

언리얼 엔진은 [Project-Level-Actor-Component]의 구조로 돼 있습니다. 이러한 맵, 액터, 컴포넌트 등과 같은 다양한 데이터를 조합해 1개의 콘텐츠를 제작합니다. 이때 조합이 가능한 다양한 데이터들을 프로젝트 단위로 모아 놓게 되는데, 이런 데이터들을 '에셋(Asset)'이라고 합니다. 맵도 하나의 에셋이고, 라이트, 3D 메시, 머티리얼과 같은 개별 데이터들도 모두 에셋입니다. 이러한 언리얼 엔진의 구조를 그림으로 나타내면 [그림 4.1-19]와 같습니다.

- **프로젝트**: 애플리케이션 또는 콘텐츠를 제작할 때의 기준으로, 프로젝트는 곧 하나의 프로그램을 만든다고 생각하면 이해하기 쉬울 것입니다.
- **레벨(맵)**: 레벨은 각종 3D, 라이트, 블루프린트와 같은 다양한 리소스가 배치되는 공간입니다.
- **액터**: 레벨에 배치되는 모든 것들은 '액터'입니다.
- **컴포넌트**: 액터에서 각 개별 기능으로 라이트에는 라이트 컴포넌트, 3D mesh에는 Static Mesh 컴포넌트 등 필요한 기능을 액터에 추가 또는 삭제해 사용합니다.

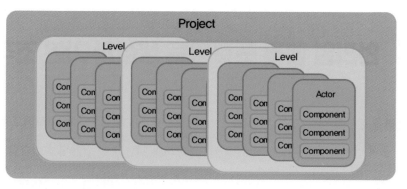

[그림 4.1-19] 언리얼 엔진 프로젝트 구조

언리얼 엔진은 3ds Max와는 파일을 사용하는 방식이 다릅니다. 3ds Max에서는 프로젝트를 설정하더라도 프로젝트 폴더 이외의 다른 폴더에 존재하는 각종 파일(맥스 파일, 이미지 파일 등)을 불러와 사용할 수 있지만, 언리얼 엔진에서는 1개의 프로젝트 단위마다 사용하는 파일들이 모두 프로젝트 내의 [Content] 폴더 안에 포함돼 있어야 사용할 수 있는데, 이러한 파일들을 '에셋(Asset)'이라고 부릅니다. 에셋은 3D mesh, 텍스처, 음악 파일, 레벨 파일, 블루프린트 파일 등 프로젝트에 포함돼 있는 모든 데이터를 말합니다.

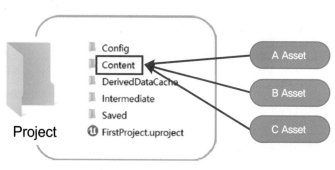

[그림 4.1-20] 언리얼 엔진의 프로젝트 파일 구성

4.1-2 언리얼 엔진 프로젝트 생성과 기본 조작

언리얼 엔진을 본격적으로 시작하기 위한 프로젝트를 생성해 보겠습니다. 프로젝트를 생성한 후에는 공간을 꾸며 나가기 위한 레벨 디자인(Level Design)의 개념을 각 단계별로 실습합니다.

> ✗ **학습 목표**
>
> 프로젝트 생성 및 레벨 디자인의 개념과 설정에 필요한 언리얼 엔진 5의 기능을 활용할 수 있다.

➡ 프로젝트 생성

프로젝트를 생성하기 위해 설치한 엔진 슬롯의 [실행] 버튼 또는 런처의 우측 상단에 있는 [실행] 버튼을 클릭합니다(처음 생성할 때는 다음 진행까지 오랜 시간이 걸릴 수 있습니다).

[그림 4.1-21] 버튼을 클릭해 프로젝트 생성

[그림 4.1-22]와 같이 프로젝트를 관리할 수 있는 창이 나타납니다. 좌측 상단에 있는 [최근 프로젝트] 버튼을 클릭하면 우측에 생성된 프로젝트의 목록이 나열되고 창의 하단에 있는 [탐색], [열기], [취소] 버튼이 활성화돼 [탐색] 버튼을 통해 등록돼 있지 않은 프로젝트를 등록할 수도 있습니다. 그리고 [최근 프로젝트] 버튼 아래는 개발할 프로젝트의 분야에 따라 카테고리를 분류해 버튼으로 선택할 수 있습니다. 이 중 [게임] 버튼을 클릭해 보겠습니다.

[그림 4.1-22] [게임] 카테고리 선택

[게임] 버튼을 누르면 [그림 4.1-23]과 같이 템플릿을 선택하는 구성으로 바뀝니다. 좌측에는 게임 장르별로 제작하기 편하게 구성된 템플릿 목록이 나열돼 있고 우측 상단에는 선택한 템플릿의 간단한 설명이 보입니다. 여기서는 레벨을 꾸미고 사용자 입장에서 확인하는 것이 주목적이므로 [삼인칭]을 선택합니다.

[그림 4.1-23] 템플릿 선택

프로젝트 카테고리에 따른 템플릿 구성

좌측 [최근 프로젝트] 버튼 하단에 나열돼 있는 카테고리 버튼들을 클릭하면 선택한 카테고리에 따라 선택할 수 있는 템플릿의 종류가 바뀝니다.

- 게임

[그림 4.1-24] '게임' 카테고리의 템플릿

- 영화, TV 및 라이브 이벤트

[그림 4.1-25] '영화, TV 및 라이브 이벤트' 카테고리의 템플릿

- 건축

[그림 4.1-26] '건축' 카테고리의 템플릿

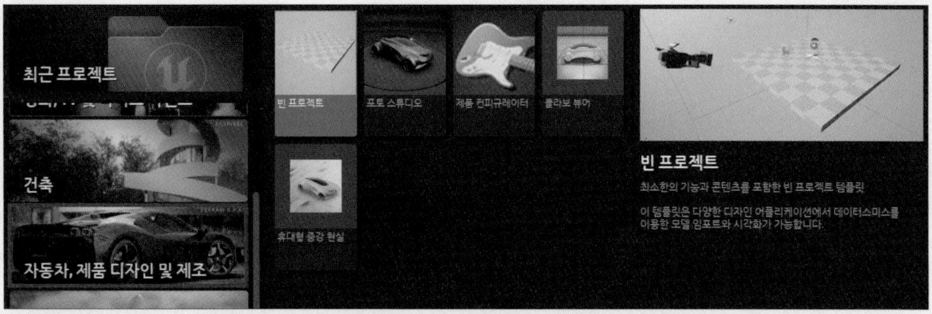

[그림 4.1-27] '자동차, 제품 디자인 및 제조' 카테고리의 템플릿

시뮬레이션

[그림 4.1-28] '시뮬레이션' 카테고리의 템플릿

개발할 프로젝트의 장르에 따라 맞춤 템플릿을 선택했다면 [그림 4.1-29]와 같이 설정합니다. 우측 중앙에 있는 '프로젝트 디폴트'는 개발할 프로젝트의 내부 설정에 대한 메뉴입니다. 여기에서는 프로젝트 개발 언어, 품질/성능 수준, 대상 플랫폼, 시작용 콘텐츠 여부 등을 선택할 수 있습니다. 일단 대부분 그대로 두고 '블루프린트'인지 확인하고 학습을 위한 예시가 필요하므로 '시작용 콘텐츠'에 체크 표시가 돼 있는지 확인합니다. 그리고 하단에서 프로젝트를 저장할 위치를 설정합니다. '프로젝트 위치' 부분에 있는 폴더 모양의 버튼을 클릭해 원하는 폴더를 선택합니다. 프로젝트를 개발할 때는 필요한 디스크 용량이 크기 때문에 되도록 넉넉한 디스크에 폴더를 설정하는 것이 좋습니다. '프로젝트 이름' 부분에 프로젝트의 이름을 적습니다. 첫 번째 프로젝트의 이름은 'Interior'로 변경합니다. 그러면 지정한 폴더에 설정한 이름의 폴더가 만들어지면서 언리얼 프로젝트 파일이 그 안에 생성됩니다. 옵션을 모두 설정했으면 [생성] 버튼을 클릭합니다.

[그림 4.1-29] 프로젝트 세팅

Tip **프로젝트 이름 규칙**

프로젝트의 이름을 짓는 규칙은 다음과 같습니다.

- 시작 글자는 숫자, 특수문자는 안 됩니다(영문 버전에서는 알파벳이라고 하지만, 한글로 적어도 됩니다).
- 띄어쓰기를 지원하지 않습니다.

프로젝트가 성공적으로 생성됐다면 [그림 4.1-30]과 같이 언리얼 엔진 에디터 화면이 보이게 됩니다.

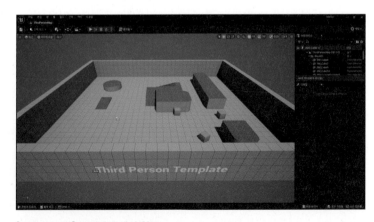

[그림 4.1-30] 프로젝트 생성 완료

➔ 언리얼 엔진 에디터의 언어 변경

언리얼 엔진 에디터는 기본 언어가 한글로 설정돼 있습니다. 언리얼 엔진을 처음 다루는 사용자의 입장에서는 한국어 설정을 사용해 진행하는 것이 쉬울 수 있습니다. 하지만 언리얼 엔진은 미국에서 개발했고 전 세계적으로 쓰이고 있기 때문에 자료를 찾다 보면 한글로 설정된 자료를 찾기 힘듭니다. 따라서 공부할 때 영어로 설정해 익숙해지는 것이 도움이 됩니다. 먼저 에디터의 언어를 영어로 변경해 보겠습니다.

우선 에디터 상단 메뉴 중 [편집-에디터 개인설정]을 클릭합니다. 그러면 [에디터 개인설정] 창이 나타납니다.

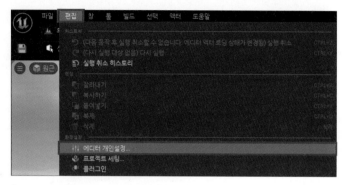

[그림 4.1-31] [에디터 개인설정] 창 열기

[에디터 개인설정] 창의 좌측 메뉴 중 [지역 & 언어]를 선택하면 우측 설정 창의 에디터 언어가 '한국어'로 돼 있는 것을 알 수 있을 것입니다. [한국어]를 클릭하면 나타나는 드롭다운 메뉴 중 [영어]를 선택합니다.

[그림 4.1-32] 지역&언어 설정

에디터 언어를 영어로 변경하면 에디터 언어가 즉시 변경됩니다.

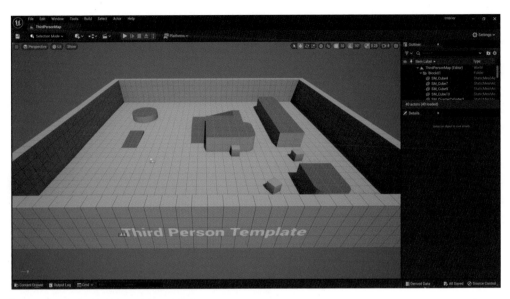

[그림 4.1-33] 에디터 언어를 영어로 변경 완료

➜ 에디터 인터페이스

언리얼 엔진 에디터의 화면 구성에 대해 알아보겠습니다. 기본으로 배치돼 있는 언리얼 엔진 에디터를 구성하는 화면의 영역은 다음과 같습니다.

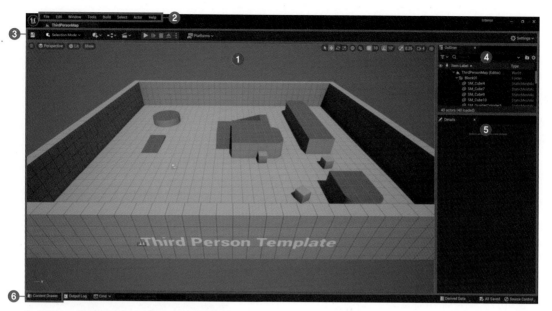

[그림 4.1-34] 언리얼 엔진 에디터 화면 구성

❶ **뷰포트**(Viewport): 레벨 공간을 편집하기 위한 화면입니다.

❷ **메뉴 바:** 일반적인 프로그램의 메뉴 바와 같습니다. 파일 또는 창, 언리얼 엔진의 기능들을 각 메뉴에서 관리합니다.

❸ **툴 바**(ToolBar): 언리얼 엔진 에디터에서 많이 사용하는 기능을 아이콘 버튼으로 배치한 모음입니다. 버튼의 오른쪽에 있는 드롭다운 버튼으로 각 버튼의 서브 메뉴를 표시하고 선택합니다.

❹ **아웃라이너**(Outliner): 뷰포트에 배치된 액터의 리스트입니다. 트리 구조로 한 번에 파악할 수 있고 선택 및 숨김 등을 적용할 수 있습니다.

❺ **디테일**(Detail): [뷰포트] 패널 또는 [아웃라이너] 패널에서 선택한 액터의 상세 정보가 표시됩니다. 편집 가능한 파라미터를 이곳에서 변경할 수 있습니다.

❻ **콘텐츠 드로어**(Content Drawer): [Content Browser] 패널을 열 수 있는 버튼입니다. 엔진에서 쓰이는 모든 파일 또는 리소스를 '에셋(Asset)'이라고 하는데, 현재 진행 중인 프로젝트에서 사용할 수 있는 모든 에셋을 관리하는 패널로, 평소에는 감춰져 있다가 Ctrl+Spacebar 버튼으로 여닫을 수 있습니다. 그 옆에는 개발에 필요한 도구인 [Output Log] 패널, [Command] 패널이 있고 클릭해서 여닫을 수 있습니다.

이 밖에도 언리얼 엔진은 각각 에셋마다 관리하는 창들이 있고 곳곳에 숨어 있기도 하므로 각 과정마다 따로 설명하겠습니다.

3ds Max와 마찬가지로 패널의 크기를 조절하거나 플로팅하는 등 레이아웃을 사용자 편의에 따라 조절할 수도 있습니다.

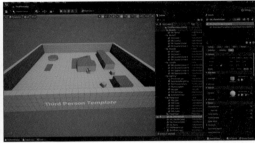

[그림 4.1-35] 자유로운 레이아웃 변경

레이아웃은 작업 상황에 따라 다양할 수 있기 때문에 메뉴 표시줄의 [Window-Load Layout] 항목에서 개인 화된 레이아웃을 저장하거나 읽어오는 등의 관리를 할 수 있습니다. 마음껏 바꾼 후 [Window-Load Layout-Default Editor layout]을 선택하면 언제든지 기본 설정으로 초기화할 수 있습니다.

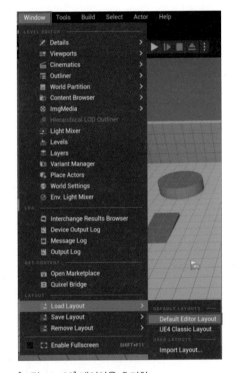

[그림 4.1-36] 레이아웃 초기화

→ 뷰포트 조작

언리얼 엔진은 게임을 제작하기 위해 탄생한 엔진이므로 조작 방법 또한 3ds Max와는 달리, 게임 조작과 매우 유사합니다. 3ds Max의 [Perspective] 뷰와 명칭이 동일한 [Perspective] 모드가 기본 상태이자 배치 및 테스트가 이뤄지는 뷰포트 설정입니다.

Perspective 상태에서 뷰포트를 조작하기 위한 단축키의 조합은 다음과 같습니다.

- **RMB:** 팝업 메뉴 호출
- **RMB 드래그:** 회전
- **RMB +** W: 바라보는 방향의 앞으로 이동
- **RMB +** A: 바라보는 방향의 뒤로 이동
- **RMB +** S: 바라보는 방향의 좌로 이동
- **RMB +** D: 바라보는 방향의 우로 이동
- **RMB +** Q: 위로 수직이동
- **RMB +** E: 아래로 수직 이동
- **LMB:** 액터 선택
- **LMB 드래그:** 앞뒤 이동(RMB + W, S와 동일)
- **MMB:** 위아래 이동과 회전(RMB + Q, E와 동일)
- F: 오토 포커스(3ds Max의 Z와 같음)

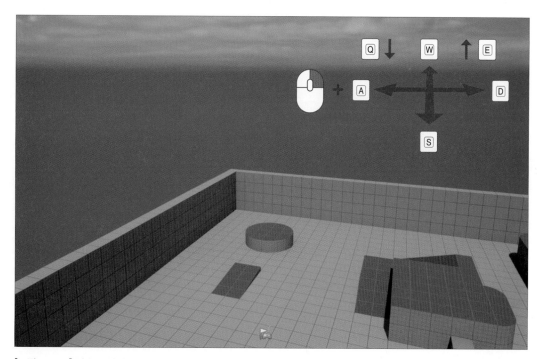

[그림 4.1-37] 마우스 앞뒤 좌우 상하 조작

카메라의 속도 변경

카메라 속도가 너무 빠르거나 느리다면 뷰의 우측 상단에 있는 [카메라 속도] 버튼의 슬라이더로 클릭해
슬라이더로 카메라 속도를 변경할 수 있습니다.

[그림 4.1-38] 카메라 속도 변경

액터의 이동, 회전, 크기 조작

이번에는 화면상에 있는 액터 중 파란색 박스를 하나 선택해 이동, 회전, 크기 조절을 해 보겠습니다. 조작은 3ds Max와 거의 같습니다.

[그림 4.1-39]와 같이 뷰포트 우측 상단에 아이콘이 있는데 이 아이콘들은 순서대로 이동, 회전, 크기를 조작하는 툴입니다. 단축키는 이동은 W, 회전은 E, 크기는 R로 3ds Max와 같고 기즈모의 모양이 조금 다를 뿐, 기능과 작동 방식도 3ds Max와 같습니다.

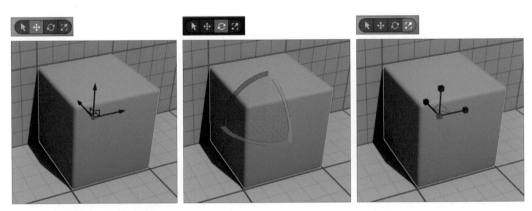

[그림 4.1-39] [Move], [Rotate], [Scale] 툴

액터를 조작하는 방법으로 기즈모를 이용하는 방법도 있지만, 언리얼 엔진 역시 수치를 입력해 이동하는 방법도 있습니다. [그림 4.1-40]과 같이 [Detail] 패널의 상단에 있는 [Transform] 컴포넌트를 살펴보면 [Location], [Rotation],

[그림 4.1-40] 수치로 조작할 수 있는 트랜스폼(Transform)

[Scale] 항목이 있습니다. 각각 이동, 회전, 크기를 의미하며 각 속성마다 X(빨강), Y(노랑), Z(파랑) 값을 입력할 수 있습니다.

● **좌표계**

언리얼 엔진도 3D 공간을 표현하기 때문에 좌표계를 갖고 있는데 3ds Max와 달리, 월드(World) 와 로컬(Local)만 제공합니다. 단어와 의미 모두 3ds Max와 동일하게 월드는 절대 좌표, 로컬은 객체의 좌표를 의미합니다. [그림 4.1-41]과 같이 뷰포트 우측 상단 트랜스폼 툴의 우측에 있는 지구본의 모양은 '월드', 클릭하면 바뀌는 기즈모의 모양이 '로컬'을 의미합니다. 이 버튼은 토글로 작동합니다.

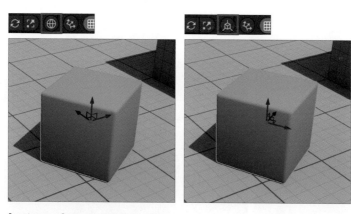

[그림 4.1-41] 좌표계 설정 토글 버튼

● **스냅(Snap)**

언리얼 엔진은 스냅이 기본으로 작동하고 있습니다. 뷰포트 우측 상단에 [그림 4.1-42]와 같이 버튼이 배치돼 있고 좌측부터 그리드, 각도, 스케일 스냅입니다.

[그림 4.1-42] 스냅 버튼

1

1.1

2

2.1

2.2

2.3

3

3.1

3.2

4

4.1

4.2

사용 방법은 [그림 4.1-43]과 같이 좌측 버튼은 토글 버튼으로 활성화되면 적용되고 비활성화되면 적용되지 않는 상태입니다. 그리고 스냅의 정도를 조정하기 위해 토글 버튼 우측에 숫자 버튼을 누르고 값을 선택하면 됩니다.

[그림 4.1-43] 그리드 스냅 값 설정

> **Tip**
>
> ### 유닛 단위
> 언리얼 엔진의 단위는 '유닛(Unit)'입니다. 유닛은 실제 공간의 1cm와 같습니다.
> 1unit = 1cm

뷰포트상에서 그리드를 활성화하는 방법은 [그림 4.1-44]와 같이 좌측 상단에 있는 [Show] 메뉴를 클릭한 후 [Gird]를 활성화하면 됩니다.

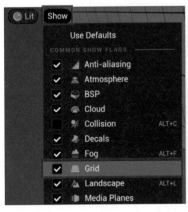
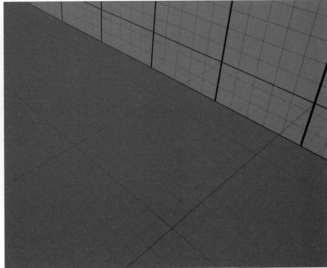

[그림 4.1-44] 뷰포트 [그리드(Grid)] 활성화

3ds Max처럼 [G]를 누르면 [Game View]라는 다른 옵션이 작동합니다. 게임 뷰 기능은 [그림 4.1-45]와 같이 뷰포트에서 작업을 위해 보이는 많은 기즈모를 보이지 않게 설정하는 기능으로, 콘텐츠가 플레이될 때의 모습을 가늠할 수 있는 일종의 미리보기입니다. 뷰포트 좌측 상단에 있는 메뉴 버튼의 체크 박스로 기능을 켜거나 끌 수 있습니다.

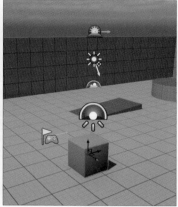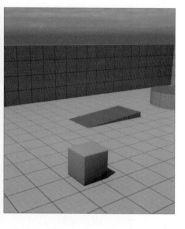

[그림 4.1-45] 게임 뷰(Game View) 설정 전후

프로젝트 에셋 관리

언리얼 에셋에서는 [콘텐츠 브라우저]라는 창을 통해 에셋을 관리합니다. [+ADD] 버튼을 클릭하면 원하는 에셋을 생성할 수 있습니다.

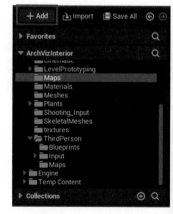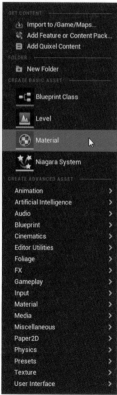

[그림 4.1-46] 에셋 추가

에셋 삭제 시 마우스 오른쪽 버튼을 클릭(RMB) 후 [삭제] 버튼을 클릭하거나 Delete 를 눌러 삭제하면 됩니다. 다른 에셋과 데이터가 연결돼 있거나 레벨에 배치돼 액터로 사용되는 경우, 단순 삭제가 되지 않는 경우가 발생할 수 있습니다. 이때는 현재 사용 중인 에셋의 경로 또는 섬네일이 나타나는데, [Force Delete]를 선택하면 해당하는 에셋들에서 일괄적으로 삭제됩니다.

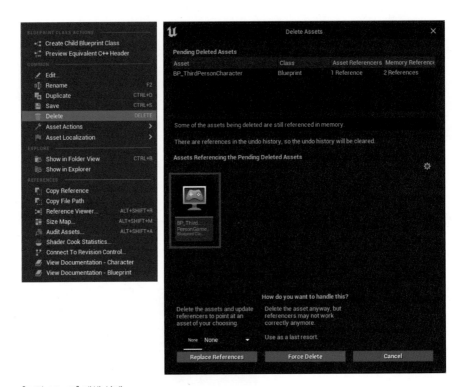

[그림 4.1-47] 에셋 삭제

→ 깃허브에서 예제 임포트하기

언리얼 엔진 예제는 저자의 깃허브 레포지트리를 통해 공유됩니다. 다음 링크를 통해 접속하거나 저자의 카페를 이용해 접속할 수 있습니다.

https://github.com/araxrlab/maxunreal

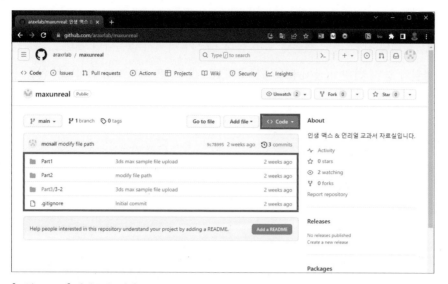

[그림 4.1-48] 예제 공유 깃허브

각 장마다 폴더로 구분돼 있습니다. 깃허브에서 다운로드한 후 압축을 해제하고 폴더 번호의 순서에 맞춰 [Content] 폴더에 붙여넣기하면 됩니다. 원본 프로젝트와 복사 프로젝트의 경로가 다르면, 연결되어 있는 다른 애셋들과 연결이 끊어질 수 있습니다. 원본 프로젝트에 Content/4-2/ABC.uasset 파일을 옮기려면 복사하는 프로젝트 폴더에 ABC.uasset을 넣을 때도 Content/4-2/폴더 안에 넣어야 합니다. 폴더채로 복사해서 넣는 것이 더 관리하기 쉬울 수 있습니다.

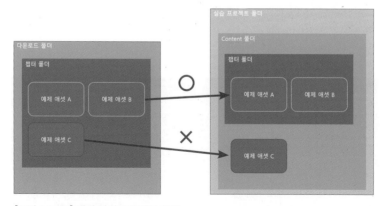

[그림 4.1-49] 예제 파일 프로젝트 추가

붙여넣기를 할 때 에디터가 열려 있으면 제대로 인식되지 않을 수 있습니다. 에디터를 종료한 후 다시 실행하면 목록에 보이지 않던 애셋들이 나타납니다.

스태틱 메시, 텍스처, 머티리얼과 같이 특정 버전에 크게 영향을 받지 않는 에셋이라면 하위 버전에 에셋을 붙여넣기하더라도 연결돼 있는 폴더 구조가 바뀌지 않는다면 제대로 인식됩니다. 다만, 레벨 파일의 경우, 하위 버전에 붙여넣기나 마이그레이션을 하더라도 인식되지 않습니다.

Tip

프로젝트 불러오기 및 업그레이드

프로젝트는 업그레이드는 가능하더라도 다운그레이드는 문제가 됩니다. 초기 생성 시 이 점에 주의해야 하며 프로젝트를 업그레이드하려면 에디터만(언리얼 엔진의 [실행] 버튼 클릭) 실행해 프로젝트 경로의 'uproject' 파일을 찾으면 됩니다. 프로젝트와 에디터의 버전이 다를 경우, 프로젝트를 복사한 후 실행하면 됩니다.

[그림 4.1-50] 프로젝트 불러오기

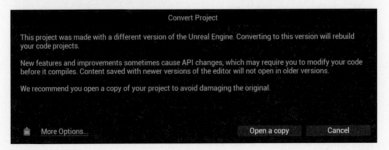

[그림 4.1-51] 컨버트 프로젝트 창

4.2 인테리어 제작

언리얼 엔진에는 다양하고 복잡한 기능이 있습니다. 이번에는 실습하는 내용들을 다루기는 하지만, 기능에 대한 이해를 높이고자 하는 설명의 비중이 높아 구체적인 결과를 도출하기보다 설명에 치우친 내용이 있을 수 있습니다. 이전 파트의 흐름과 달라질 수 있으므로 미리 양해 부탁드립니다. 깃허브를 통해 제공하지 못하는 일부 예제들은 마켓 플레이스를 통해 다운로드할 수 있습니다.

4.2-1 인테리어 환경 구성 – Level Design

✕ 학습 목표

언리얼 엔진에서 인테리어 제작을 위한 이론들을 알고 싶다.

➔ 콘텐츠 제작 워크플로

리얼타임 제작에서는 인터렉션한 기능이나 VR/AR과 같은 PC 환경과는 다른 실행 환경을 고려하며 작업해야 하는 상황들이 발생합니다. 이 경우, 그래픽 아트 직군뿐 아니라 기획, 프로그래밍 직군과 함께 작업합니다. 일반적인 협업 과정은 크게 네 단계로 나뉩니다.

- **프로토 타입**(Proto Type): 핵심 기능을 테스트하기 위한 단계
- **알파 테스트**(Alpha Test): 내부 개발팀 내 테스트 단계
- **베타 테스트**(Beta Test): 외부 일부 그룹을 대상으로 한 테스트 단계
- **마스터**(또는 릴리즈, master or release): 최종 완성, 배포 단계

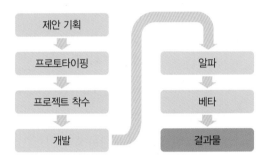

[그림 4.2-1] 콘텐츠 제작 워크플로

프로젝트를 진행하면서 여러 종류의 레벨(맵)을 생성하게 됩니다. 하나의 레벨은 한 명이 작업해야 합니다. 이 말은 한 명이 프로젝트 종료 시까지 전담한다는 의미가 아니라 프로젝트 파일 내에 하나의 파일을 서로 다른 두 명이 동시에 작업하고 업로드를 서로 다르게 했을 때 먼저 업로드한 데이터는 무시된다는 의미입니다.

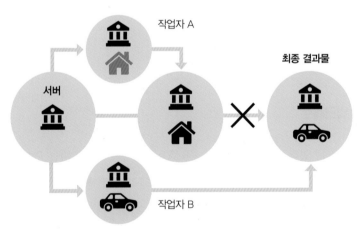

[그림 4.2-2] 단일 레벨 작업 시의 문제

이런 식이라면 후반에 불필요한 수정, 반복 작업이 늘어나게 될 것입니다. 언리얼 엔진에서는 다

수의 작업자가 레벨(맵)을 작업하기 위한 레벨 인스턴스와 스트리밍 레벨이라는 기능이 있습니다. 이는 하나의 레벨에 다른 레벨을 불러오는 기능입니다.

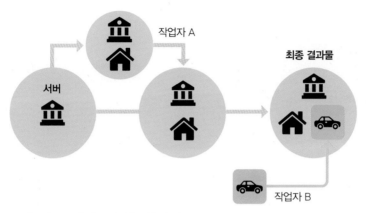

[그림 4.2-3] 다중 레벨을 이용한 작업

[File-New Level]을 선택하면, 오픈월드(OpenWorld)와 베이직(Basic)이라는 2가지 선택지가 있습니다. 오픈월드는 5에 새로 생긴 맵의 개념이고 베이직은 이전 버전의 언리얼 엔진 사용되던 방식입니다.

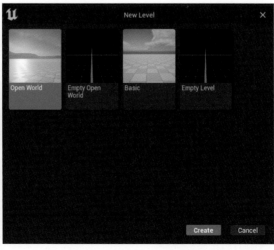

[그림 4.2-4] 새 레벨의 종류

오픈월드 레벨은 월드 파티션이라는 개념으로 레벨을 작게 분할해 데이터를 관리하는 방식입니다. 레벨 인스턴스는 액터로서 하나의 레벨 위에 다른 레벨의 정보를 불러와 배치하거나 수정할 수 있는 기능으로, 레벨 인스턴스 액터를 통해 다른 레벨 파일을 불러옵니다.

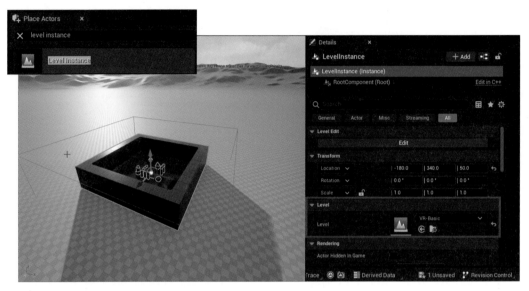

[그림 4.2-5] 레벨 인스턴스로 불러온 레벨

베이직 레벨은 스트리밍 레벨이라는 개념으로, [Window-Level] 항목을 통해 기존의 다른 레벨을 불러올 수 있습니다. 또한 레벨 인스턴스도 사용할 수 있습니다.

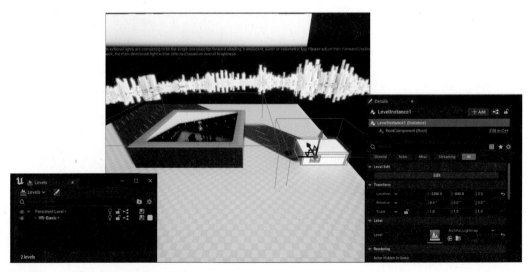

[그림 4.2-6] 스트리밍 레벨(좌)과 인스턴스 레벨(우)

다만, 스트리밍 레벨이나 레벨 인스턴스 모두 베에직(스트리밍) 형식의 레벨만 불러올 수 있습니다. 월드 파티션 방식의 레벨을 불러올 수 없고 불러 내려고 해도 [Output Log] 창에 경고 메시지가 나타나면서 로드되지 않습니다.

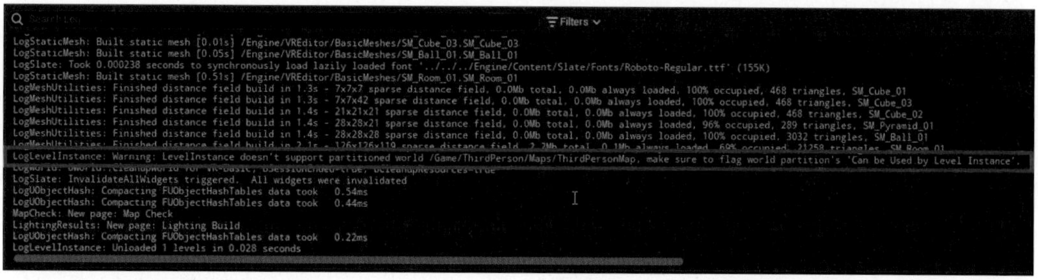

[그림 4.2-7] 레벨 로드 시 경고 메시지

이러한 레벨의 분할 작업은 시각적인 액터(스태틱 메시, 라이트 등), 기능성 액터(블루 프린트 등)로 레벨을 나누거나 구간마다 레벨을 나누는 등 프로젝트 또는 회사마다 기준이 다릅니다.

→ 레벨 디자인

리얼타임 엔진에서는 유저의 동선과 시야 범위에 맞는 자원을 분배하기 위한 목적으로 [구상-화이트 박싱-에셋 배치-라이팅]과 같은 단계를 거쳐 환경을 구성합니다. 이러한 전반적인 작업을 '레벨 디자인'이라고 합니다. 레벨 디자인은 기획적인 의미의 레벨 디자인(Level Design)과 시각적인 의미의 레벨 빌드(Level Build)로 세분화할 수 있지만, 보통의 경우 시각적인 표현에도 기획 의도가 포함돼 있기 때문에 '레벨 디자인'이라고 부릅니다.

그림 4.2-8] 레벨 디자인 프로세스

기획 단계에서는 크게 다음 세 가지를 고려해야 합니다.

❶ **라이팅:** 시간, 지역, 계절 등 시각적인 분위기
❷ **카메라:** 카메라의 화각, 키샷(Key Shot, 중요 장면의 구도) 등 구도
❸ **동선:** 이동 거리(시간), 공간의 넓이, 밀도 등

[그림 4.2-9] 근경, 중경, 원경 구현 정도

현실을 구현한다는 목표로 접근하기보다 무대, 촬영 현장을 꾸민다는 목표로 접근하는 것이 좋습니다. 간혹 3D 작업을 할 때 전체적인 공간 구성에 대해서 현실에서 건축하듯이 접근하는 경우가 있습니다. 도로, 지반과 같은 인프라에서부터 소소한 아이템들까지 모든 것이 3D로 만들어져야 한다고 생각하는 경우입니다.

3D 제작의 기본 접근 방식은 보이는 곳, 직접 돌아다닐 수 있는 곳을 기준으로 밀도를 높이고 멀어질수록 낮추는 것입니다. 언리얼에서 제작한 샘플을 보면 [그림 4.2-9]와 같이 실내(근경), 외벽(중경), 원경 구성에 따라 접근이 다른 것을 알 수 있습니다. 원경은 멀리 있기 때문에 3D가 아닌 2D 이미지로 둘러싸여 있도록 제작돼 있습니다. 이러한 구조는 카메라(플레이어 시점)를 기준으로 구분합니다.

➡ 카메라 구도 설정

언리얼 엔진에서 사용자가 조작을 해 움직일 수 있는 액터를 '플레이어(Player)'라고 합니다. 플레이어는 프로젝트 설정에서 기본 설정으로 갖고 온 3D 캐릭터(TPS)의 형태로 보일 수도 있고 어떠한 형태도 없을 수 있습니다. 하지만 유저들이 모니터를 바라보는 화면을 그리는 역할을 담당하는 카메라를 가지고 있게 되고 이러한 카메라는 정지돼 있거나 움직이는 등의 기능을 부여받게 됩니다.

인테리어에서는 이러한 카메라를 미리 여러 군데에 설치해 놓고 상황에 따라 다양한 변화를 줍니다. 이러한 변화는 '블루 프린트'라는 비주얼 프로그래밍을 통해 제어하기도 하며 '시퀀스'라는 타임라인을 통해 제어하기도 합니다. 이 책에서는 시퀀스를 통해 제어하는 방식으로 진행하겠습니다.

[그림 4.2-10] 카메라 액터와 씨네 카메라 액터

또한 카메라의 종류에는 크게 일반적인 게임 제작에 쓰이는 '카메라 액터'와 시네마틱 연출이나 영상에 쓰이는 '씨네 카메라 액터'가 있습니다. 이 책에서는 비주얼 효과를 위해 씨네 카메라 액터를 기준으로 설명합니다.

[그림 4.2-11] 카메라 액터(좌) 씨네카메라 액터(우) 컴포넌트 비교

언리얼 엔진 에셋 생성

✕ **학습 목표**

언리얼 엔진에 데이터를 추가하기 위한 방법들을 알고 싶다.

✕ **순서**

❶ FBX 파일 내보내기기 및 가져오기

❷ 텍스처 임포트하기

❸ 머티리얼 구현하기

❹ 머티리얼 인스턴스 구성하기

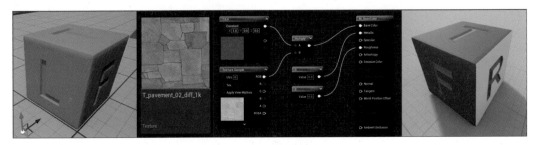

| FBX 내보내기, 가져오기 | 텍스처 임포트 | 머티리얼 구현 | 머티리얼 인스턴스 |

[그림 4.2-12] 구현 과정(예제 파일: part4/4-2/4-2-2_DirectionCube.fbx)

→ FBX 내보내기

3ds Max에서 제작한 3D 데이터를 사용하기 위해서는 외부 파일로 내보내야 합니다. 파일을 내보내기 전에 반드시 체크해 봐야 할 것은 '트랜스폼(위치, 회전, 크기 값) 정보'입니다. 3D 오브젝트의 특징은 위치와 회전, 크기에 대한 값이 유지된다는 것입니다. 작업자 이외 다른 사람들도 파일을 사용할 수 있기 때문에 되도록 기본값을 사용할 수 있는 상태가 돼야 좋습니다.

[Utility] 패널에서 [Reset X-form]을 클릭한 후 [오브젝트]를 선택하고 [Reset Selected] 버튼을 클릭해 적용합니다. [Reset- X-form] 스택이 추가되면서 트랜스폼 값 중 회전과 크기 값이 초기화됩니다(모든 축에서 회전은 0, 크기는 100%).

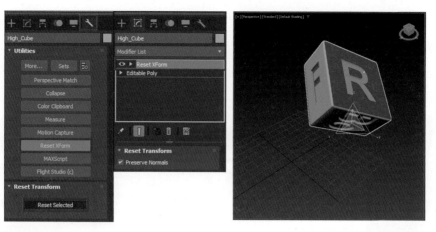

[그림 4.2-13] 리셋 X폼 적용

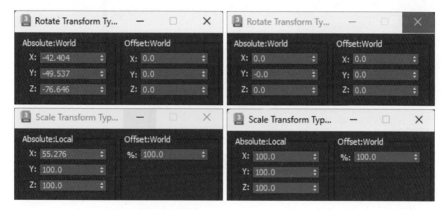

[그림 4.2-14] 적용 전후 회전, 크기 값 변화

내보내기할 때 위치의 우선순위는 월드 영점과 피봇 간의 거리입니다. 언리얼 엔진에서는 오브젝트 자체의 피봇 포인트와는 별개로 월드 영점을 무조건 오브젝트의 피봇 포인트로 인식합니다.

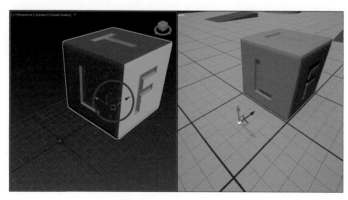

[그림 4.2-15] 피봇과 월드 영점

오브젝트를 선택한 후 [File-Export-Export Selected]를 외부로 전달할 데이터들만 내보낼 수 있도록 해야 합니다. 가장 많이 쓰이는 파일 양식은 오토데스크 사에서 개발한 'FBX'로, 3D 메시뿐 아니라 애니메이션, 텍스처 등 다양한 데이터를 한데 묶어 내보낼 수 있습니다.

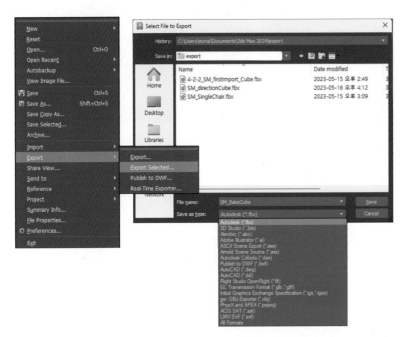

[그림 4.2-16] 내보내기 과정

내보내기 옵션에서 주의해야 할 사항은 다음과 같습니다.

필자가 선호하지 않는 옵션 중 하나는 [Embed Media]입니다. 3ds Max에서 머티리얼과 텍스처가 연결돼 있을 때 FBX 파일 안에 포함시켜 내보내는 기능이지만, 텍스처는 수정이 빈번히 일어나고 FBX를 임포트하거나 프로젝트를 다른 사람이 로드하는 과정에서 FBX에 포함된 예전 버전 텍스처가 생기는 경우가 있으므로 되도록 3D와 텍스처는 따로 분리해서 임포트하는 것이 좋다.

두 번째로 축(Axis)에 대한 설정이지만, 언리얼 엔진 임포트 과정에서 설명할 것이기 때문에 여기에서는 생략하겠습니다.

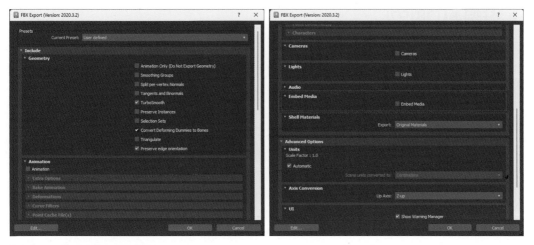

[그림 4.2-17] FBX 익스포트 옵션

Tip

머티리얼 ID 적용하여 내보내기

FBX로 내보낼 데이터에 머티리얼 ID가 설정돼 있다고 해서 폴리곤마다 다른 머티리얼을 적용할 수는 없습니다. [Multisub Obj] 머티리얼을 통해 머티리얼을 할당받아야만 내보낸 이후에도 머티리얼이 유지됩니다.

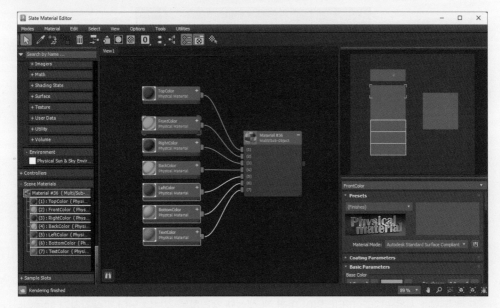

[그림 4.2-18] 멀티서브 오브젝트 머티리얼

➡ 스태틱 메시 가져오기

스태틱 메시는 3D 메시만 갖고 있는 데이터를 의미합니다. FBX, OBJ, DAE와 같은 파일 형식이 대표적으로 사용됩니다. 에셋 이름만으로도 구분해 주기 위해 Static Mesh의 이니셜을 따서 'SM'이라는 접두사(prefix)로 지정합니다.

FBX 파일을 콘텐츠 브라우저로 드래그하면 [임포트 세팅] 창이 나타나는데 여기서 중요한 기능은 다음과 같습니다.

- **Convert Scene:** 자동으로 위를 맞춰 주는 기능입니다. 3ds Max와 언리얼 엔진은 Z축을 위로 사용하기 때문에 크게 지장은 없지만, Y축을 위로 사용하는 마야나 유니티에 맞춰 제작된 파일을 가지고 올 때는 자동으로 맞춰 주기 때문에 편리합니다.
- **Force Front XAxis:** 3ds Max에서는 X축이 좌우, 언리얼 엔진에서는 앞뒤입니다. 3D 오브젝트를 임포트할 때 이 방향을 자동으로 맞춰 주는 기능입니다. [그림 4.1-19]는 적용했을 때(FrontX)와 적용하지 않았을 때(FrontZ)를 비교한 이미지입니다.

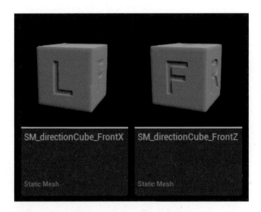

[그림 4.2-19] Force Front XAxis 적용 차이

- **Material Import Method:** 필자는 'Do not Create Material'을 선호합니다. 이후 머티리얼 제작에서 설명하겠지만, 언리얼 엔진에서는 머티리얼로 기본 공식을 제작한 후 머티리얼 인스턴스라는 기능으로 복제해 사용합니다. 머티리얼이 여러 개 생성돼 정리하는 것보다 낫다고 생각하기 때문입니다.

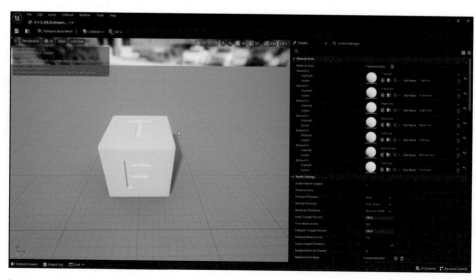

[그림 4.2-20] 스태틱 메시 임포트 창

임포트된 스태틱 메시를 더블클릭해 [스태틱 메시 에디터] 창을 엽니다.

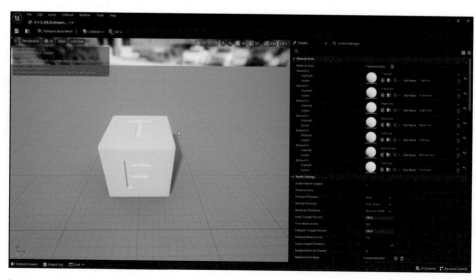

[그림 4.2-21] 스태틱 메시 에디터

스태틱 메시 에디터 설정 시 중요한 것 중 하나는 '컬리전(Collision)'입니다. 컬리전은 캐릭터가 오브젝트를 뚫고 지나가지 않도록 해 주는 충돌 역할을 하는데, 메시 자체를 충돌 역할로 사용하기에는 메시의 데이터가 많아서 보다 단순한 형태로 사용합니다. 파일의 이름 앞에 접두사로 'SM'을 붙여 사용합니다.

[Collision-Simple Box Collision]을 선택하면 오브젝트의 바운딩 박스 영역의 크기로 박스 형태의 컬리전이 자동으로 생성됩니다.

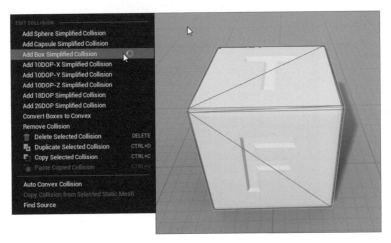

[그림 4.2-22] 박스 컬리전 추가

→ 텍스처 임포트

텍스처를 임포트하기 위해 폴리해븐(https://polyhaven.com/)에 접속합니다. 폴리해븐에서는 언리얼에서 사용하는 머지드 맵으로 텍스처의 RGB 채널에 AO, Roughness, Metallic 데이터를 병합해 제공합니다. 텍스처를 제공하는 웹사이트에는 https:// Textures.com, https:// shareTextures.com 등이 있습니다.

[그림 4.2-23] 폴리해븐 예제 파일

Pavement 02 파일을 AO/Rough/Metal, Diffuse, Normal(DX) 항목의 PNG에 체크 표시한 후 다운로드합니다.

pavement_02_diff_1k.png   pavement_02_nor_dx_1k.png   pavement_02_arm_1k.png

[그림 4.2-24] 다운로드한 예제 파일

스태틱 메시가 외부에서 갖고 오는 대표적인 3D 데이터라면, 텍스처는 외부에서 갖고 오는 2D 데이터입니다. 텍스처는 JPG, PNG, TAG(Targa)와 같은 파일 양식을 지원합니다. 일반적으로 2^n(2의 n승, 1, 2, 4, 8, 16, 32, 64, 128, 256, 512, 1024, 2048 등) 크기로 사용되며 3D 데이터의 표면을 나타내는 역할을 하거나 파티클, UI 등에 사용됩니다. Texture의 'T'를 접두사로 사용하며 접미사 (suffix)로 텍스처의 용도를 나타냅니다.

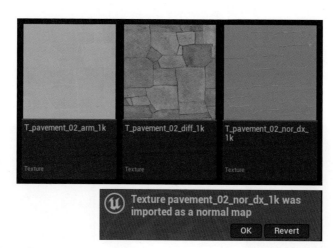

[그림 4.2-25] 텍스처 임포트

3D와 마찬가지로 콘텐츠 브라우저에 드래그해 넣으면 됩니다. 파일 이름에 Texture 타입을 의미 하는 'T_'를 붙여 준 후 더블클릭해 텍스처 에디터를 엽니다. RGBA 각각의 채널별로 미리보기 할 수 있습니다. 머지드 맵의 경우 정보를 확인하기 편리합니다.

[그림 4.2-26] 텍스처 에디터 창

- **Diffuse (D):** BaseColor에 사용하는 물체의 고유 색상
- **Normal (N):** [Nomal] 맵에 사용하는 물체의 표면의 기울기를 나타내는 텍스처

[그림 4.2-27] [Diffuse] 맵

[그림 4.2-28] [Nomal] 맵

- **Merged(arm):** Ambient Occlusion, Roughness, Metallic에 사용할 이미지를 RGB 채널에 순서대로 입력한 텍스처로, 흑백의 이미지만 필요한 것을 데이터 절약을 위해 한 장의 이미지로 합친 텍스처입니다. M 외에도 채널별로 사용된 이미지를 명시하기 위해 접미사로 ARM과 함께 사용한 텍스처를 RGB 순으로 나열하기도 합니다.

[그림 4.2-29] [머지드] 맵

이밖에도 Cubemap, Detail, Mix 등 용도에 따라 다양한 접미사를 붙입니다.

➜ 머티리얼 생성 및 적용

3D 데이터가 눈에 보이기 위해서는 머티리얼이 필수입니다. 스태틱 메시를 처음에 임포트한 경우, 머티리얼을 생성하지 않았다면 언리얼 엔진의 기본 머티리얼이 적용됩니다.

Material의 'M'을 접두사로 지정해 'M_BaseColor'로 생성합니다.

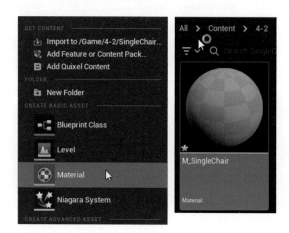

[그림 4.2-30] M_BaseColor 생성

머티리얼 에디터를 열어 줍니다. 각 창의 명칭과 용도를 알아보겠습니다.

❶ **메뉴 바:** 머티리얼의 저장, 적용 등 머티리얼 창의 설정과 관련된 기능 모음입니다.

❷ **뷰포트:** 머티리얼의 효과를 볼 수 있는 3D 창으로, 3D 메시를 변경하거나 [L]을 클릭해 라이트 각도를 조절할 수 있습니다.

❸ **디테일/파라미터:** 디테일은 선택한 머티리얼이나 노드의 옵션을 볼 수 있고 파라미터는 변경할 수 있는 데이터의 목록과 순서를 바꿀 수 있습니다.

❹ **그래프:** 머티리얼 공식을 구현하는 비주얼 스크립트 창입니다.

❺ **팔레트:** 머티리얼 에디터에서 제공하는 기능 목록을 볼 수 있습니다. 그래프 창으로 드래그해 기능을 불러 냅니다.

❻ **스테이터스(Stats):** 작성한 머티리얼의 성능이나 텍스처의 사용 개수를 알 수 있습니다(16장 제한).

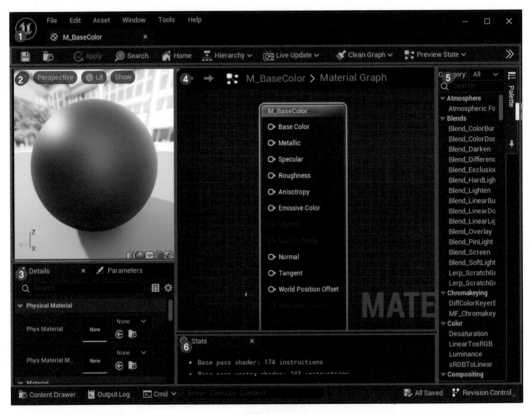

[그림 4.2-31] [머티리얼] 창

그래프 영역에 마우스 오른쪽 버튼을 클릭해 'Constant 3Vector'를 검색합니다. 목록에서 선택한 후 Enter를 누르면 노드가 생성됩니다. 노드는 'Constant 3Vector'의 오른쪽에 있는 아웃풋 핀에서 머티리얼 왼쪽 입력핀으로 연결합니다. 흰색은 RGB(XYZ)가 모두 1인 값이 전달된 결과이며 각각의 설정된 RGB값을 컬러나 벡터 값으로 사용하게 됩니다.

[그림 4.2-32] Constant3Vector 연결

검은색 네모를 더블클릭해 [Color Picker] 창을 연후 컬러를 R: 1, G: 0, B: 0으로 설정해 빨간색으로 만듭니다.

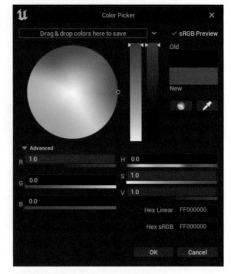

[그림 4.2-33] [Color Picker] 설정

Constant를 생성하면 숫자를 1개 입력할 수 있는 노드가 나타납니다. 2개를 생성한 후 각각 [Roughness]와 [Metallic]에 연결합니다.

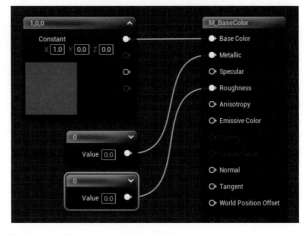

[그림 4.2-34] Constant 생성 및 연결

이렇게 베이스 컬러와 러프니스, 메탈릭까지 PBR의 기본 요소에 해당하는 수치들을 조절하게 됐습니다. 이번에는 'Texture'를 검색해 [Texture Sample]를 생성합니다. [디테일] 창에서 Texture는 T_pavement_02_diff_1k를 설정합니다.

Multiply 노드도 생성합니다. [Texture Sample]의 RGB를 Multiply A 인풋, Constant 3Vector를 B, Multiply 아웃풋을 베이스 컬러에 연결합니다.

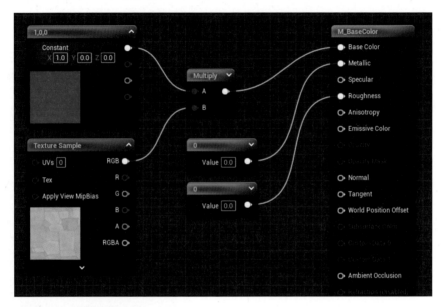

[그림 4.2-35] 베이스 컬러 믹싱

같은 과정을 러프니스와 메탈릭에 연결된 노드에 만듭니다. 메탈릭은 Texture Sample: B 채널과 곱하기(Multiply), 러프니스는 Texture Sample: G 채널로 연결합니다. 2가지 텍스처 모두 연결된 텍스처는 'T_pavement_arm_1k'를 설정합니다.

이제 텍스처의 컬러와 러프니스, 메탈릭 모두 텍스처로 디테일한 표현을 하면서도 그 강도를 조절할 수 있습니다. Constant 노드의 값을 '1'로 설정해야 텍스처 효과대로 보입니다.

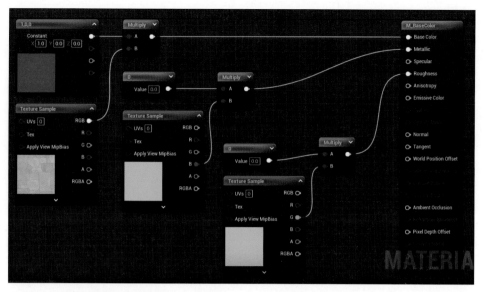

[그림 4.2-36] 메탈릭 러프니스 믹싱

M_BaseColor의 머티리얼 에디터에서 [Texture] 항목의 [RMB]를 클릭해 [Convert To Parameter]로 바꿉니다. 파라미터의 이름은 BaseTex, RoughTex, MetalTex로 변경합니다.

각각의 Constant3Vector와 Constant 노드도 파라미터로 컨버트해 파라미터의 이름을 ColorVal, RoughVal, MetalVal로 변경하고 저장합니다. Constant3Vector의 경우 A 채널이 생기는데, 그 이유는 파라미터가 RGBA 4개 채널이거나 Constant(Scalar Parameter)와 같은 1개 채널만 존재하기 때문입니다.

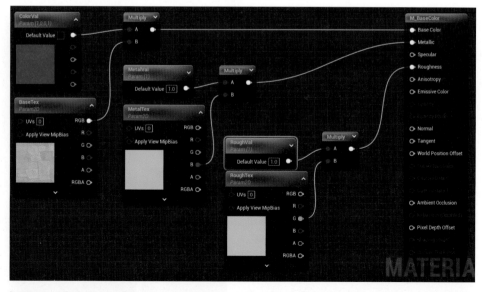

[그림 4.2-37] 파라미터 변경

마지막으로 Texture Sample 파라미터를 1개 복사한 후 파라미터의 이름을 'NormalVal'로 변경하고 'T_pavement_02_nor_dx_1k'로 설정합니다. 그런 다음 머티리얼의 Normal 노드에 연결합니다.

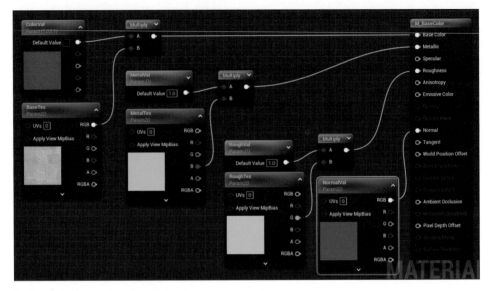

[그림 4.2-38] [Normal] 맵 파라미터 연결

[저장] 버튼을 클릭해 변경된 내용을 저장합니다. 옆에 있는 [Apply] 버튼은 저장하지 않고 효과만 적용됩니다.

[그림 4.2-39] 저장 및 효과 적용

이제 M_BaseColor 머티리얼에서 RMB를 클릭한 후 [Create Material Instance]를 선택합니다. 그런 다음 이름을 'M_Front_Inst'로 변경합니다. [머티리얼 인스턴스] 창을 열면 그래프 창은 없고 프리뷰와 파라미터 창만 있게 됩니다. 체크 박스와 함께 파라미터의 값들을 바꿀 수 있게 됐습니다.

[그림 4.2-40] 머티리얼 인스턴스 생성

이름을 M_Front_Inst라고 변경합니다. 머티리얼 인스턴스 에디터를 열면, 디테일 창과 파라미터 값을 바꿀 수 있는 창만 있습니다. 사용할 파라미터에 체크 표시를 값을 변경합니다.

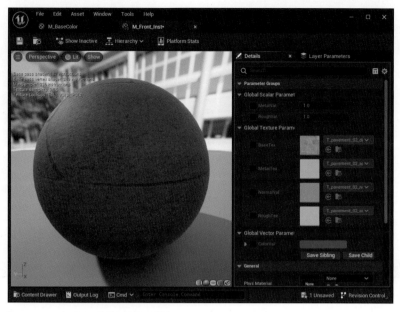

[그림 4.2-41] 머티리얼 인스턴스 에디터

Back, Left, Right, Top, Down, Text로 앞서 생성한 Front 외에 나머지 머티리얼 인스턴스도 생성합니다. 이름을 'ColorVal'로 변경합니다.

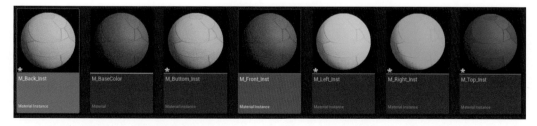

[그림 4.2-42] 머티리얼 인스턴스 파라미터 변경

SM_directionCube_FrontX의 스태틱 메시 에디터를 열어 머티리얼을 하나씩 연결합니다.

[그림 4.2-43] 머티리얼 적용

앞서 머티리얼은 공식이고 머티리얼 인스턴스는 공식에 들어가는 값만 바꾸는 역할을 합니다. 이런 식으로 머티리얼을 인스턴스화해 같은 공식을 컴퓨터에 7개를 생성하는 것이 아니라 1개만 생성하고 바뀌는 값만 계산하도록 해서 가볍게 돌아갈 수 있게 해 줍니다.

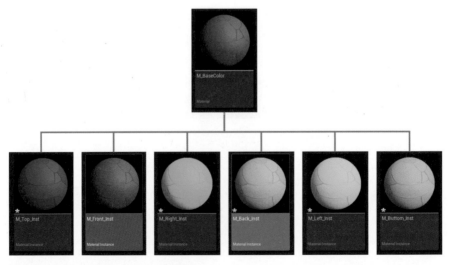

[그림 4.2-44] 머티리얼과 인스턴스의 구조

노드가 복잡하면 머티리얼에서 수치를 바꾸거나 노드를 변경하고 [Apply]를 누르거나 세이브할 때 시간이 오래 걸립니다. 머티리얼 인스턴스로 생성한 후에 바꾸면 바뀝니다. 성능이 낮은 환경에서도 머티리얼을 개발하기에 편리한 방법입니다.

1

1.1

2

2.1

2.2

2.3

3

3.1

3.2

4

4.1

4.2

4.2-3 액터의 종류 및 설정

✖ 학습 목표

인테리어 환경을 만들어 렌더링하고 싶다.

✖ 순서

❶ 기본 액터 구성 파악하기
❷ 환경 라이팅 설정하기
❸ 포스트 프로세스 적용하기
❹ 렌더링하기

▲ 환경 구성   ▲ 라이팅   ▲ 포스트 프로세스   ▲ 렌더링

[그림 4.2-45] 언리얼 라이팅 과정[예제 파일: part4/Interior/Content/4-2/4-2-3_interior.umap, 언리얼 엔진에서는 .umap 가 보이지 않음)

오픈월드나 베이직 레벨을 생성했을 때 기본으로 주어지는 액터들에 대해 알아보고 자연스러운 라이팅으로 변형시켜 보겠습니다. [File-New Level]을 통해 레벨을 생성했을 때 기본 에셋들은 바닥을 나타내는 오픈월드의 랜드스케이프나 베이직의 스태틱 메시 외에는 라이팅의 기본이 될 수 있는 요소들만

[그림 4.2-46] 액터 플레이스에서 분류

제공됩니다. 이번에는 전체적인 분위기를 잡을 수 있는 기본 액터들을 다룰 것입니다. 베이직 레벨로 생성됐습니다. 기본 액터들은 액터 플레이스의 [라이트] 탭과 [비주얼 이펙트] 탭에서 해당 액터들을 찾아 배치할 수도 있습니다.

예제 파일에는 기본 액터 외에 다음과 같이 벽으로 둘러 쌓인 공간에 3장의 하이 폴리곤으로 제작한 의자만 배치돼 있는 상태로 있으며 씨네 카메라 액터로 화면 구도가 잡혀 있습니다.

예제에 쓰이는 이미지는 언리얼 에코 시스템 중 하나인 메가스캔을 통해 추가 에셋들이 배치된 상태로 진행되지만, 깃허브에 업로드된 예제 파일에는 포함돼 있지 않습니다. 팁에서 메가스캔 데이터를 추가하는 것을 참고해 독자들만의 공간을 디자인해 보세요.

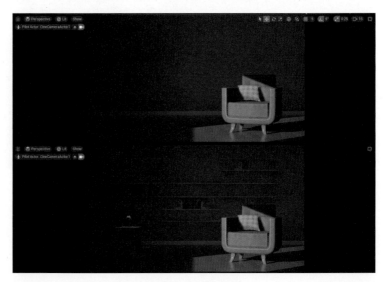

[그림 4.2-47] 깃허브 제공(상), 메가스캔 에셋 추가(하)

1

1.1

2

2.1

2.2

2.3

3

3.1

3.2

4

4.1

4.2

언리얼 에코 시스템과 메가스캔

언리얼에서는 언리얼 엔진 이외 콘텐츠 제공하는 서비스를 제공하고 있습니다.

- **블렌더**(Blender): 에셋과 관련해서는 편집 제작할 수 있는 3ds Max와 같은 콘텐츠 제작 툴입니다.
- **퀵셀 메가스캔**(Quixel Megascan): 언리얼 엔진에 바로 사용할 수 있는 에셋을 제공하는 서비스입니다.
- **스케치팹**(Sketchfab): 3D 모델링을 구입할 수 있는 플랫폼 웹사이트입니다.
- **리얼리티 캡처**(Reality Capture): 포토 스캔 기능을 제공하는 소프트웨어입니다.

메가스캔에서 제공하는 에셋은 퀵셀 브리지(Quixel Bridge)라는 프로그램을 통해 언리얼 엔진 프로젝트에 바로 임포트해 사용할 수 있습니다. 플러그인 항목에 기본적으로 활성화돼 있습니다. 언리얼 엔진으로 제작하는 프로젝트는 무료로 사용할 수 있습니다.

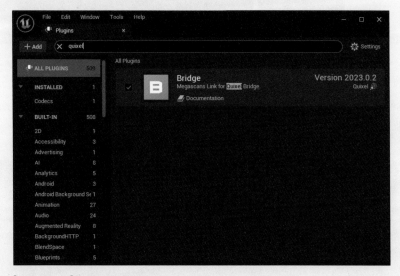

[그림 4.2-48] 플러그인 퀵셀 브리지

메인 툴 바의 콘텐츠 바로가기를 펼친 후 퀵셀 브리지를 실행합니다.

[퀵셀 브리지] 창에서 원하는 에셋(3D, 데칼, 텍스처 등)을 선택한 후 3단계를 거쳐 프로젝트에 추가됩니다.

❶ 퀄리티를 선택합니다. small, Medium Large, Nanite의 4단계로, 낮은 단계에 있을수록 폴리곤 개수, 텍스처의 크기가 커집니다. 이는 선택한 에셋에 따라 다릅니다.

❷ [Download]를 클릭합니다. 컴퓨터에 저장되면 [Downloaded]로 바뀝니다.

❸ [+ADD]를 클릭해 프로젝트에 추가합니다.

[그림 4.2-49] 메가스캔 데이터 임포트

[Content/Megascans] 폴더의 카테고리별 폴더에 임포트됩니다. 바로 사용 가능하도록 세팅돼 있기 때문에 필요에 따라 배치해서 사용합니다.

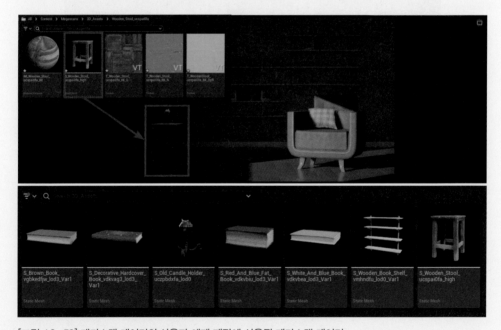

[그림 4.2-50] 메가스캔 데이터의 사용과 예제 제작에 사용된 메가스캔 데이터

실사형 레벨 디자인 과정에서는 외부 데이터를 많이 사용합니다. 이러한 외부 데이터의 출처는 크게 3가지로 구분할 수 있습니다.

- **프랍 디자이너(Prop Designer):** 레벨 디자이너와 함께 일하는 팀원으로, 오브젝트 단위의 모델링을 제작하는 사람(3D 모델러)입니다.
- **외주 작업:** 업체 또는 개인에게 레벨이나 에셋 제작을 위임하는 형태입니다.
- **마켓:** 언리얼 마켓 플레이스, 퀵셀 메가스캔, 스캐치 팹 등의 구매를 통해 얻을 수 있는 3D 오브젝트나 이펙트 등을 말합니다.

레벨 디자이너는 필요한 에셋의 목록과 제작 기간 등을 산정해 업무 분배, 에셋 구매 등의 의사결정을 합니다.

Directional Light(Sun Light)

　3D 환경에서 태양의 역할을 하며 전체적인 빛과 그림자의 방향을 정합니다. 디렉셔널 라이트에서는 위치(Location), 크기(Scale)가 중요하지 않습니다. 회전에 의해 방향이 바뀌고 다른 액터들과 함께 빛의 방향에 따라 저녁노을에서 정오의 쨍한 분위기까지 쉽게 연출할 수 있습니다.

[그림 4.2-51] 디렉셔널 라이트

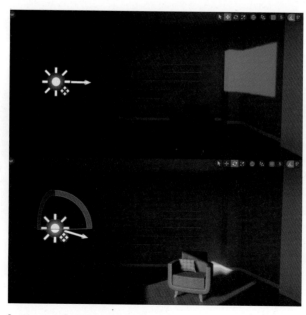

[그림 4.2-52] 각도에 따른 조명의 변화

태양과도 같은 역할을 하기 때문에 그림자를 그리는 기능을 잘 다루는 것도 중요합니다. 섀도와 관련된 옵션 중 가장 중요한 것은 '캐스트 섀도(Cast Shadow)'입니다. 3D에서는 빛의 양에 따라 표면의 밝기가 변하는 명암(Value)과 물체에 의해 빛이 가려져 생기는 그림자(Cast Shadow)로 구분합니다.

[그림 4.2-53] 의자의 캐스트 섀도

디렉셔널 라이트는 신(scene)에서 1개만 사용하며 2개 이상이 배치됐을 경우, 화면에 경고 표시가 나타납니다.

[그림 4.2-54] 디렉셔널 라이트 경고

작업의 흐름상 포스트 프로세스를 설치해 익스포저(Exposure) 효과를 이용해 밝기를 고정하지 않으면, 라이트의 밝기(intensity)를 바꾸더라도 [Auto-Exposure] 옵션 때문에 큰 변화가 없을 것입니다. 이러한 증상을 막기 위한 방법은 포스트 프로세스 항목에서 다룹니다.

Sky Light

환경광 또는 글로벌 일루미네이션(Global Illumination)이라는 효과에 필수적인 액터입니다. 현실에서는 빛이 여러 방향으로 산란하게 됩니다. 디렉셔널 라이트가 '직접광'이라면, 스카이라이트는 반사되서 돌아오는 '간접광'이라고 할 수 있습니다.

[그림 4.2-55] 스카이 라이트

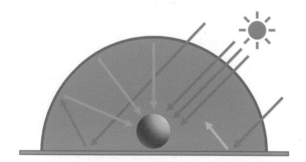

[그림 4.2-56] 스카이 라이트의 작동 원리

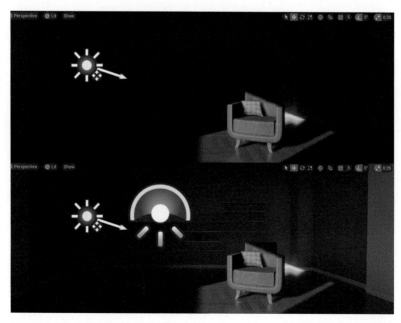

[그림 4.2-57] 스카이 라이트 효과 전후 비교

Sky Atmosphere(스카이 애트머스피어)

하늘의 컬러를 결정하는 액터입니다. 활성화돼 있다면 디렉
셔널 라이트가 회전하는 방향에 맞춰 하늘에서 빛이 산란되는
과정을 그려 줍니다. 디렉셔널 라이트의 방향에 따라 빛의 컬러
가 바뀌는 데 영향을 미치는 액터입니다.

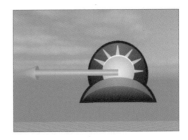

[그림 4.2-58] 스카이 애트머스피어

[그림 4.2-59] 스카이 애트머스피어의 효과 비교

이러한 효과를 위해서 디렉셔널 라이트에서도 Sky Atmosphere(스카이 애트머스피어)의 효과를
받아 주는 옵션이 활성화돼 있어야 합니다.

[그림 4.2-60] 디렉셔널 라이트의 [atmosphere] 옵션

빛에 대한 산란은 안개가 낀 상태와 같이 입자들의 밀도가 높은 상태에서 효과가 극대화됩니다. 이를 위해서는 뒤에서 설명할 [Exponential Fog] 액터의 높이와 밀도(Density)를 함께 조절해야 합니다.

두 가지 대표적인 산란 공식인 레일리 산란(Rayleigh Scattering)과 미에 산란(Mie Scattering)이 모두 적용돼 있습니다.

- **레일리 산란:** 대기(공기층)과 같은 비교적 작은 입자와 상호 작용해 빛이 산란하는 효과로, 고도가 높을수록 밀도가 낮아지고 낮을수록 밀도가 높아집니다.
- **Rayleigh Scattering Scale:** 대기의 밀도를 표현합니다. 높아질수록 대기의 밀도가 높아져 긴 파장인 붉은색이 더욱 강해집니다.

[그림 4.2-61] 레일리 산란의 변화

- **미에 산란(Mie Scattering):** 대기중에 떠 있는 상대적으로 큰 입자(꽃가루, 먼지 등)와 같이 상호 작용해 빛이 산란하는 효과('미산란'이라고도 함)입니다.

1

1.1

2

2.1

2.2

2.3

3

3.1

3.2

4

4.1

4.2

[그림 4.2-62] 미에 산란의 변화

→ **Volumatric Cloud**

하늘에 구름을 그려 주는 액터입니다. 구름의 양과 밀도를 통해 날
씨를 표현할 수 있습니다.

[그림 4.2-63] 볼류매트릭 클라우드

· **Layer-Layer Bottom Altitude:** 구름의 낮은 면 높이를 조절합니다.

[그림 4.2-64] 구름 바닥 면 비교

- **Layer-Layer Height:** 구름의 높낮이를 조절합니다.

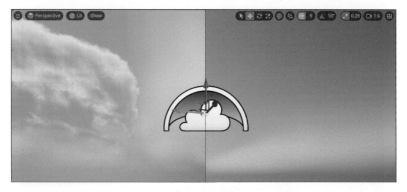

[그림 4.2-65] 높낮이 비교

→ Exponential Fog

액터의 높이에 따라 안개 효과를 만들어 주는 액터입니다. '포그'라는 이름은 붙어 있지만, 엄밀히 말해 안개하면 떠오르는 아침에 일교차로 인한 수증기 안개가 아니라 공기의 밀도, 미세먼지 등으로 대기의 전반에 뿌옇게 처리되는 효과에 가깝습니다.

[그림 4.2-66] 익스포넨셜 포그

익스포넨셜 포그의 로케이션의 Z 값보다 낮은 액터들을 마치 안개가 감싸듯이 작동하며 [Fog Density] 항목을 통해 수평상에 보이는 거리를 조절할 수 있습니다.

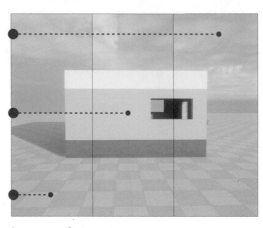

[그림 4.2-67] 익스포넨셜 포그의 높이 변화

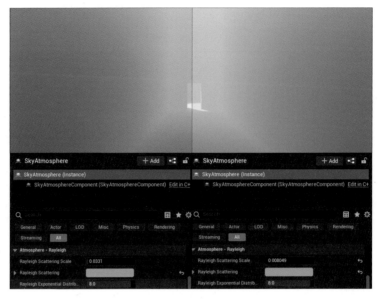

[그림 4.2-68] 스카이 애트머스피어의 영향으로 포그 변화

익스포넨셜 포크의 경우, 지평선 아래의 컬러를 나타내는 역할도 합니다. 포그가 작동하지 않으면, 지평선 아래의 영역은 검은색이 됩니다.

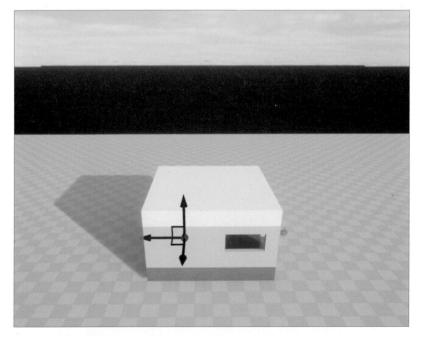

[그림 4.2-69] 비활성화 시 지평선 아랫부분의 컬러

➔ 실시간 라이팅 루멘

루멘(Lumen)은 실시간으로 글로벌 일루미네이션과 리플렉션을 담당하는 렌더링 기능입니다. 이를 위해서는 주변 스태틱 오브젝트들이 디스턴스 필드(Distance Field) 메시 데이터를 생성하게 되고 이를 바탕으로 빠르게 계산하게 됩니다. 루멘은 과거의 레벨 디자인 프로세스를 혁신적으로 바꿀 수 있는 환경 라이팅(Environment Light, indirect Light) 시스템입니다.

[그림 4.2-70] 루멘 프리뷰

➔ 보조 라이트 설정하기

라이팅을 단순하게 생각하면 라이트 액터를 이용한 밝기나 컬러를 바꾸는 작업이라고 생각할 수 있습니다. 하지만 다르게 생각하면 화면에 컬러를 조절하는 작업이라고 생각할 수 있습니다. 화면의 컬러를 바꾸기 위한 기능들은 라이트 액터에만 있는 것이 아니라 다양하게 준비돼 있습니다.

디렉셔널과 스카이 라이트를 제외한 나머지 3개의 라이트(포인트 라이트, 스폿 라이트, 렉트 라이트)가 있습니다.

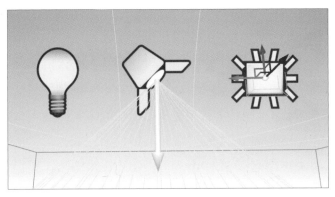

[그림 4.2-71] 포인트, 스폿, 렉트 라이트

라이트를 배치한 후 가장 먼저 손봐야 할 것은 '모빌리티(Mobility)'입니다.

- **스태틱(Static):** 런타임 중 정지된 상태로, 제작 중에는 다양하게 바꿀 수 있습니다.
- **스테이셔너리(Stationary):** 트랜스폼(위치, 회전, 크기)을 고정한 채 컬러와 세기만 조절할 수 있습니다.
- **무버블(Movable):** 실시간 라이팅을 위한 옵션으로, 에디터 편집 중이거나 런타임 중에 트랜스폼 정보 및 라이트 옵션들을 바꿀 수 있습니다.

스케이셔너리와 같은 경우, 범위가 겹치는 라이트 다섯 번째부터는 작동하지 않기 때문에 상황에 따라 스태틱이나 무버블로 바꿔야 합니다.

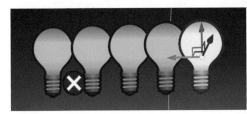

[그림 4.2-72] 스테이셔너리 겹침 문제

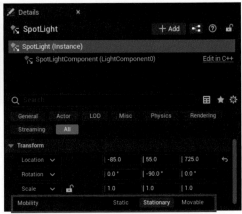

[그림 4.2-73] 모빌리티 설정 위치

라이트에서 가장 기본이 되는 설정은 범위와 색상(컬러, 빛의 세기)입니다.

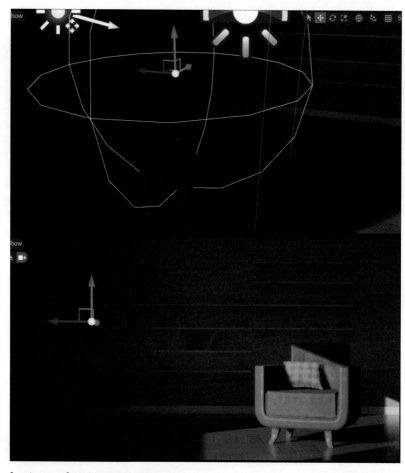

[그림 4.2-74] 라이트 액터를 이용한 표현

마지막으로 되도록 [Cast Shodow] 옵션을 비활성화하는 것이 전체적인 퍼포먼스 향상에 도움이 됩니다.

→ 포스트 프로세스로 화면 효과 업그레이드하기

포스트 프로세스는 이름에서 알 수 있듯이 어떠한 처리(프로세스)를 끝낸 후에 추가되는 효과입니다. 효과를 적용하기 위한 액터에는 카메라(씨네 카메라 포함)와 포스트 프로세스 볼륨이 있습니다. 원하는 효과와 파라미터에 체크 표시를 한 후 값을 변화시켜 사용합니다.

포스트 프로세스 볼륨을 레벨에 배치한 후 가장 먼저 경계를 해제해(Unbound에 체크 표시) 볼륨의 크기나 위치에 상관없이 효과가 일정하게 적용되도록 합니다.

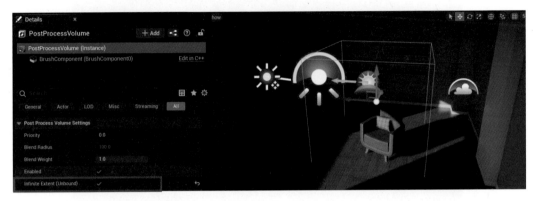

[그림 4.2-75] 3ds Max 모델링 작업 흐름

• **자동 노출(Auto-Exposure):** 어두운 곳에서 밝은 환경으로 이동하거나 그 반대의 상황에서 눈이 적응해가는 효과입니다. 밝기가 자동으로 조절됩니다.

Expoure 값에 따라 라이트의 밝기를 조절해도 효과가 없을 수 있기 때문에 라이팅을 디테일하게 잡고자 한다면 minEV 값과 maxEV 값을 같은 값으로 고정해 사용해야 합니다. 전체적인 밝기는 [Exposure Compensation]을 이용해 조절할 수 있습니다.

[그림 4.2-76] 익스포저 3과 1 정도 비교

- **블룸 (Bloom):** 빛이 자연스럽게 번져 나오는 효과입니다.

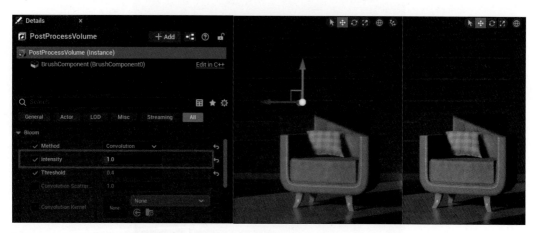

[그림 4.2-77] 3ds Max 모델링 작업 흐름

- **컬러 그레이딩(Color Grading):** 화면 전체의 색온도를 정합니다. '6500'을 기본값으로 해서 높아지면 따뜻한 난색 계열, 낮아지면 푸른 한색의 느낌으로 바뀝니다. [그림 4.2-78]은 4000-6500-9000에 대한 비교입니다.

[그림 4.2-78] 색온도 비교

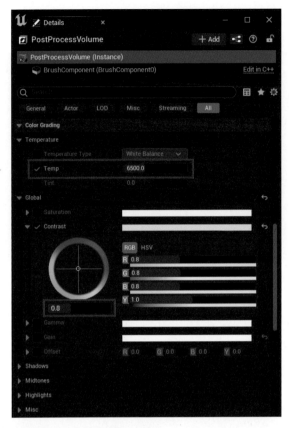

[그림 4.2-79] 컬러 그레이딩 옵션

포스트 프로세스 볼륨 외에도 씨네 카메라에서 설정할 수 있는 기능도 있습니다. 개별 기능이 아니라 '아웃 포커싱'이라는 카메라 기법을 표현하려면, 카메라 액터가 가지고 있는 초점 관련 기능을 설정해야 합니다.

- **Manual Focus Distance:** 카메라 위치를 기준으로 어느 지점을 선명하게 표현할 것인지 결정합니다. 포커스 메서드가 [Manual]로 설정돼 있어야 합니다.
- **Current Focal Length:** 카메라 화각을 의미합니다. 수치가 크면 광각으로 넓은 화각, 낮으면 망원 렌즈처럼 좁은 화각을 표현합니다.
- **Current Aperture:** 초점이 맞지 않는 부분을 얼마나 뿌옇게 처리할 것인지를 결정합니다. 수치가 낮을수록 더 흐리게 표현됩니다.

앞에서 언급한 요소 외에도 렌즈 세팅(Lens Setting)과 같은 카메라 세팅, 카메라와 피사체, 배경과의 거리 등 다양한 요소를 고려해야 합니다.

[그림 4.2-80] 초점 거리에 따른 흐림 효과 비교

[그림 4.2-81] 씨네 카메라 세팅

➜ 렌더링 결과 얻어 내기

실행 파일 외에 언리얼을 렌더링 결과물을 얻어 내기 위한 목적으로 쓸 수도 있습니다.

렌더링 결과물은 이미지나 영상 2가지로 표현할 수 있습니다. 일정한 해상도, 화면 비율을 얻기 위해서는 카메라를 고정해야 합니다. [Perspective] 항목을 클릭한 후 레벨에 배치된 씨네 카메라를 선택합니다.

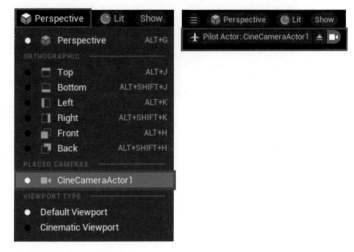

[그림 4.2-82] 카메라 고정

이미지를 얻기 위해 뷰포트의 왼쪽 끝에 있는 아이콘을 클릭하면 나타나는 펼침 메뉴 중 [High Resolution ScreenShot]을 클릭해 배율을 선택한 후 [Capture]를 클릭하면 이미지가 프로젝트 내의 Screenshot 폴더에 저장됩니다.

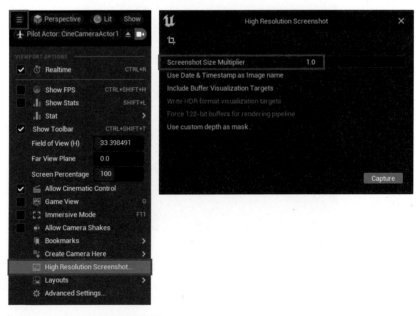

[그림 4.2-83] 고해상도 스크린샷 창

[그림 4.2-84] 스크린샷 결과

    영상을 얻으려면 '레벨 시퀀스'라는 에셋을 생성해야 합니다. 에셋 저장과 함께 레벨 시퀀스 액터가 배치됩니다. 레벨 시퀀스 액터의 위치는 중요하지 않습니다. 다만, 레벨에 배치된 액터들을 시퀀서에 등록해 간단한 애니메이션 연출 등을 할 수 있기 때문에 다른 레벨에서 사용하기 어렵습니다. 다른 레벨에서도 사용하기 위해서는 스포너블이라는 형태의 에셋으로 변형해야 하지만 이 책에서는 다루지 않습니다.

[그림 4.2-85] 레벨 시퀀스 생성

[Window−Cinematic−Sequence] 창을 엽니다.

[+Track] 버튼을 클릭한 후 [Camera Cut Track]을
추가합니다.

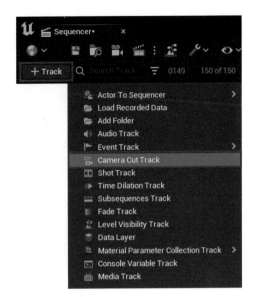

[그림 4.2−86] 카메라 컷 트랙 추가

추가된 카메라 컷 트랙의 [+Camera] 버튼을 클릭한 후 원하는 카메라를 선택해 연결합니다. 씨
네머신에 등록되면 아웃라이너에도 사용 중인 시퀀서가 표시됩니다.

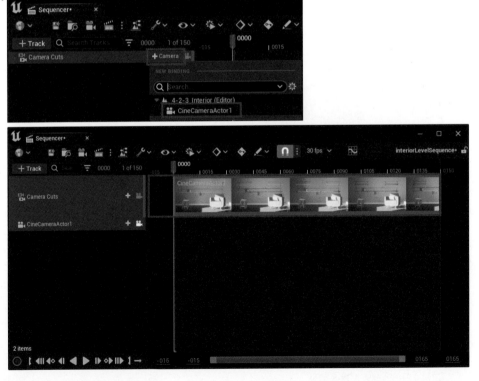

[그림 4.2−87] 씨네 카메라 액터 연결

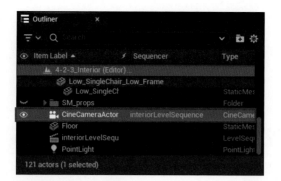

[그림 4.2-88] 아웃라이너 표시

간단한 애니메이션을 위해 움직임을 만들어 보겠습니다. CineCameraActor1 트랙 우측의 [+Track] 버튼을 클릭해 [Transform] 트랙을 추가합니다.

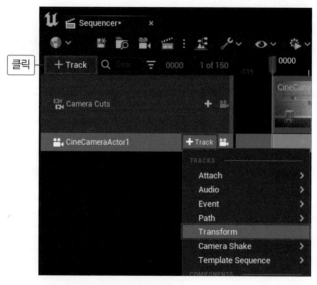

[그림 4.2-89] 트랜스폼 트랙 추가

[Transform-Location-Y축]에서 [키프레임 추가] 버튼을 클릭하면 우측 트랙에 동그란 키프레임이 생성됩니다. 상단의 타임 슬라이더 바를 빨간색 끝(영상 끝을 의미합니다)으로 이동시킵니다. 이번에는 Y축의 값만 바꿔도 자동으로 키프레임이 생기면서 연결됩니다.

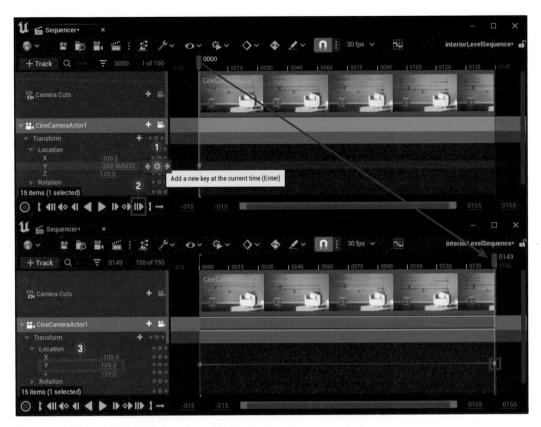

[그림 4.2-90] 키프레임 애니메이션

액터마다 쓸 수 있는 기능들의 차이는 있지만, 애니메이션을 적용하는 방식은 모두 같습니다.

❶ 씨퀀스 트랙에 액터를 등록
❷ 애니메이션 주고 싶은 기능의 트랙을 추가
❸ 키프레임으로 제어

최종 결과물을 위해서는 정확한 시간을 알아야 하는데 기본값은 프레임 단위로 표시됩니다.

메뉴 바의 [30fps] 버튼을 클릭합니다. [Show Time As-Seconds]로 옵션을 수정하면 타임라인이 초 단위로 바뀝니다. 현재 애니메이션은 '5초'라는 것을 알 수 있습니다. 녹색 선은 시작, 빨간색 선은 '종료'를 의미합니다.

[그림 4.2-91] 시간 표시 변경

    마지막으로 영상으로 렌더링하겠습니다. 만약, 시퀀스 내 사운드 트랙을 추가한다면 소리까지 렌더링될 수 있지만, 소리와 영상 개별 파일로 렌더링됩니다. [슬레이트] 아이콘을 클릭합니다.

    렌더 무비 세팅(Render Movie Setting) 창에서 파일 형식, 해상도 등을 설정한 후 [CaptureMovie] 버튼을 클릭해 렌더링을 시작합니다.

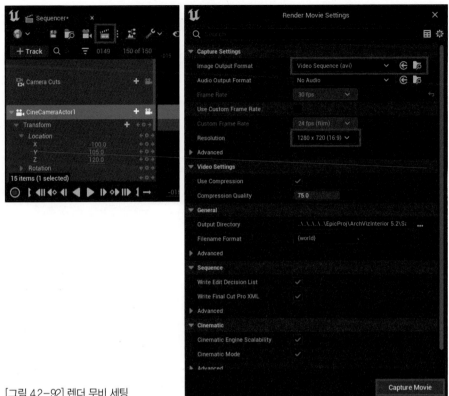

[그림 4.2-92] 렌더 무비 세팅

[프로젝트 폴더-Saved-VideoCaputres] 폴더(기본 렌더링 경로)에 가면 렌더링된 영상이 있습니다. 오디오 파일도 함께 렌더링한다면 여기에 렌더링됩니다.

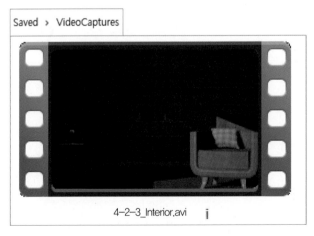

[그림 4.2-93] 렌더링 결과

1

1.1

2

2.1

2.2

2.3

3

3.1

3.2

4

4.1

4.2

혁신적인 3D 폴리곤 처리 방식 '나나이트(Nanite)'

스태틱 메시에 적용할 수 있는 신규 기능으로 '나나이트(Nanite)'가 있습니다. 3D 메시 데이터를 이루는 가장 기본이 되는 버텍스를 매우 효율적으로 관리하고 기존의 폴리곤 관리하는 개념에서 벗어나 수천 만 개나 되는 버텍스까지도 리얼타임 엔진에서 사용할 수 있게 해 줍니다. 다만, 모든 상황에서 좋을 수는 없습니다. 라이트 맵을 지원하지 않으므로 기존의 라이트 매스 방식의 라이팅 환경 세팅에 적합하지 않습니다. [임포트] 창이나 스태틱 메시 에디터에서 [Build Nanite]의 체크 박스만 활성화하면 손쉽게 사용할 수 있습니다.

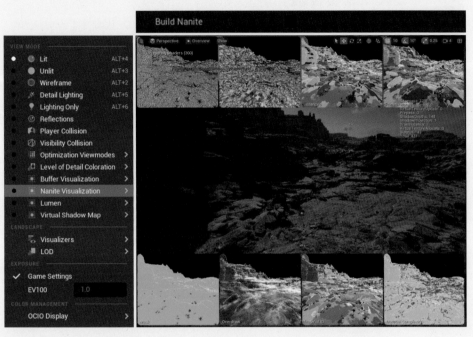

[그림 4.2-94] 에이션트 협곡 샘플 나나이트 프리뷰

인생 맥스 & 언리얼 교과서

2023. 7. 19. 1판 1쇄 인쇄
2023. 7. 26. 1판 1쇄 발행

지은이 | 박현상, 탁광욱, 권성혜, 이영호, 박원석, 이영훈, 김현진
펴낸이 | 이종춘
펴낸곳 | **BM** (주)도서출판 **성안당**

주소 | 04032 서울시 마포구 양화로 127 첨단빌딩 3층(출판기획 R&D 센터)
| 10881 경기도 파주시 문발로 112 파주 출판 문화도시(제작 및 물류)

전화 | 02) 3142-0036
| 031) 950-6300

팩스 | 031) 955-0510

등록 | 1973. 2. 1. 제406-2005-000046호

출판사 홈페이지 | **www.cyber.co.kr**

ISBN | 978-89-315-5161-7 (93000)

정가 | **35,000원**

이 책을 만든 사람들

책임 | 최옥현
기획 · 진행 | 조혜란
교정 · 교열 | 안종군
본문 · 표지 디자인 | 앤미디어, 박원석
홍보 | 김계향, 유미나, 정단비, 김주승
국제부 | 이선민, 조혜란
마케팅 | 구본철, 차정욱, 오영일, 나진호, 강호묵
마케팅 지원 | 장상범
제작 | 김유석

■ 도서 A/S 안내

성안당에서 발행하는 모든 도서는 저자와 출판사, 그리고 독자가 함께 만들어 나갑니다.
좋은 책을 펴내기 위해 많은 노력을 기울이고 있습니다. 혹시라도 내용상의 오류나 오탈자 등이 발견되면 **"좋은 책은 나라의 보배"**로서 우리 모두가 함께 만들어 간다는 마음으로 연락주시기 바랍니다. 수정 보완하여 더 나은 책이 되도록 최선을 다하겠습니다.
성안당은 늘 독자 여러분들의 소중한 의견을 기다리고 있습니다. 좋은 의견을 보내주시는 분께는 성안당 쇼핑몰의 포인트(3,000포인트)를 적립해 드립니다.

잘못 만들어진 책이나 부록 등이 파손된 경우에는 교환해 드립니다.